내 삶의 의미는 무엇인가

정신과 의사 이시형과 심리 상담가 박상미의 의미치료

LOGOTHERAPY

내 삶의 의미는 무엇인가

이시형 ✚ 박상미

★ 스테디 에디션 ★

특별한서재

여는 글

『내 삶의 의미는 무엇인가』는 신경정신과 의사인 이시형과 심리 상담가인 박상미가 한국인의 마음을 치유하는 데 가장 효과적 상담기법인 '의미치료'를 실생활에서 매일 활용할 수 있도록 안내하는 책입니다. '의미치료'는 '로고테라피(Logotherapy)'를 한국어로 번역한 것으로, 우리 두 사람은 '의미치료'라는 한국어로 통일하여 쓰고 있습니다.

의미치료의 창시자인 빅터 프랭클(Viktor Emil Frankl) 박사가 쓴 『죽음의 수용소에서』라는 책을 통해서 한국의 독자들도 큰 감동을 받고 의미치료에 대한 관심을 갖게 되었습니다. 하지만 '한국인을 위한, 한국인의 정서에 맞는 의미치료 안내서'가 필요하다는 이시형+박상미의 간절한 바람이 이 책을 쓰게 했습니다.

의미치료는 '인간이 존재의 의미를 찾아가는 의지'에 초점을 두는 이론입니다. 의미치료는 내 삶의 의미를 찾음으로써 고통을 이겨내고 스스로 상처를 치유하는 법을 알 수 있도록 안내합니다. 일상 속에서 스스로의 고통을 치유할 수 있는 치료법입니다. 내가 겪고 있는 시련 속에서 '의미'를 찾음으로써 고통을 이겨낼 수 있는 잠재력을 우리는 내면에 가지고 있습니다. '왜 살아야 하는가', '내 삶의 의미는 무엇인가' 적극적으로 찾아 나설 때 '의미'는 비로소 발견할 수 있습니다.

모든 인간은 '영적인 존재'입니다. 의미치료에서 말하는 '영'이란 인간 '내면의 밝은 빛'입니다. 상처받아서 만신창이가 된 것처럼 보이는 마음속에도 '순수한 밝은 빛' 즉 '삶의 목적과 고귀한 의미'가 있습니다. 불행과 고통밖에 없어 보이는 인생에도 반드시 숨어 있는 행복이 있고, 고통의 의미를 발견함으로써 우리는 더 큰 성장을 할 수 있습니다.

한국인들에게는 프로이트의 정신분석과 아들러의 개인심리학만 널리 알려져 있으나, 정신요법 제3학파라 불리는 로고테라피 학파를 빅터 프랭클 박사가 창시한 이후로, 해외에서는 '드라마틱한 치유 효과'로서 로고테라피를 신호하는 사람들이 더 많습니다. 엘리자베스 S. 루카스는 "정신치료 역사상 의미치료만큼 독단적이지 않은 학파는 이제까지 없었다."고 말했습니다. 아들러도 모든 치료법은 어느 정도 의미치료의 요소를 갖고 있다고 말했습니다. 내담자를 돕는 것이 핵심이니까요. 하지만 내담자에게 상담자가 무엇을 끊임없이 권하고 답을 주는 것이 아니라, 스스로 선택할 수 있도록 돕는다는 점에서 로고테라피는 특별합니다.

빅터 프랭클 박사는 1905년 오스트리아의 빈에서 태어났고, 빈 대학에서 의학박사와 철학박사 학위를 받았습니다. 제2차 세계대전 당시 유태인이라는 이유로 3년 동안 다카우와 아우슈비츠에서 가족의 생사조차 알 수 없는 혹독한 시간을 보내는 와중에도 매일 매일 '삶의 의미'를 발견하고, 인간 존엄성의 승리를 보여준 프랭클 박사의 체험은 죽음 가운데서 희망을 발견하게 하는 기적의 힘을 가지고 있습니다.

천재적인 학자가 환자를 치료한 경험을 토대로 이론을 창시해 낸 것이 아니라, 죽음의 수용소에서 살아남은 본인 '체험'을 통해서 건져 올린 치료법이 바로 의미치료입니다. 의미치료는 현대사회를 살아가는 지친 영혼들을 치유하고 회복시키는 데 가장 적합한 치료법이라고 확신합니다.

이 책은 독자들이 나와 가족의 마음 관리에 의미치료를 즉시 적용할 수 있도록 쉽게 설명하는 '셀프 치유 안내서'입니다. 나를 살리고 타인도 살리는 길잡이가 되길 바라며, 의미치료 상담실의 문을 엽니다. 환영합니다.

이시형 · 박상미

차례

여는 글   005

내 인생에서 만난 의미치료 | 이시형   012
내 인생에서 만난 의미치료 | 박상미   017

이시형 + 박상미 대화록
+ 의미치료는 인생을 살립니다

삶의 의미를 찾는 의미치료   026
보리 한 톨이 운명을 이기는 방법   032
우리는 모두 우주적인 존재다   035
고통을 겪어본 사람만이 희망을 찾을 수 있다   038
누구나 어려운 인간관계, 편해지는 법   042
아버지라는 남자의 눈물   048
불안과 흥분의 나이를 사는 법   053
100세 시대, 젊은 세대가 명심해야 할 것은?   055
나이드는 것을 즐기자   061
천근의 무게가 실린 의미 있는 말하기   063
사랑이라는 감정을 지키려면 마음의 용량이 커야 한다   067
선을 넘은 대가를 감당하려면   070
현명한 이혼의 기준   073
잔소리하지 않는 용기가 가족을 키운다   076
'은둔형 외톨이' 아이를 방 밖으로 이끄는 의미치료   081
현재에 집중하는 명상치료   083

살다 보면 우울해야 될 때가 있다　　　　　　　　　　　086
우울증을 극복하는 최고의 처방전　　　　　　　　　　　090

박상미의 의미치료
✚ 쉽게 만나는 의미치료 강의

나를 살리고, 타인도 살리는 의미치료

삶이 나에게 기대하는 것은 무엇일까?　　　　　　　　099
의미치료의 행동강령　　　　　　　　　　　　　　　　101
'미래에 대한 기대'가 우리를 구원한다　　　　　　　　102
나를 죽이지 못한 것이, 나를 강하게 만든다　　　　　　104
생각보다 위대한 나라는 존재　　　　　　　　　　　　105
삶의 의미를 찾는 구체적인 방법　　　　　　　　　　　106
스스로 답을 찾도록 이끄는 대화법　　　　　　　　　　108

현대인들의 고민 - 의미치료에서 해답 찾기

불안, 공포, 강박이 심해요　　　　　　　　　　　　　116
오르가슴을 느껴본 적이 없어요　　　　　　　　　　　121
'이번 생은 망했다'는 생각이 들어요　　　　　　　　　122
긍정적인 마인드를 가지려면 어떻게 해야 하나요?　　　123
세상을 살아가는 유용한 기술을 배우고 싶어요　　　　125
울고 싶지만, 나약해질 것 같아서 못 울겠어요　　　　129
죽는 게 두렵지만 죽고 싶다는 생각이 든다면　　　　　131
#자살충동 #허무함 #두려움 #절망 #우울 #자해충동 #극복　135
구제불능인 인간도 있지 않나요?　　　　　　　　　　143
아무리 노력해도 삶의 의미를 못찾겠어요　　　　　　　144
나이 드는 것이 두렵다면　　　　　　　　　　　　　　145
모든 것을 치유하는 강력한 힘은?　　　　　　　　　　146
악한 사람은 안 변하죠?　　　　　　　　　　　　　　147
재소자 교육에 가장 효과적인 치료법　　　　　　　　　151

✚ 쉬어가는 페이지 1 / 자기를 초월한 사람들   153

　소 신부님 이야기   153

　이태석 신부님 이야기   156

　이태석 신부님의 뒤를 잇는 두 사람 이야기   158

　아름다운 죽음 '청년 전태일'   159

✚ 쉬어가는 페이지 2 / 나의 이야기 쓰기   161

의미치료 - 상담실 문을 열어볼까요?

　내가 미워요   170

　자살한 우리 언니는 지옥에 갔겠지요?   177

　저도 피해자인데, 가해자래요   185

　가족의 죽음, 슬픔의 고통이 너무 커요   189

　가장 가성비 높은 복수는 무엇일까요?   195

　어떻게 하면 왕따 트라우마에서 벗어날 수 있을까요?   199

　내 인생, 이미 늦은 건 아닌가요?   206

이시형의 의미치료
✚ 의미치료의 창시자, 빅터 프랭클의 이야기

빅터 프랭클, 거인이 남긴 발자취

　프랭클의 역사, 그리고 인류사에 남긴 공헌   216

　내 생애 두 번째 번역서   219

수용소에서 체득한 실존적 지혜 - 무엇이 프랭클을 위대하게 만들었나?

　로고스(logos)란?   221

　모든 걸 초월한 사랑의 힘 (Logos)   225

　인간애를 넘어선 운명의 올가미   228

　괴롭고 번민하기 때문에 인간이다   235

　한 생명을 건지기 위해   238

　로고스를 불러일으키기 위해   241

희망의 허구 247

해방, 자유 그리고 비통과 환멸 251

의미치료의 이론과 임상 - 로고스의 싹이 성장하기까지

그에게 로고스는 운명이었다 255

고민하는 사람이 건강하다 258

로고스의 생명 에너지를 불러 깨우는 기법 261

신은 인간이 괴로워하는 것은 원치 않는다 265

의미 이전에 인생철학을! 268

가치를 실현하려면 270

공허감을 메우려면 280

실존적 공허를 분석한다 285

실존적 공허를 다시 본다 286

실존적 공허는 어디에서 왔을까? 287

운명은 바꿀 수 있다 289

마무리 291

프랭클의 신경증 클리닉

세상에 영원한 것 293

초월의 의미 297

당신이 절망하면 그 여파가 301

신경증 클리닉 302

의미치료의 사례 307

무의식의 흐름에 맡겨라 318

마치는 글 324

내 인생에서 만난 의미치료

/

이시형

내가 의미치료의 창시자인 빅터 프랭클을 만난 건 내 인생의 큰 전환점이자, 축복이었습니다. 나의 대학 시절, 한국 전쟁이 휩쓸고 간 폐허엔 추위와 굶주림만 있을 때였습니다. 지치고 배고픈 고학생으로 가로수에 기대앉았는데 가판을 하는 고서점에서 우연히 내 눈에 들어온 게 『죽음의 수용소에서』였습니다. 극한의 상황을 이겨낸 그 강력한 힘이 나를 끌어갔습니다. '아무렴 아우슈비츠 포로수용소, 거기보다야 낮지 않느냐.' 이 간단한 생각이 당시의 나에게 큰 힘이 되어준 것입니다. 이게 의미치료와 나와의 첫 번째 만남이었습니다.

다음 두 번째 만남은 1965년 예일 대학 박사후과정을 밟으면서였습니다. 내가 예일대 정신과를 지망한 것은 당시 중공의 전체주의 사회에서 세뇌를 받은 사람들의 사회정신분석으로 유명한 로버트 립톤 교수가 그곳에 계셨기 때문입니다. 그렇게 갈망했던 대학에 들어온 흥분은 잠시, 나는 예일대에서 정신분석 이론을 공부하는데 다른 어떤 것도 생각할 여유가 없었습니다. 당시 정신과 수업은 다른 곳에서도 마찬가지로 프로이트의 정신분석 중심이었습니다. 그중 예일대학은 아주 골수파입니다. 다른 데서는 이미 쓰고 있는 정신과 약물을, 그때 처음으로 사용한 것으로 큰 소동이 일어날 만큼 철저한 정신분석 수업을 했습니다.

문제는 가난한 한국 유학생인 나의 형편이었습니다. 정신분석 치료비는 시간당 $200~300, 주당 3~4회, 그것도 몇 년을 받아야 했습니다. 공부를 마치고 고국에 돌아가도 한국에서 이런 비싼 치료를 받을 수 있는 사람이 몇이나 될까, 온통 그런 걱정으로 그나마 공부도 잘 되지 않았습니다. 게다가 훈련용 정신분석까지 받아야 했습니다. 처음 1년은 정신없이 지냈습니다. 2학년으로 올라가면서 주임교수와 의논하여 정신신체의학 전공인 DANA 클리닉으로 옮겼습니다.

나는 암환자 병동으로 배치되었습니다. 당시는 막 나온 항암 치료제를 쓰기 시작했을 무렵이었습니다. 암환자 상담을 해야 하는 과정이라 수술 팀, 방사선 팀, 항암제 팀과 함께 회진하면서 불면, 우울 등 여러 가지 정신과적 문제 환자들을 상담하는 게 내 임무였습니다. 지금도 별로 나아진 것이 없지만 당시 암환자 진료는 절망적이었습니다. 환자들도 자기 운명을 대체로 짐작하고 있었습니다. 딱하게도 내가 공부한 정신분석은 이들 환자에게 큰 도움이 되지 못했습니다. 죽음의 그림자가 어른거리는 환자에게 정신과 상담의로서 해줄 수 있는 일이라곤 크게 없었습니다. 아들러, 융, 설리번 등의 정신분석 이론은 절박한 암환자에게 큰 도움이 되지 못했습니다.

　나는 이 환자들이 어떻게 하면 말년을 편히 보낼 수 있을까, 남은 인생을 좀 더 충실하게 의미 있는 삶을 살아갈 수 있도록 상담했습니다. 하긴 그 길밖에 없었습니다. 나도 모르게, 은연중 프랭클의 '의미치료'를 하고 있었던 것입니다. 그때만 해도 이 치료는 우리 교과과정에 들어 있지 않았고, 그의 전문서적도 많이 나와 있지 않았습니다. 내가 처음 만났던 『죽음의 수용소에서』 책에서 간단히 언급된 의미치료가 전부였습니다. 하지만, 예일에서 내가 했던 상담의 이론적 바탕은 의미치료적 접근이었습니다.

　얼마 안 되는 전문서적을, 그나마 영문으로 번역된 몇 권을 찾아 읽었던 게 의미치료를 본격적으로 만나게 된 두 번째 계기가 되었습니다. 프랭클 박사의 몇 안 되는 저서를 읽으면서 다른 어떤 텍스트보다 많은 감명을 받았으며, 실제로 내 카운슬러 업무에 가장 큰 도움이 되었습니다.

　정신치료 슈퍼비전(Supervision, 교수의 상담지도) 시간에 지도해주신 플렉(Fleck) 교수도 의미치료적 접근에 대해 상당한 관심과 긍정적 평가를 해주셨습니다. 플렉 교수는 냉철하고 비판적이어서 학생들은 그의 지도 시간엔 점심도 굶고 벌벌 떨 만큼 무서워했습니다. 미국 최고의 명문대 출신이요, 한마디로 천재들이었던 클래스메이트 28명 중 나는 정말이지 특별한 존재였습니다. 한국 시골 대학 출신에 영어 실력도 시원찮았던 내 입장을 이해해주고 대학에선 여러 면으로 도움을 주었습니다. 까다로운 주임 교수도 나에게만은 관대했습니다. 정신분석 공부로는 한국에서 큰 도움이 되지 않는다는 걸 잘 이해해주셨고, 내게 의미치료 대가를 찾아 그 대학에 연수를 보내주겠다고 했습니다. 그러나 불행히도 그때까지만 해도 다른 대학 정신과도 프로이트의 정신분석이 주류였지 프랭클의 의미치료를 특별히 전공한 사람은 없었습니다. 해서 난 독학으로 프랭클의 얼마 안 되는 저서를 통해 공부하지 않으면 안 되었습니다. 프랭클이 교수로 있는 빈 대학에 수학할 생각도 해보았지만 가난한 한국 고학생에겐 형편이 허락되지 않았습니다.

한국에 돌아온 후에도 국내 사정이 너무 복잡해 오스트리아 빈을 찾아볼 엄두를 못 내다가 1990년대 초 세계정신의학회가 빈에서 열렸을 때 처음으로 프랭클을 뵐 수 있었습니다.

나는 특별 연사로 초청된 강사 대기실에 염치 불구하고 쳐들어갔습니다. 짧은 시간이었지만 참으로 귀한 만남이었습니다. 세계적인 대가다운 면은 찾아볼 수 없었고, 그저 임상전문가로서의 평범한 모습이었습니다. 그는 정중하고 겸손했습니다. 참으로 인간적인 대가로서의 그 모습이 지금도 눈에 선합니다. 그리고 바로 시작된 대강연장은 초만원이었습니다. 그의 인기를 실감할 수 있었습니다. 강연 내내 그 지옥 같은 포로수용소 이야기는 없었습니다. 그의 마음속은 이미 관용이라는 따뜻한 인간미에 젖어 있구나, 라는 생각을 하게 했습니다. 아아, 이게 대가의 최후 강연이었던 것 같습니다. 1997년 20세기를 대표하는 대학자는 심장병으로 영면의 길에 접어들었습니다.

그리고 얼마 후 출판사에서 그의 저서를 번역해달라는 청탁을 받았습니다. 나는 번역은 하지 않겠다고 오래전부터 마음먹고 있었습니다. 번역서의 경우, 원저자와 나의 생각이 전혀 맞지 않을 때가 있어도 원저자의 이야기에 따를 수밖에 없습니다. 그게 마음에 안 들었습니다. 그러나 프랭클의 저서 번역에는 선뜻 응낙했습니다. 정신과 의사로서 나에겐 평생 잊지 못할 멘토였기 때문입니다.

그리고 나에겐 이번이 마지막이 될 듯합니다. 박상미 교수의 제의로 이 책을 공저하게 되었습니다. 국내 번역된 책이 많지 않아서 일본 서적을 많이 읽었습니다. 새삼 그의 깊이를 이해하게 된 계기가 되었습니다.

이번 저서의 출간과 동시에 의미치료 학회를 설립, 후학들과 함께 대학자의 발자취를 더듬어 한국적인 의미치료의 정초를 마련코자 합니다. 마지막이 아니라 내 생애를 통해 거인의 그림자와 함께하는 의미 있는 삶이 될 것 같습니다.

내 인생에서 만난 의미치료

／

박상미

    빅터 프랭클과의 만남을 얘기하려면, 부끄럽지만 내 인생의 전환점이 되었던 24살, 가장 추웠던 겨울밤으로 돌아가야 합니다. 보일러가 얼어터지고, 온수가 나오지 않았던 영하 3도, 옥탑방으로.

    대학 입학 후부터 혼자 살면서 외로움, 가난, 미래에 대한 두려움으로 인한 고통이 증폭되면서 우울한 감정이 제 삶을 지배해버렸습니다. 아버지의 투병과 죽음은 그 우울함에 불을 지폈지요. 삶은 허무했고, 살아야 할 의미를 알 수 없었습니다. 교회 예배는 꼬박꼬박 참석했습니다. 신께 따져보기 위해서였죠.

    '이 고통을 왜 저만 겪어야 합니까. 어릴 때부터 신앙생활을 했고, 죄도 짓지 않았고, 매일 쉬지 않고 일하고 공부하며 열심히 살았는데, 이 가난에서 벗어날 길이 없는 겁니까? 오십일곱, 아직 젊은 내 아버지는 왜 벌써 데려갑니까? 내가 가장 사랑하고 나를 가장 사랑해주는 사람을 왜 데려갑니까? 살려달라고 고쳐달라고 그토록 간절하게 기도했는데 내 기도는 왜 안 들어줍니까? 나한테 도대체 왜 이러세요? 너무한 불공평한 거 아닙니까? 내가 살아야

하는 이유가 뭡니까?'

기도라기보다는 통성 기도를 빙자한 원망과 비난 퍼붓기였습니다. 어제처럼 오늘도 힘들고 내일은 더 힘들 거라고 결론짓고 나니, 죽는 게 더 편할 것 같았어요. 살아낼 자신이 없는 나를 처벌해야 했습니다.

'이렇게 사느니 죽는 게 더 나아!'

살아야 할 이유를 찾지 못했습니다. 사는 게 이렇게 힘든 거라면, 내일도 이렇게 힘들 거라면, 여기서 그만 끝내자고 생각을 하니, 마음이 편해졌어요.

'오늘 죽을까?' 충동이 스멀스멀 올라오면서 두려움이 없어졌어요. 그동안 우울증 치료를 받으면서 처방받은 수면제 수십 알과 소주 반병을 먹고, 이불을 덮고 누웠죠. 그리고 몇 분 만에 아주 어두운 블랙홀 속으로 빨려 들어갔습니다.

위상이 찢어질 듯, 통증이 밀려왔습니다. 눈을 찌르는 밝은 빛 때문에 눈을 떴어요. 시계를 보니 7시. 아침인가? 여긴 어디지? 깨어난 곳은 다음 생의 공간이 아닌, 내 옥탑방이었습니다. 장이 타 들어가는 고통을 느끼면서 깨어났는데, 저는 공중에 붕 떠 있었어요. 아래를 내려다보니, 죽은 제가 누워 있는 거예요. 말을 하고 싶은데 목소리가 나오지 않았어요. 속으로 소리쳤어요.

'아이고 하나님, 저 좀 살려주세요. 살려만 주신다면 무엇이든지 할게요. 제대로 살아볼게요!'

꿈인지 실제였는지는 아직도 모르겠습니다. 다만, 깨어 있는 제 영혼이 쓰러져 있는 제 몸 속으로 들어갈 때, 온몸의 피부가 타들어가는 듯한 뜨거움을 느꼈고, 저는 깨어났습니다.

그때 제 입에서 나온 첫마디는 역설적이게도 "감사합니다."였습니다. 늘 죽고 싶다고 생각했으나, 실은 간절하게 살고 싶어 하는 나의 소망을 발견하게 된 순간이었습니다. 어릴 때 배웠던 가스펠송의 한 구절이 반복해서 입 밖으로 나왔습니다.

"이 낮은 자를 통하여 어디에 쓰시려고 이렇게 초라한 모습으로 만들어 놓으셨나요?"

어디에 쓰시려고……. '신이 나를 이 세상에 보냈을 때는, 다시 깨어나게 했을 때는, 어디에 쓸데가 있겠지! 어디에 쓰시려고 만들어놓은 것인지, 그 의미를 찾으며 살아보자.' 이유가 있을 것이고, 그 이유를 찾고 싶었습니다.

몸을 조금 추스를 수 있게 되자, 책장에 꽂힌 책 중에 유독 눈에 들어오는 책이 있었습니다. 수년 전에 사놓고 읽지 않은 책, 빅터 프랭클의 『죽음의 수용소에서』였습니다. 죽음의 수용소에서 살아남은 자의 깨달음은 나에게 왜 살아야 하는지 답을 줄 것 같았습니다.

왜 살아야 하는지 아는 사람은 그 어떤 상황도 견뎌낼 수 있다.
- 니체

삶에 어떤 목적이 있다면, 시련과 죽음에도 반드시 목적이 있을 것이다. 하지만 어느 누구도 그 목적이 무엇인지 말해줄 수는 없다. 각자가 스스로 알아서 이것을 찾아야 하며, 그 해답이 요구하는 책임도 받아들여야 한다. 그것을 찾아낸다면 어떤 모욕적인 상황에서도 계속 성숙해나갈 수 있을 것이다.

- 빅터 프랭클

인생을 두 번째로 살고 있는 것처럼 살아라. 그리고 지금 당신이 막 하려고 하는 행동이 첫 번째 인생에서 이미 그릇되게 했던 바로 그 행동이라고 생각하라.

- 빅터 프랭클

생명이 있는 모든 사람에겐 충족시켜야 할 의미, 실현해야 할 사명이 반드시 주어져 있으며, 나에게 발견되어 실현되길 기다리고 있는 '의미'가 있다는 말은 온몸에 전율을 일으켰고, 책을 읽는 내내 눈물을 참을 수 없었습니다.

나를 죽이지 못한 것은 나를 더욱 강하게 만들 것이다.

- 니체

책 속에서 만나는 문장들이 저를 어루만지고 치유하기 시작했습니다. 나를 죽이지 못한 과거의 고통은 나를 더욱 강하게 만들 것이고, 미래의 나는 더욱 성숙한 모습으로 가치 있게 살아갈 수 있을 것이라는 확신을 조금씩 갖게 되었습니다. '살아서 나처럼 마음이 힘든 사람들, 자살을 생각하는 사람들에게 도움이 되는 삶을 살아보자.'는 욕구가 제 속에서 꿈틀거리기 시작했습니다. 빅터 프랭클의 저서들을 읽으며 제 삶의 의미를 찾기 시작했고, 제 삶은 변하기 시작했습니다.

내가 살면서 실현해야 할 사명은 무엇일까?

나에게 발견되어 실현되길 기다리고 있는 '의미'는 무엇일까?

내가 겪은 시련을 가치 있게 하려면 어떤 실천을 해야 할까?

하루하루 의미를 찾으며 사는 삶은 저를 공부의 길로 들어서게 했고, 박사과정 때 독일학술교류처(DAAD) 장학생으로 선발되어 독일에서 연구할 수 있게 되었습니다. 독일 유학을 꿈꾸다가 아버지의 투병이 시작되면서 접었던 꿈이 이루어진 것이었죠. 연구소에 출근하지 않는 날엔, 프랭클의 발자취를 따라 홀로코스트(Holocaust:2차세계대전 때 독일이 자행한 유대인 대학살) 기행을 하고 글을 썼습니다. 수용소에서 살아남은 이들의 기록을 연구하면서, 의미치료는 죽음 앞에 선 생명도 건질 수 있다는 것을 절감했습니다. 독일에서 의미치료 전문의들에게 상담을 받고 슈퍼비전을 받은 것도 큰 배움이었습니다. 내담자로서 체험한 치유 경험은 상담자로 거듭나는 데 꼭 필요한 수련과정이었습니다.

더 의미 있는 경험은 어릴 때 해외 입양된 친구들을 독일에서 만난 것이었습니다. 우리가 몰랐던 입양인들의 고통을 알게 됐어요. 그래서 미혼모와 해외 입양을 다룬 다큐멘터리 영화를 찍게 되었어요. 나의 진짜 이름은 무엇인지, 내가 태어난 조국은 어떤 곳인지, 나를 낳은 부모는 누구인지 그들은 간절히 알고 싶어 했습니다. 나의 뿌리를 모르는 원초적인 슬픔 때문에 인생의 의미와 목표를 발견하지 못한 채 방황하는 친구들이 많았어요. 입양인들을 상담해주고, 한국에서 생모를 찾는 일을 돕기 시작했습니다. 그들은 대부분 미혼모의 자녀였고, 한국 사회에서 아이를 키울 수 없었던 미혼모들이 해외 입양을 선택했다는 걸 알게 되었습니다.

한국으로 돌아온 저는 미혼모 가정을 돕는 일을 시작했습니다. 부모교육과 심리상담은 꽤 효과가 있었어요. 엄마들이 자존감을 회복하고, 아이와 함께 씩씩하게 살아가겠다는 목표가 생기면서, 엄마와 아이는 함께 성장하기 시작했습니다. 우리들의 연대 활동은 〈마더 마이 마더〉라는 다큐멘터리 영화가 되어서, 미혼모 가정과 입양인들 마음에 위로와 희망을 안겨주었습니다. 입양인 친구를 독일 뮌헨역에서 '우연히' 만났다고 생각했는데, 돌이켜보니 그건 우연이 아니었어요. 내 인생의 나침반이 그곳으로 저를 이끈 것이었습니다.

'낮은 데로 가자. 시련과 방황 속에서 인생의 의미를 찾지 못해 죽음의 문턱에 서 있는 사람들을 만나자. 이것이 내 인생에 주어진 사명일지도 모른다.'

제 발걸음은 자연스럽게 교도소, 소년원, 성매매 여성들, 가출 청소년들에게로 향했습니다. 제가 계획한 게 아니라, 삶의 지도가 그렇게 그려지고 있었습니다. 극심한 고통 속에 있는 사람들은 스스로 인생의 의미와 가치를 찾기 어렵습니다. 하지만 모든 인생에는 의미가 있고, 주어진 사명이 있습니다. 곁에서 조금만 도와주면 스스로 사명을 찾아내고 새로운 삶을 살 수 있습니다. 우리는 '내 삶의 의미'를 찾으면서 함께 성장해가고 있습니다. 제가 큰 어려움을 겪을 때마다 재소자들에게 기도를 부탁합니다. 그러면 4백여 명의 교육생들이 저를 위해 기도를 해줍니다. 제가 북콘서트와 같은 큰 행사를 하면, 우리 한국미혼모 가족협회 엄마들이 단체로 와서 축하해줍니다. 제가 그분들께 받는 게 더 많습니다. 서로의 삶에 의미 있는 존재가 되어주면서 우리는 함께 성장해갈 것입니다.

제 인생의 중요한 멘토 두 사람은 빅터 프랭클과 이시형 박사님입니다. 빅터 프랭클의 저서들, 이시형 박사님의 번역서를 읽으며 의미치료 공부를 할 수 있었습니다. 그리고 박사님과 함께 의미치료에 대해 공부하고 슈퍼비전을 받으면서 의미치료가 생명을 살리는 놀라운 힘을 가지고 있다는 것을 더욱 실감할 수 있었습니다. 여러분이 이 책을 통해서 '내 삶의 의미는 무엇인가' 자신 있게 답할 수 있기를 간절히 소망합니다.

LOGOTHERAPY

이시형 + 박상미

대 화 록

"

의미치료는 인생을 살립니다

"

삶의 의미를 찾는 의미치료

박상미 로고테라피라는 개념이 우리 한국에서는 아직 좀 생소하
기도 합니다. 로고테라피는 '의미치료'인데요. 삶의 의미를
찾는 것은 누구에게나 절박한 문제지요. 고통과 절망에 빠
진 순간에도 내 삶에서 의미만 찾을 수 있다면, 우리는 살
아낼 수 있으니까요. 빅터 프랭클의『죽음의 수용소에서』
라는 책을 읽은 후에 제 삶이 바뀌었는데 번역을 하신 분
이 이시형 박사님이세요. 저는 이 책을 통해 처음으로 의
미치료에 대해 알게 되었고, 이 치료법에 '인생을 살리는
힘'이 있다는 것을 실감하게 되었습니다. 책 내용도 감동적
이었지만, 박사님께서 쓰신 옮긴이 서문에서도 큰 감동을
받았어요. 박사님께서는 어떻게 접하게 되신 건가요?

이시형 6·25 전쟁 때였습니다. 대학을 다니면서 가정교사를 하던
시절이었는데 제가 가르치던 아이의 부모가 대구 역전에
서 금은방을 했어요. 하루는 아이가 학교에서 돌아오는 시
간이 늦어져서 길가 가로수에 기대앉아서 기다리고 있었
어요. 그때는 서점이 있긴 했지만 길거리에 책을 쭉 늘어
놓고 파는 '가판'이 많았어요. 그런데 거기서 책 한 권이 눈
에 들어오는 거예요. 그게『죽음의 수용소에서』였어요. 그

때는 전쟁 때니까 너나 할 것 없이 다 어렵고 배고프고 지칠 대로 지쳐 있었어요. 세상 어떤 설움보다 배고픈 설움이 제일 심각합니다. 전쟁은 언제 끝날지 모르겠고 참 힘든 시절이었지요. 그런데 가로수에 기대앉은 채 그 책을 읽고 나니까 '아무렴, 그래도 여기가 아우슈비츠 포로수용소보다는 낫지 않느냐.' 하는 생각이 들더라고요. 자연스레 흘러나온 나의 이 간단한 한마디가 쓰러져가는 나를 일으켜 세운 것이지요. '나라가 도대체 왜 이 모양이냐, 나는 왜 이런 꼴로 살고 있나, 살아서 뭐 하나.' 이런 생각을 했던 나 자신이 너무 부끄러웠어요. 이 책은 제 인생에서 굉장히 중요한 의미를 갖고 있습니다. 제게 영적인 힘을 주고 용기를 주고 다시 한번 일어서게 만들었으니까요.

박상미 이 책을 읽고 박사님의 인생에 '의미치료'가 일어난 것이었네요. 제가 이『죽음의 수용소에서』를 처음 만난 건 지방에서 혼자 서울로 와서 자취를 하면서 어렵게 대학을 다니고 있을 때였어요. 하루하루를 살아내는 게 전쟁 같았죠. 책값은 물론 매일같이 드는 식비와 교통비를 걱정하다 보니 내일을 생각할 여유가 없었어요. 마치 하루살이처럼요. 그래서 삶의 의미를 잃었던 것 같아요. 삶이 이렇게 고통스러운 거라면 하루라도 빨리 끝내서 고생한 나를 쉬게 해주는 게 낫지 않을까 하는 생각까지 하게 됐어요. 그리고 대학교 4학년 때 제 인생에서 가장 소중한 존재였던 아버지가 돌아가셨어요. 저한테 늘 희망을 주시고 의미를 찾아주던 아버지를 잃고 나니까 제 존재마저도 흔들리기 시작한 거죠.

보일러가 얼어터진 겨울날 옥탑방에서 너무나 간단하게 죽음을 실행에 옮겼어요. 약을 먹었는데 결국 실패를 했죠. 3일 동안 잠들어 있었던 것 같아요. 위장이 타들어가는 듯한 통증에 눈을 떠보니 죽은 제가 누워 있고 그런 제 몸을 제가 바라보고 있었어요. 너무나 놀라서 살려달라고, 죽기 싫다고 소리를 지르고 싶은데 목소리가 나오지 않았어요. 그때 깨달았어요. 아, 내가 너무나 살고 싶었구나, 정말 살고 싶어서 속으로는 비명을 지르고 있었구나. 그래서 제가 믿는 신에게 간절히 기도를 했어요. 한 번만 살려주시면 정말 잘 살아보겠다고요. 그런데 어느 순간 제가 다시 제 몸 속으로 쑥, 하고 들어가는 게 느껴졌어요. 그렇게 깨어난 거예요. 이른 아침이었는데 작은 창으로 쏟아지는 아침 햇살이 어찌나 아름답던지요. 제 입에서 "감사합니다."라는 말이 저절로 튀어나오는 순간 통곡을 하며 울었어요.

깨어나고 난 뒤에 처음 눈에 들어온 책이 『죽음의 수용소에서』였어요. '어떤 존재도 다 거룩한 존재'라는 문장이 제 가슴에 화인처럼 새겨졌어요. 그때 저는 제 존재가 마치 쓰레기 더미처럼 하찮고 쓸모없는 것 같았고 세상에 아름답고 감사한 게 하나도 보이지 않았거든요. 그런데 죽음의 수용소에 사는 사람들이, 오늘 죽을지 내일 죽을지 알 수 없는 그 사람들이 매일같이 '삶의 의미'를 찾기 시작하면서 세상의 아름다움을 발견하는 거예요. 저녁노을이 지는 걸 보고 뛰쳐나가서 "세상이 이렇게 아름다울 수 있다니!"라고 하며 감격하는 모습에 충격을 받았어요. 내가 그동안 내 안의 절망에 빠져서 눈 뜬 장님이 되어 도처에 있는 아름다움을 하나도 보지 못했다는 걸 알았어요. 세상의 어두운 절망만 찾으려고 했지, 지는 노을에서 아름다움을 발견하는 눈이 젊은 저에게는 없었던 거예요. 제 영혼은 이미 늙어 있었던 거죠. 그걸 깨달은 그날부터 일상 속의 아름다운 것들이 보이기 시작했어요. 그때 진짜로 죽었으면 큰일 날 뻔했어요. 그 고비를 넘기고 그 뒤로 새롭게 살았더니 오늘 이렇게 저도 모르는 순간 성장해 있는 날이 오더라고요.

저는 빅터 프랭클 박사님과 이시형 박사님을 통해서 의미치료가 죽어가는 생명도 살릴 수 있는 힘이 있다는 것을 배운 것 같아요. 박사님이 그동안 많은 환자들을 보시면서 이 기법을 가장 많이 사용하셨다고 들었는데 실제로 해보니까 어떠셨나요?

이시형 우리가 정신과 치료를 하는 데 있어서 프로이트의 정신분석이 대세를 이루고 그 밖에도 융이나 아들러 등의 학파가 많지만, 사실 따지고 보면 그 바탕에는 의미치료의 철학이 깔려 있습니다. 접근 방법이 다를 뿐이에요. 프로이트를 비롯해서 다른 사람들이 환자를 치료하면서 얻은 지식을 바탕으로 했다면 빅터 프랭클의 의미치료는 임상이 아니라 죽음의 현장을 직접 체험하며 사람들을 한 명 한 명 관찰하면서 기록한 일종의 '체험 철학'이거든요. 그래서 우리에게 더 생동감 있고 진지하게 다가오는 겁니다. 뇌과학 역시 의미치료가 바탕이 되었다고 생각해요. 우울증 환자를 볼 때에도 이 환자가 왜 우울증에 빠지게 됐는지를 더듬어가다 보면 환자 치료에 훨씬 설득력이 생깁니다. 이 환자에게서 우울증의 의미가 무엇인지 내가 살아가는 의미가 무엇인지를 찾고자 하면 자신의 인생을 다시 한번 돌아보게 되고 삶의 궤도를 수정하는 일이 가능해지는 것이죠. 그리고 이렇게 살아야 할 것인가, 앞이 보이기 시작합니다.

박상미 심리학 공부를 하면서 프로이트, 융, 아들러에 대한 공부를 참 열심히 했죠. 제가 직접 심리상담 치료를 받을 때 항상 과거에 집중해야 하는 심리치료 과정이 상처를 더 아프게 만들어서 힘들었던 기억이 있어요. 그런데 이 로고테라피는 고통 속에서 의미를 찾는다는 것 자체가 미래에 목적을 두기 때문에 희망이 생기더라고요. 과거를 생각하면 고통스럽지만 '내가 왜 살아야 하는가'에 대한 의미를 찾기 시작하니까 앞으로 살아갈 미래에 대한 의지와 의욕이 생겨나는 거죠. 아무것도 남은 게 없이 황폐하다고만 생각했던 제 마음속에도 그런 자신감과 희망이 존재한다는 사실을 깨달았을 때 감동이 밀려왔어요. 큰 고통을 겪은 사람들이 우울증에 걸리거나 극단적인 선택을 하는 것은 자신의 인생이 보잘것없고 더 이상 삶의 가치가 없다고 생각하기 때문이잖아요. 의미치료에서 강조하는 것은 모든 생명이 귀하고 모든 인생이 의미가 있다는 것이고 이를 위한 과정으로 매일 '의미 찾기'를 일기 쓰듯이 하다 보니까 자가 치료방법으로 효과가 아주 좋았어요.

이시형 의미치료는 우울증 환자에게 제일 적합한 치료예요. '우울'은 얼른 생각하면 감정 장애지만 따지고 보면 사고의 장애입니다. 나는 살 가치도 없다, 살 의미도 없다, 이 세상에 날 도와줄 사람은 아무도 없다, 이런 생각에 빠지게 되면 하늘도 필요 없다, 가족도 필요 없다, 라고 하면서 절대 고독에 빠지게 되죠. 그렇게 나는 혼자라는 절박한 심정에 벼랑 끝까지 몰리게 되면 죽음까지도 선택할 수 있는 거예요. 왜 살아야 하는지 자기 인생에 아무런 의미를 발견하지 못한다면 살아야 할 이유가 없게 되는 거죠.

보리 한 톨이 운명을 이기는 방법

박상미　살다 보면 주위에 참 많은 것을 이뤘는데도 역경을 만나면 잘 이겨내지 못하는 사람이 있고, 큰 시련을 잘 이겨내고 성장하는 사람이 있어요.

이시형　명사들의 이야기를 들어보면 하나같이 같은 고민을 하고 있습니다. 자기 아들이 형편없대요. 어째서냐고 물으면 그 아이는 자기가 가진 것들 중에 한 가지 못 가진 게 있대요. 자기는 가난했지만 그 아이는 가난이 뭔지 모른다면서, 그래서 걔가 약해빠진 아이로 자랐다는 거예요. 역경이라는 것은 큰 힘을 기르게 만드는 계기가 될 수 있어요. 요즘 '파이토케미컬(Phytochemical)'이라는 말이 자주 들리는데 파이토케미컬은 식물의 대사작용에서 만들어지는 화학물질을 말합니다. 환경이 나쁠수록 식물은 스스로를 보호하기 위해 파이토케미컬을 더 많이 분비를 하는 거죠. 이런 식물일수록 더 가치가 있는 것은 당연하지 않겠습니까. 인간도 이와 다르지 않습니다.

저는 언제인가 아주 감동적인 보고서를 읽은 적이 있습니다. 미국 아이오와 대학에서 실험을 했어요. 학생들이 사방

30센티미터의 나무통에 보리를 한 톨 심은 거예요. 여름에 싹이 터서 자랐는데 실험실에서 자란 보리가 오죽하겠어요. 보리 몇 알이 겨우 열렸을 뿐 빈약하고 형편없었죠. 그런데 학생들이 통을 깨고 보리의 뿌리 길이를 재봤더니 자그마치 11,200킬로미터가 되는 겁니다. 서울과 부산 사이 왕복 8백 킬로미터를 열네 번이나 오가는 거리예요. 이게 무슨 뜻이냐 하면, 보리는 그 열악한 환경에서 최선을 다했다는 증거입니다. 학생들이 종일 실험을 하느라 공기는 퀴퀴하고 환기도 잘 안 됐을 거란 말이죠. 그런데도 보리는 기어코 열매를 맺으려고 잔뿌리를 구석구석 내려서 수분과 영양분을 최대한 흡수했다는 거예요. 그 보리는 부잣집의 널찍한 정원에 핀 화려한 장미를 시샘하지도 않았을 거예요. 그저 주어진 여건 속에서 자신의 존재와 생명을 유지하기 위해 최선을 다한 거죠. 그런데 누가 그 보리를 보고 "야, 너는 왜 이렇게 형편없냐?"는 소리를 할 수 있겠어요?

박상미 겉으로는 보잘것없는 보리 한 톨일 수 있어도 서울과 부산을 열네 번이나 왕복할 수 있는 엄청난 뿌리를 가졌다면 굳이 겉보기에 화려한 장미를 질투할 이유가 없네요. 우리에게 중요한 것은 내 속에 숨겨져 있는 나의 뿌리를 발견하는 것이로군요. 우리의 마음속에는 그런 엄청난 뿌리가 다 있겠지요. 그걸 찾느냐, 찾지 못하느냐가 내 인생의 의미를 결정하는 것 같아요.

이시형　식물은 선택의 자유가 없어요. 한자리에 심어지고 나면 그게 자신의 숙명이 돼요. 동물은 햇볕이 강하면 그늘을 찾아가고 물이 마르면 다른 물을 찾아가면 되지만 식물은 어떤 환경이든 그 한자리에서 살아나가야 하죠. 그게 운명이에요. 우리 인생도 비슷합니다. 우리는 언제 태어날지, 태어나는 나라나 가정이나 부모를 선택할 수가 없잖아요. 태어나는 환경을 숙명으로 받아들일 수밖에 없어요.

보리가 자란 실험실처럼 우리네 인생도 만만치 않습니다. 러시아 작가 고리키가 이런 말을 했습니다. "삶이 그렇게 평탄하지는 않다. 정말 험악하다. 그러나 잔인하고 힘들고 그런 인생이지만, 그렇다고 네 목숨을 끊을 만큼 절박한 것은 아니다. 목숨만큼 귀중한 게 어디 있겠는가." 이 작가가 젊은 날 권총자살을 시도한 적이 있어서 그의 이야기가 나한테 더 의미 있게 다가온 것 같아요. 우울증 환자들은 첫째로 자신의 존재 가치의 의미를 확실하게 찾지 못해서 그런 게 아닌가 하는 생각을 많이 했어요. 그래서 이 의미치료가 마음이 아픈 사람들에게 그 어떤 것보다 귀한 보물이라고 생각해요. 어떤 환자이든 정신 치료를 할 때에는 '의미치료'가 반드시 필요합니다. 그냥 약만 처방해주는 게 아니라 당신의 존재의 의미를 다시금 일깨워주는 거죠. 굉장히 중요한 치료적인 수순입니다.

우리는 모두 우주적인 존재다

이시형   저는 우울증 환자로 찾아온 한 대학교수에게 이 보리 이야기를 한 적이 있었습니다. 이 보리는 그냥 보리 한 톨이 아니다. 밤의 어둠과 차가운 기온을 이겨내고 전 우주가 참여한 존재다. 하물며 보리 한 톨에도 이런 의미가 있는데 우리는 어떻습니까? 우리들 한 사람 한 사람의 생에 전 우주가 참여하고 있다고 생각하면 한 존재의 무게가 얼마나 무겁습니까? 그분은 이 보리 한 톨의 이야기를 자신의 과학 논문에도 수차례 인용을 했어요. 존재라는 것은 내가 살아가고 있는 게 아니라 살려지고 있는 겁니다. 우리는 우주적인 존재예요. 자신의 존재의 의미를 한 번 깨닫고 나면 인생을 보는 눈이 달라집니다.

박상미   '전 우주의 협력으로 만들어진 존재가 나'라는 것을 깨닫게 되면 내가 사는 한 순간 한 순간이 얼마나 소중하게 생각될까요. 나의 존재에 대해 깊이 감사할 수밖에 없을 것 같습니다. '어떤 절망 속에도 반드시 희망은 있고, 어떤 존재에도 거룩한 의미가 있다'는 걸 보리 한 톨을 통해서 또 한 번 배웁니다. 저는 모든 상담 현장에서 의미치료법을 적용하고 있는데요, 특히 6만여 명의 재소자들을 대상으로 영화 치료를 한 사례를 통해 의미치료의 기적을 체험할 수 있었습니다.

교도소에 있는 사람들이 모두 반성할 줄 모르는 흉악한 범죄자 같지만 그렇지 않은 사람들도 많아요. 그중에는 억울하게 누명을 쓰고 복역하는 사람도 있고, 죄인 줄 알면서도 생계 때문에 어쩔 수 없이 범죄에 연루된 사람도 있고요. 유아기부터 폭력적인 아버지 밑에서 육체적 정신적으로 가혹한 학대를 받아오다가 어느 날 분노가 폭발해서 존속살인을 저지른 사람도 있어요. 이 사람들 모두 자신은 쓸모없는 존재이고 태어난 것 자체가 신의 실수이며 죽지못해 버티고 있는 거라고 했어요. 그런데 그들의 사연을 다 듣고 난 후에 '어떤 절망 속에도 반드시 희망은 있고, 어떤 존재에도 거룩한 의미가 있다'는 말만 해줘도 폭풍 같은 눈물을 흘렸어요. 그리고 감옥 안에서 감사와 희망을 찾기 시작하는 거예요. 그날부터 표정이 변하고 걷는 자세부터 달라졌어요. 상담을 하면서 정말 거룩하지 않은 존재, 희망이 없는 존재는 이 세상에 한 명도 없다는 것을 참 많이 느꼈습니다. 그 사람들에게도 이 보리 한 톨의 이야기를 해줘야겠어요. 보리 한 톨에도 전 우주가 관여하는데 당신의 생명에는 얼마나 큰 우주가 참여했겠느냐고 말이죠.

이시형 자신의 인생에 어떤 의미를 부여하느냐가 중요합니다. 제가 고등학교 1학년 때 한국전쟁이 일어났어요. 미군부대에서 심부름을 하는 하우스 보이로 일을 했는데 그때 식당에서 먹고 남은 음식찌꺼기를 돼지 먹이로 준다고 깡통에 지저분하게 담아서 부대 밖으로 내가곤 했었죠. 근데 그걸 돼지한테 주는 게 아니라 한국 사람들이 먹었어요. 담배꽁초는 예사로 들어가 있는데 제일 골치 아픈 게 이쑤시개였어요. 어떨 때는 혀에 구멍이 나서 피가 철철 흐르는 거예요. 그래서 무슨 방법이 없을까 고민을 하다가 군목실을 찾아가서 그 잘난 영어로 한참 설명을 했어요. 처음에는 못 알아듣더라고요. 그러다 한참 뒤에야 너희들이 그걸 먹는다는 얘기냐고 해요. 그렇다고 했더니 어디 가면 먹을 수 있느냐고. 그래서 바로 부대 앞에 있는 작은 시장으로 데리고 갔죠. 거기서 팔거든요. 그 군목님이 찌개 두 그릇을 사서 하나는 자기가 먹고 하나는 나를 줘요. 미군 소령이 꿀꿀이죽을 먹고 있자니 온 시장 사람들이 다 모였어요. 그리고 바로 다음 날 유엔사령관 이름으로 전 부대에 공문이 내려왔어요. 한국 사람들이 이걸 먹으니까 깨끗하게 신경을 쓰라고. 그리고 이쑤시개는 절대 넣지 말라고. 살았다싶었죠. 이게 부대찌개의 역사예요. 저는 그때 하우스 보이를 하며 온갖 힘든 일을 겪었지만 그래도 그런 생각을 할수 있었다는 게 대건하고 축복이라고 생각합니다.

박상미 누군가는 이쑤시개가 나올 때마다 투덜거렸을 것이고, 또 누군가는 음식물 쓰레기를 먹고 살아야 하는 자신의 삶에 좌절했을 테지요. 그런데 소년 이시형은 발상이 달랐네요. '우리가 이걸 어차피 먹어야 한다면, 안전하게 먹을 수 있으면 좋겠다'는 생각을 하고 미군 소령을 찾아간 용기가 대단했네요. 그 용기에 미군 소령도 감동해서 꿀꿀이죽을 같이 가서 먹은 게 아니겠어요? 소년도 소령도 모두 고맙네요. 지금 우리가 먹는 부대찌개에 이런 감동적이고 의미 있는 일화가 숨어 있을 줄이야……. 좌절과 절망에 지지 않고 내가 처한 상황을 좀 더 좋게 변화시키기 위해 고민하고 용기를 내는 것, 내 삶에 의미를 부여하고 책임을 지는 행동이라는 생각이 듭니다. 내 삶도 타인의 삶도 더 나은 삶으로 바꿀 수 있는.

고통을 겪어본 사람만이 희망을 찾을 수 있다

박상미 제게 상담을 요청하는 분들 중에 자살 충동에 시달리는 청소년이나 청년들이 많습니다. 그들의 이야기를 충분히 들어주고 나서 이런 질문을 던지기 시작해요. "그렇게 고통스러운데 왜 자살을 실행에 옮기지 않았어요?" 그러면 당황하죠. 너무 불편한 질문이잖아요. 그런데 다들 '죽지 못한 이유'가 있더라고요. 내가 죽으면 가족들이 너무 슬퍼할까 봐, 아니면 이루지 못한 꿈이 있어서, 혹은 잊히는 게 너무 슬퍼서처럼요. 이런 이유들을 들어주고 나서 질문에 이어가요. 그러면 죽지 못하는 이유, 즉 내가 살아야 하는 의미를 스스로 찾아가게 되는 거예요. 누구나 내 마음 깊은 곳에 살아야 하는 이유를 가지고 있더라고요.

자살을 생각하는 사람들은 죽음 자체를 원하는 게 아니라 죽을 만큼 힘든 고통을 끝내고 싶어서 죽음을 꿈꾸는 거죠. 죽으면 고통도 끝나서 편안해질 것 같으니까요. 사실은 너무나 살고 싶은 거예요. 제가 상담했던 모든 분들이 고통을 끝내고 싶은 거였지, 내 삶을 끝내고 싶은 사람은 없었어요. 그런데도 차마 죽을 수 없는 이유를 나열하다 보면 그것이 내가 살아야 할 의미를 찾는 과정으로 이어지고, 그렇게 살아야 할 의미를 찾다 보면 나라는 존재가 그런 고통 속에 있더라도 얼마나 귀한 존재인지를 깨닫게 되는 거죠. 그러면 상담을 종료한 이후에도 매일 자가 치료가 가능한 삶을 살아가더라고요. 이것이 제가 만난 의미치료의 기적이었습니다. 박사님도 큰 고통을 겪은 순간이 있으셨나요? 혹시 이런 의미 찾기를 통해 삶의 소중함을 깨달았던 경험이 있으신지요?

이시형 저는 깊은 철학적 사색을 즐기거나 차분하게 사고를 하는 성격이 아니었어요. 굉장히 외향적이고 활동적이어서 차라리 좀 덤벙대는 면이 있습니다. 시험이 닥치면 낙제를 하지 않을 만큼만 공부를 하는 쪽이었어요. 그래서 최근에 『농부가 된 의사 이야기』그림 에세이를 출간하고 나서 제 비서가 "박사님, 이게 백 권째 책입니다."라고 해서 깜짝 놀랐어요. 제 성격이 이렇게 가만히 사색에 잠기는 쪽으로 바뀌게 된 계기가 『죽음의 수용소에서』를 읽고 나서예요. 책 한 권이 이렇게 한 사람의 인생을 들쑤셔 뒤집어놓다니요. 굶어죽은 사람을 직접 눈으로 봤던 전쟁통에 이 책을 만난 게 절 많이 변하게 했죠.

대구 미군부대에서 일할 땐데 스페셜 가드라는 게 있어요. 공항 주변을 경비하는 경비병이에요. 하루는 보급 창고에 물건이 들어왔는데 천장이 높은 창고에 재워 넣느리 양철 지붕 바로 밑까지 물건을 지고 올라갔어요. 그때가 여름이었는데 대구의 기온이 평균 40도가 넘었어요. 거기다 양철 지붕 밑이니까 아마 5-60도는 족히 됐을 거예요. 물건을 다 쌓아놓고 온통 땀범벅이 되어서 밖으로 나오니까 그렇게 시원할 수가 없더라고요. '이야, 날도 좋고 햇빛도 좋고 이거 참 시원하구나.' 그날 대구의 기온이 36도였어요. 전 지금도 잊혀지지가 않아요. 그 36도의 기온이 얼마나 시원하던지. 그러니까 인간이라는 존재가 참 상대적인 겁니다. 평소였다면 당장 에어컨 바람부터 찾았겠죠. 그런데 그 36도의 열기가 나에게 더없이 상쾌하고 시원하게 느껴졌다는 건 내가 삶을 어떻게 생각하느냐 하는 방향에 따라 그 의미가 완전히 달라질 수 있다는 증거예요. 극한의 더위 속에서 보급품을 쌓느라고 고생했던 시간이 없었다면 저는 결코 36도의 더위를 시원하다고 느끼지는 못했을 거예요. 그 과정이 없었다면 더위로 숨이 막힌다고 난리를 쳤을 겁니다. 이런 의미의 차이를 느끼고 생각하게 된 것도 의미치료를 만난 이후에 일어난 변화가 아닐까 생각합니다. 정신과를 공부하게 된 것도 의미치료적인 내 인생의 자세가 그 길로 나를 이끌었다는 생각이 들어요. 이후에 명상에 대해 공부를 하게 되고, 해인사 홍제암에서 여름과 겨울방학을 나는 동안 스님들 선방 뒷전에 앉아서 강론도 듣고 참선도 하고 그러면서 내 인생이 굉장히 많이 바뀌었어요. 그렇게 동적인 인생에서 정적인 인생이 되면서 아, 내가 차츰 정신과를 공부하는 자세를 갖춰가는구나, 하고 느끼게 된 것 같습니다.

박상미 고통을 겪어본 사람만이 희망을 찾을 수 있는 힘을 갖는다는 것을 그때 온몸으로 체득을 하신 거네요. 저도 원래 심리학이나 상담 공부를 했던 사람은 아니고요, 문학 공부를 했었습니다. 그런데 아까 말씀드렸던 그 경험과 의미치료를 만난 이후로 새로운 삶을 살게 되었어요. 국문학 박사 과정 입학을 준비하다가 전공을 바꿔서 심리학 공부를 시작했어요. 나처럼 고통 속에서 절망 찾기만 반복하고 있는 사람들을 의미치료의 세계로 안내해줘야겠다는 꿈을 꾸게 된 거죠. 모든 삶에는 고통만 있는 게 아니라 반드시 희망도 함께 있는 것 같아요. 그 희망을 볼 수 있는 눈만 있으면 내 삶도 살리고 주변에 같은 고통으로 괴로워하는 사람들의 삶도 살려낼 수 있다고 생각합니다.

누구나 어려운 인간관계, 편해지는 법

박상미 불혹의 나이를 넘기고 나면 세상살이에 노련해지는 만큼 인간관계도 쉬워질 줄 알았는데 오히려 더 어려워진다고 말씀하시는 분들이 많아요. 대기업에 강의를 가봐도 직급과 상관없이 신입사원부터 임직원까지 고민의 일 순위로 꼽는 것이 인간관계가 너무 어렵다는 겁니다. 왜 그런 걸까요?

이시형 젊은 시절과 중년이 되었을 때가 다른 것 중의 하나가 '말의 무게'입니다. 젊을 때는 실패를 해도 마음먹기에 따라 금세 일어설 수 있는 것처럼 실언을 해도 금방 회복을 할 수가 있죠. 그런데 마흔을 넘기고 나면 말의 무게가 달라집니다. 이제는 아무렇게나 실언을 할 수 있는 나이가 아니라 자신의 말 한마디 한마디에 책임을 져야 하는 나이인 거죠. 이제는 더 이상 성장하는 나이가 아니라 성장을 끝내고 성숙한 나이에 접어든 겁니다. 직장에서나 어디에서나 중추적 역할을 감당해야 하는 게 그 나잇댑니다. 그래서 젊을 때처럼 함부로 얘기를 하거나 할 수가 없죠. 말을 조심스럽게 해야 해요. 그러니까 인간관계도 더 힘들어지게 되는 것이고, 그게 자연스러운 거예요.

박상미 책임져야 할 게 많고 조심할 게 많아지다 보니까 인간관계에서 어려움이 생겨도 말 못하고 속으로 앓기만 할 때도 많죠. 이렇게 인간관계에 유난히 힘들어하시는 분들이 명심해야 할 게 있다면 무엇일까요?

이시형 사람은 다 다르다는 겁니다. 왜 내 마음은 이런데 저 사람의 마음은 안 그럴까, 이런 생각은 하는 게 아니에요. 다른게 정상이잖아요. 사람이 어떻게 같을 수가 있어요. 평생을 함께 살아온 부인이라고 해도 마찬가지예요. 그렇게 오랜 세월을 같이 살았어도 생각이 다른 게 당연한 거죠.

우리는 마음속에 관습적인 기준의 틀을 딱 가지고 있습니다. 그래서 너는 내 자식이니까, 내 부인이니까, 내 친구니까 이래이래야 한다는 틀을 정해놔요. 이 틀이 얼마나 단단한지 흔들리지를 않아요. 그리고 조금만 선을 넘어 내가 짜놓은 틀에 맞지 않으면 불평불만이 생겨요. 마흔을 넘어가면 이 틀을 느슨하게 갖고 있어야 해요. 그럴 만한 나이가 된 거예요. 그 전에는 경계선이 칼같이 확실해서 조금만 그 선을 건드려도 날카로워지고 화를 냈어도 마흔이 되면 둥글둥글해져야죠. 좀 무뎌져야 합니다. 이게 안 되면 중년이 되어서 인간관계가 이전보다 더 힘들다고 느낄 수밖에 없어요.

세대차이도 마찬가지예요. 어느 세대에나 '요즘 아이들은 참 별종이야.'라고 생각했어요. 젊은 세대가 이해가 안 된다고 해서 고민하지 말고 다르다는 걸 인정하면 됩니다. 한국 사람들은 '다르다'는 것을 받아들이는 것에 참 인색해요. 다들 같아야 한다고 생각하지요. 옛날에 단일민족이라는 말을 많이 썼는데 우리가 사실 역사적으로 거슬러 올라가보면 단일민족이 아니에요. 그런데 단일민족이라고 우기면서 '우리는 같다.'고 믿어요. 그래서 다르다는 걸 인정하기까지 상당한 시간이 걸리는 겁니다.

박상미 이혼하는 부부들을 상담해보면 연령과 상관없이 비슷한 이유를 대는 게 바로 '성격 차이'예요.

이시형 성격뿐만 아니라 가치관도 다릅니다. 결혼이라는 게 너에

게, 그리고 나에게 어떤 의미가 있느냐, 네가 살아가는 의
미는 무엇이냐, 이런 가치관이 다른 것 때문에도 문제가
생겨요. 세대에 따라, 그리고 살아온 환경에 따라 가치관
은 완전히 다르게 마련이거든요. 그 차이가 두 사람을 헤
어지게 만드는 근본 원인이 돼요.

박상미 대학 때 사귀었던 남자친구가 참 괜찮았는데, 제가 헤어
지자고 했어요. 그때 제가 내세웠던 이유가 두 가지였어
요. 하나는 "넌 나랑 성격이 너무 다르다." 그리고 또 하나
가 "가치관도 너무 다르다."였어요. 헤어져야 하는 합당한
이유라고 생각했어요. 그런데 20년이 지나고 보니까 저랑
많이 다르기는 했어도 저의 단점을 보완할 수 있는 장점을
많이 가지고 있는 친구라는 걸 알았어요. 그걸 인정하고
조율했다면 참 의미 있는 관계가 되었을 텐데 제가 참 미
성숙했어요. 그때는 다른 게 나쁜 건 줄 알고 "우리 영원히
만나지 마." 하고 관계를 끊은 거죠. '다름'을 인정하고 받
아들일 때 함께 성장한다는 걸 너무 늦게 깨달았습니다.

이시형 교육 하나만 봐도 그렇습니다. 학교에서 선생님들이 아이
들 교육이 힘들다고 난리예요. 어떤 부모는 "왜 우리 아이
한테 이런 걸 시키느냐."고 난리를 치고, 어떤 부모는 "왜
우리 아이한테 이런 걸 시키지 않느냐."고 난리를 쳐요. 아
이들마다 다 다르니까요. 이걸 획일적으로 만들려고 하다

보면 교육이 앞으로 나아갈 방법은 없는 거죠.

부부도 상호보완적인 관계가 되는 게 이상적이에요. 상대의 약점을 내가 가진 장점으로 감싸줄 수 있는 거죠. 그런데 그게 가능하려면 상당한 포용력과 융통성, 유연성이 있어야 해요. 나와 다른 누군가를 판단하는 틀을 너무 꽉 막히게 여물게 짜놓아서는 안 되죠.

박상미 부부 상담을 하다 보면 상대가 나와 다른 점을 비난하면서 '저 사람의 나쁜 성격을 나의 좋은 성격으로 바꿔놓아야겠다'고 생각하며 사시는 분들이 많더라고요.

이시형 성격이나 가치관을 바꾸는 것은 남이 말한다고, 설득한다고 되는 게 아닙니다. 그건 살면서 스스로 터득해야 하는 거예요. 그걸 가르치려고 하니까 문제가 생기고 싸움이 나요. 그보다는 저 사람이 이런 걸 좋아하고 이런 걸 싫어하니까, 그리고 저 사람의 가치관은 이런 거니까 내가 그것에 얼마나 맞출 수 있나 하는 연구를 잘 해야 합니다. 상대방의 그런 점들을 잘 파악해서 자신이 어느 정도의 융통성을 발휘할 수 있나를 생각해봐야 하죠. 연애를 하거나 결혼을 해도 이런 관점에서 해야 합니다.

박상미 다름을 인정할 때 진정한 소통을 할 수 있고 보다 좋은 관계로 나아갈 수 있다는 걸 저도 항상 명심하겠습니다. 삶을 의미 있게 살려면 사람을 잘 사귀는 게 중요하다는 생각이 듭니다. 나이가 들수록 좋은 친구를 사귀는 것이 중요한 것 같아요. 저는 만나면 기분 좋고 삶의 의미를 느끼게 해주는 사람, 친구가 잘될 때 시기 질투하지 않고 진심으로 기뻐하는 사람을 좋은 친구의 기준으로 삼고 있습니다. 박사님이 생각하시는 '좋은 친구'는 어떤 사람인가요?

이시형 친구라는 건 종류가 몇 가지가 있지요. 사업상 만나는 친구도 있고 고향친구도 있고 비슷한 형편에서 살다 보면 만나지는 친구도 있습니다. 남자들은 친구관계에도 이해관계가 많이 작용해서 뭔가 나에게 도움이 되지 않는다 싶으면 멀어지기도 해요. 여자들은 친구관계가 이보다는 정을 기반으로 해서 훨씬 돈독하지요. 유안진 수필집에서였던가요, '내가 비린내 나는 앞치마를 입고 가도 얼굴 안 찡그릴 친구, 내가 흉을 보더라도 말이 새나갈 걱정을 하지 않아도 되는 친구'가 있으면 참 좋겠습니다. 이런 친구를 갖는다는 건 어떤 정신과 의사를 친구로 두는 것보다 더 훌륭한 치유적인 관계가 될 수 있어요. 보통 심리학에서도 전화 없이 찾아갈 수 있는 친구 세 사람만 있으면 축복받은 인생이라고 하거든요.

박상미 꾸밈없이 솔직한 나의 모습을 있는 그대로 받아들여주는 친구, 신의를 지키는 친구를 사귀고 나 또한 그런 존재가 되어주는 일. 의미 있는 관계 맺기의 핵심이네요.

아버지라는 남자의 눈물

박상미　박사님, 가족 문제로 말 못 할 고통을 겪는 사람들이 많습니다. "가족이 지옥입니다."라고 말하는 사람들도 있고요. 부모와 자녀 부양이 너무 힘들고 이게 언제 끝날지 모르겠다. 자식이자 남편, 아버지로서의 삶이 너무 무겁고 버겁다. 내가 누군지 모르겠고, 울고 싶은데 기대어 울 곳이 없다. 이런 고민을 토로하시는 남자 분들이 꽤 있어요.

이시형　제가 문인화 공부를 하는데요, 언젠가 '애비란 울 데도 없는 참 서글픈 존재입니다.'라는 그림을 그렸어요. 그걸 사신 분이 아주 큰 기업을 운영하시는 분이에요. 옥션에서 상당히 비싸게 팔린 그림인데 그걸 왜 사느냐고 제가 여쭤봤습니다. 그랬더니 그 그림을 보고 나면 굉장히 위로가 된다고 하시더라고요. 한국의 가부장적인 전통에서 '애비'란 감동을 해도 눈물을 흘리면 안 되고 가족 앞에서 절대로 나약한 모습을 보여서는 안 되는 존재잖아요. 한국의 아버지들

은 자신이 흔들리면 가족 전체가 다 흔들리니까 강해져야
한다는 강박관념을 가지고 살아요. 그래서 감정을 억누르
게 되는 겁니다. 적어도 우리 세대까지는 그랬어요.

제가 『어른답게 삽시다』라는 책을 쓰기도 했는데 딸은 딸
답게, 아들은 아들답게, 엄마는 엄마답게, 그렇게 우리 사
회에는 전통적으로 또 문화적으로 주어진 역할이라는 게
있습니다. 그래서 아버지는 아버지로서 이렇게 해야 한다
는 역할 규범에 얽매여서 사는 거예요. 그것을 잘 못하면
아버지로서의 자격이 없는 것이죠. 그러니 이런 사회적 역
할의 의미나 무게가 결코 가볍지 않아요. 사실 짐처럼 느
껴지죠. 그래도 숙명처럼 받아들일 수밖에 없어요. 그걸
포기하면 가정을 포기하는 게 되는 거니까요. 쉽지 않은
결정이에요. 그렇지만 그 짐을 가장으로서 받아들이고 그
렇게 함으로써 내가 나의 소중한 가족을 온전히 지켜나간
다는 생각을 하면 그 책임의 무게가 그저 힘들고 버거운
짐으로서만이 아니라 가족을 지키는, 보다 더 숭고한 인생
의 의미가 될 수도 있지 않을까요.

한 번은 이런 그림을 그린 적이 있습니다. 구름이 좀 껴서
달의 반이 가려지는 바람에 보름달이 보름달 같지가 않더
라고요. 일그러진 달이어서 '누군가가 서러운 눈물을 참고
있는가 보다. 저 달을 보니까.'라고 썼어요. 그 바탕에는 역

시 가부장적인 의미가 담겨 있습니다. 울고 싶어도 참아야 하는 가장의 무거운 책임감인 거죠. 그런데 요즘은 이런 아버지의 역할이란 것들이 조금씩 무너져가고 있는 게 아닌가 하는 생각이 들기도 합니다.

박상미 제가 상담을 하다 보면 자신의 괴로운 감정을 말로 제대로 표현을 하지 못해서 눈물만 흘리는 사람들이 50대 남자들입니다. 나는 누구일까, 존재의 뿌리까지 흔들리는 모습이 많이 보입니다. 박사님은 부모, 남편, 가장으로서 사는 게 참 힘들다, 이런 생각을 해본 적이 있으신지요?

이시형 저는 가부장적인 전통이 굉장히 강했던 시절에 철저한 교육을 받아서 거기에서 벗어난다는 생각은 아예 할 수가 없었습니다. 안고 가야 하는 하나의 숙명이었죠. 우리네 인생에서 내 마음대로 선택할 수 없는 것들이 있어요. 가령 태어나는 것도 나의 선택은 아니잖아요. 어릴 적에 '부잣집 외동아들로 태어났더라면……' 하는 생각을 한 적이 있었어요. 친구 하나가 딱 그런 아이인데 그 집에 가보니까 사과가 바구니에 하나 가득 담겨 있더라고요. 난 이게 진짜 사과인가 하고 만져봤다니까요. 사과가 그렇게 남는 걸 본 적이 없거든. 우리 집에서는 한 궤짝을 풀어놔도 순식간에 싹 없어지는데. 난 그 친구의 사과 바구니가 그지없이 부럽더라고요. 어떻게 보면 우리 삶의 여정도 정해져 있는 게 많아요. 죽는 날도 선택할 수가 없고 어디로 가야 되느냐, 이것도 우리가 선택할 수가 없죠. 가장이라는 짐도 내가 가족을 굶겨서는 안 되겠다, 하는 생각으로 살았어요.

제가 고1 때 한국전이 시작되었고 그때 열세 식구의 가장이었습니다. 나라는 어렵고 피난민들은 넘쳐나고 대포 소리를 들으며 공부하던 시절이었어요. 그런 상황에서 가장 노릇을 제대로 하려면 다른 것을 생각한다는 게 사치였습니다. 그때 대구에 혈액원이 두 군데밖에 없었는데, 피를 팔아서 생활을 하기도 했어요. 가장 노릇을 내게 주어진 숙명으로 받아들였습니다. 이건 선택할 수 있는 게 아니에요. 선택할 수 없는 것은 체념을 할 줄 알아야 합니다.

체념은 단념과는 달라요. 체념이라는 말을 사전을 찾아보면 '이치를 깨닫는 마음'이라는 의미가 있어요. 포기하는 게 아니고요. 내가 최선을 다했지만 어떻게 할 수 없는 것은 이치에 따라갈 수밖에 없는 거죠. 그건 단념과는 다른 것이에요. 우리가 인생의 모든 것을 선택할 수 있으면 얼마나 좋겠어요. 그런데 그건 불가능합니다. 그래서 체념을 할 수밖에 없는데 이 체념이라는 철학적 사유도 우리의 삶에서 참 중요해요.

박상미 내가 선택할 수 없는 것 중에 대표적인 게 가족인 것 같습니다. 부부를 제외하고 부모와 자식, 형제관계는 말이죠, 이 사이에서 문제가 생길 때마다 불평을 할 게 아니라 체념하고 받아들이고 그 짐을 짊어지고 가야 하는 의미를 찾아야 하는 것이로군요.

저는 막내인데 제가 엄마를 모시고 있거든요. 사실 속으로 불평을 많이 했어요. 그러다 보니까 마음이 가벼워지는 게 아니라 더 힘들더라고요. 따로 살까? 생각하니 마음이 가벼운 게 아니라 죄책감이 더 많이 들더라고요. 이게 내 숙명이구나! 하고 받아들이기로 마음을 먹고 나니까 마음이 가벼워지더라고요. 내가 의미 있게 살아가고 있구나, 스스로 칭찬하는 마음도 들고요. 마음을 달리 먹으니까, 이제는 일흔 넘은 엄마가 제 딸 같아요. 그래서 요즘은 제가 엄마한테 웃으며 이렇게 얘기해요. "엄마, 예쁘고 귀여운 노인으로 잘 크자, 내 말 잘 들어야 해~." 요즘은 엄마가 딸 같고 친구 같아요.

가족 안에서 내가 져야 하는 짐이 있다면, 내가 지는 게 더 마음 편한 짐이 있다면, 빨리 숙명으로 받아들이는 게 나의 행복을 위해서 좋은 것 같아요.

불안과 흥분의 나이를 사는 법

박상미   요즘은 제2의 인생을 어떻게 준비해야 하는지가 고민인 분들이 많은데, 또 이분들이 자존감은 바닥입니다. 무언가를 새롭게 시작할 용기가 나지 않는다는 거예요. 요즘 100세 인생이라고 하는데 오래 산다는 게 기쁜 게 아니라 불안하고 두려운 사람들이 많은 것 같습니다. 40대인 제 또래들도 불안한데 50대나 60대는 더 불안하겠죠. 이런 불안을 어떻게 극복할 수 있을까요?

이시형   장수가 축복이 아니라 재앙이구나, 하는 생각을 할 때가 더러 있습니다. 이제는 우리가 인생 설계를 전면적으로 다시 해야 할 때입니다. 우리 조상들은 '고래희'라고 환갑만 지나면 그럭저럭 생을 마감하는 방향으로 가는 삶을 살았지만 이제는 시대가 바뀌었죠. 한국은 세계에서 제일 빠른 속도로 초고령 사회로 진입을 하고 있습니다. 말로만 듣던 100세 인생이 현실이 됐어요. 그래서 제2의 인생이 중요합니다. 한 번은 내 선택이 아니라 그냥 태어난 거고, 한번 더 태어나는 겁니다. 그래서 다시 시작을 해야 돼요. 내 자유의지로, 내가 선택을 하는 게 제2의 인생, 후반전입니다. 그것만으로 축복입니다.

40, 50대 중반은 한국 사회를 받쳐주는 허리 같은 역할을 하는 세대입니다. 이 사람들이 무너지면 가정이 무너지고 사회가 무너지는 거예요. 그래서 이들이 불안에 빠진다는 건 걱정이 될 수밖에 없습니다. 사실 40, 50대의 나이가 인생에서 걱정이 제일 많은 때예요. 자식들이 결혼을 할 수도 있고 외국 유학을 갈 수도 있고 난생처음으로 노화라는 것을 경험하는 것도 이때쯤이거든요. 머리숱도 조금씩 적어지고 주름도 생기고 정력이나 체력도 예전 같지 않고. 그리고 우리 사회가 경제적으로 안정이 되어 있지 않다 보니 그 문제가 제일 심각하죠. 100세까지 살아야 하는데 앞으로 이거 어떻게 하지, 이런 생각이 들게 됩니다.

그런데 난 오히려 좀 불안해야 한다고 생각해요. 불안해야 대비를 하게 되지 않겠습니까. 대책을 생각하게 되고, 이게 불안의 의미입니다. 한국 사람들이 잘 안 되는 것 중의 하나가 미리 준비하고 예방하는 거예요. 우리는 가만히 있다가 갑자기 변을 당하면 놀라운 순발력과 융통성을 발휘해서 빠른 속도로 문제를 해결해요. 그래서 그런지 유비무환이라고, 닥치기 전에 대비를 해놓으면 더 좋으련만, 그냥 태평스럽게 있단 말이죠. 그래서 40, 50대에는 좀 불안한 것이 필요하다고 봅니다. 내일이 시험인데 불안한 마음이 아예 없으면 공부를 할 리가 없잖아요. 그래서 불안은 인생을 좀 더 잘 살기 위해서, 삶의 질을 좀 더 높이기 위해서 필요한 마음의 준비단계라고 생각해야 해요.

사람들은 불안 그 자체가 두려운 게 아니고 불안해하는 자신이 두려운 거예요. 불안 자체는 별 문제가 아니야. 문제는 내가 왜 이렇게 불안해할까, 불안해하는 자기 자신을 불안해하는 거죠. 40, 50대는 불안보다는 흥분과 기대에 차야 할 나이에요. 다 마음먹기 나름입니다. 불안과 흥분은 생리적인 현상이 비슷해요. 흥분해도 가슴이 두근두근하고 불안해도 마찬가지죠. 그걸 흥분이라고 생각하면 설레는 거고, 불안이라고 생각하면 병이 되는 거예요. 그러니 불안을 흥분으로 받아들이는 게 현명한 일이죠.

100세 시대, 젊은 세대가 명심해야 할 것은?

박상미 적당한 불안은 삶의 의미를 찾고 미래를 계획하는데 오히려 도움이 된다, 명심하겠습니다. 불안을 느끼는 것을 걱정하면서 더 큰 불안에 빠지지 않겠습니다. 100세 시대를 준비하면서 젊은 세대가 명심해야 할 것들은 또 무엇이 있을까요?

이시형 제가 아흔을 바라보는 나이가 되니까 인생이 참 길구나, 하는 생각이 들어요. 어릴 적부터 예술은 길고 인생은 짧다고 세뇌가 되다시피 했는데 살다 보니 인생이 결코 짧지 않아요. 그런데 40, 50대가 되면 마음이 초조해지죠. 앞으로 살아갈 날이 많지 않다는 생각 때문이죠. 그런데 그때까지의 삶을 후회 없이 잘 살았다 싶은 사람들은 오히려 불안보다는 흥분이 앞설 겁니다. 내가 지금껏 해보지 못한 것에 대한 아쉬움이 있었다면 이제야말로 하고 싶은 것을 할 수 있는 나이가 되었다고 생각할 수도 있잖아요. 그러면 초조해할 것이 아니라 잘 준비해서 앞으로 더 멋진 인생을 살아봐야겠다고 마음을 먹는 겁니다. 흥분이 되는 거죠.

그렇다고 이전과 완전히 단절이 되는 게 아니에요. 그 전에 하던 것과 전혀 다른 새로운 것을 할 수도 있지만 그 연장선상에서 무언가를 하는 게 대체적이에요. 어느 쪽으로 하든 은퇴 10년 전부터, 현역에 있을 때 준비를 해야 됩니다. 요즘 정년퇴직을 하고 나서 사람들이 제일 많이 하는 게 프랜차이즈, 아니면 우동집처럼 작은 식당이나 카페 같은 것인데 통계를 보면 3년 내에 98%가 문을 닫는다고 합니다. 미리미리 준비를 하지 않고 딱 은퇴를 하고 나서 그때부터 뭘 해보겠다고 하면 망할 수밖에 없어요.

직장생활을 하는 동안은 워크 라이프 밸런스가 완전히 워크 쪽으로 기울어져 있었거든요. 그러니 라이프에 대한 정보가 거의 없다시피 해요. 자기 집 근처에 시장이 어디에 있는지도 잘 모르고 어느 골목에 맛있는 식당이 있는지도 몰라요. 이렇게 일에만 매달려 살다가 은퇴를 하고 직장생활이 끝나고 나면 황당한 겁니다. 완전히 허허벌판에 혼자 내몰린 기분이 되는 거예요. 그런데 마음은 불안하죠. 쫓기는 기분이 되어서 여유가 없어져요. 그래서 10년 전부터 준비해야 한다고 하는 거예요.

저는 도대체 내가 어떤 사람이냐, 이것부터 잘 생각해보라고 이야기합니다. 지금 소위 말하는 베이비부머세대가 7백만 명입니다. 절반은 아직 현역이고 절반은 은퇴를 했어요. 그런데 이 사람들이 갈 데가 없다는 거야. 젊은이들도 취업을 못해서 난린데 이 사람들을 받아주는 데가 있을 리가 없죠. 그런데 이 세대는 자신의 존재와 역사적인 의미를 되짚어봐야 할 필요가 있어요. 우리 같은 영감세대는 전쟁 폐허의 뒤뜰에서 깡통을 두드려서 프라이팬 만들어 살아온 세대지만 이 베이비부머세대들은 세계 최첨단 기술자들입니다. 한국의 근대화 산업화를 이루고 눈부신 경제발전을 이끌어온 주역들이에요. 자신들이 한강의 기적을 만든 주인공이라는 것을 알아야 합니다. 그런 존재의식을 가져야 해요. 1960년대 후반, 1970년대에 외국 기술자들이 가방 하나 달랑 들고 김포공항에 나타나면 우리는 그를 칙사 대접했습니다. 그 사람들이 가지고 있는 기술, 돈, 노하우가, 경영기법이 필요했으니까요. 우리가 배워야 하니까요. 하지만 지금부터는 베이비부머의 시대입니다. 다른 나라에 가면 얼마든지 칙사 대접을 받을 수 있는 훌륭한 기술자들입니다. 무에서 유를 창조한 세대잖아요. 수백 년의 인프라가 잘 갖춰져 있는 서양의 기술과 맨바닥에서 구르며 익힌 기술과는 차이가 있습니다. 그러니 자신의 존재 가치를 새롭게 인식할 필요가 있습니다.

외국어를 배우는 것도 한 방법이 될 수 있다고 생각합니다. 요즘 회사들이 다 외국 거래처가 있잖아요. 그 나라 말을 좀 배워두면 거래처에서 찾아왔을 때 말을 할 기회가 생기겠지요. 그러면 은퇴를 하고 나서 우리 회사에 와서 일을 좀 봐달라, 이런 제안도 받을 수 있지 않겠나 싶고요. 우동집 하나를 하려고 해도 만만한 게 아닙니다. 10년은 공부를 해야 해요. 우선은 주방장이 하는 일을 배워야 하니까 현역에 있을 때 식당일을 구해서 퇴근을 하고 나면 식당으로 출근을 하는 겁니다. 그리고 중요한 것은 시장에서 장보는 것부터 제대로 하는 걸 배워야죠. 그리고 부부가 머리를 맞대고 된장찌개든 두부찌개든 이거 하나만큼은 내가 장 안에서 최고로 잘한다는 소리를 듣겠다는 각오로 연구를 해야 해요. 10년을 하나에 매달리면 뭘 해도 도가 트게 되어 있어요. 그리고 집 한 귀퉁이에 공간을 내서 허름하게 식당을 시작하는 거예요. 이런 사람들은 절대로 망하지 않습니다. 이렇게 노력을 해야 하는데 현실은 직장에서 하는 일이 너무나 바빠서 제2의 인생을 생각할 시간이 없죠.

박상미 10년을 투자해서 제2의 인생을 고민하고 준비하겠습니다. 그런데 요즘 저희들은 몸도 마음도 번아웃 상태에 빠질 때가 많습니다. 하루하루 주어진 임무를 다하는 것도 벅차서, 쉬는 건 사치처럼 느껴지고요. 몸은 쉬어도 마음은 제대로 쉴 틈이 없어요. 무엇보다 마음의 여유가 없습니다. 물가는 치솟고, 수입은 언제 끊길지 몰라 불안하고요.

이시형 창조적인 생활을 하려면 휴식이 따라야 해요. 그래서 요즘에는 정부에서도 일만 하지 말라고 법으로 못하게 하잖아요. 휴식 없이 일에 쫓겨 살다 보면 다른 것을 생각할 여유가 없어요. 그래서 소위 말하는 워라밸이 중요한 거라고 생각합니다. 인생의 후반전을 준비해야 해요. 전반전에 죽어라 뛰어서 서너 골 넣어봐야 후반전을 망치면 경기를 망치는 겁니다. 후반전에 잘 해야 이기는 거죠. 인생의 승부는 후반전을 어떻게 하느냐에 달려 있습니다.

미국 사회도 변하고 있어요. '컬처럴 크리에이티브스(Cultural Creatives, 문화 창조자들)'이라고 불리는 사람들인데 근대 자본주의를 부정하는 것도 아니고 그렇다고 봉건사회로 돌아가자는 것도 아니에요. 그저 어느 쪽이든 자신이 좋아하는 것을 선택해서 자신의 분수에 맞게 살자는 겁니다. '아메리칸 드림'은 원대한 뭔가를 이루는 거잖아요. 집도 큰 집, 차도 큰 차, 꿈도 큰 꿈. 그런데 그렇게 큰 걸 찾는 게 의미가 없는 거예요. 내 분수에 맞게, 속도도 천천히. 자동차에는 가속페달만 있는 게 아니라 브레이크도 있는 걸 잊지 말자는 거죠. 그리고 단출하게. 그렇다고 일부러 관계를 정리하자고 주장하는 것도 아닙니다. 자연스럽게 사는 거죠. 내일을 생각하며 명상도 좀 하고 우리가 나아가는 방향을 바라보면서 은퇴 후의 삶을 준비해야 합니다. 제가 만날 하는 얘기죠. 평생 현역으로 뛰어라!

어릴 적에는 자신의 적성이 뭔지, 자신이 무엇을 잘 하는지 잘 몰라요. 첫 직장을 고르는 나이만 해도 아직 어리거든요. 그런데 살다 보면 '아, 나는 이런 쪽에 잘 맞는구나, 나는 이런 걸 하면 잘하는구나.' 하는 걸 발견하게 됩니다. 자기를 재발견하는 거지요. 그걸 찾아서 새로운 분야에서 새로운 일을 시작한다고 생각하면 기대와 흥분이 따를 수밖에요.

나이드는 것을 즐기자

박상미 삶의 끝에는 죽음이 있지요. 죽음은 또 다른 시작이라고는 하지만, 누구나 죽음에 대한 두려움은 있습니다. 저도 죽음을 잘 준비하며 살아야겠다고 생각하지만, 어느 날 갑자기 죽음이 내게 다가온다면, 상당히 두려울 것 같습니다. 아버지의 죽음, 친구의 죽음을 가까이에서 겪으면서 마음이 많이 힘들기도 했었고요. 죽음을 잘 준비하려면 어떻게 살아야 할까요?

이시형 죽음에 대한 두려움은 인간의 본성입니다. 생명체라는 것은 삶에 대한 욕구를 본능적으로 갖고 있는 것인데 그게 끝이 난다고 하면 누구나 공포심을 갖게 마련이죠. 동물도 마찬가집니다. 어떻게 보면 죽음에 대한 공포가 있기 때문에 세계 평화가 유지가 되고 있는 겁니다. 그런데 요즘 국제 사회에서 문제가 되고 있는 무장 단체의 테러리스트들은 죽음을 영광스럽게 생각하지요. 종교적인 맹신인데 죽음이 두렵지 않다고 하는 젊은이들은 무서운 존재입니다. 평화가 이만큼이라도 유지되고 있는 것은 죽음에 대한 공포가 있기 때문이에요. 이것이 사회를 지키고 나를 지켜주는 보호막이에요. 예를 들어서 제가 죽음에 대한 두려움이 전혀 없으면 내키는 대로 어디 가서 사람을 때리든 사고를 치든 행동을 막 하겠지요. 그런데 그러지 않고 참는 것은 죽음이 두렵기 때문이에요. 그리고 그런 두려움이 있기 때문에 삶이 더 소중한 겁니다.

그리고 요즘 '항노화'라는 말을 많이들 쓰시지요. 저는 그 말을 별로 좋아하지 않습니다. 일부러 늙을 건 없지만 노화를 받아들이고 순응하는 '순노화'를 해야지요. 노화라는 건 늙는 게 아니고 익는 것이다, 이런 생각을 할 수 있어야 합니다. 그게 인간이 성숙되어가는 과정입니다. 인간이라는 과일은 천천히 무르익는 거예요. 저는 10년 전인 70대 때 제 모습을 떠올리면 얼굴을 들 수가 없어요. 내가 어떻게 그런 생각을 하고 살았을까, 싶어서요. 20년 전, 30년 전에 쓴 책은 정말 다시 보기 부끄럽습니다. 의학이라는 것이 날로 변하고 발전해서 그런 것도 있지만 그때만 해도 내가 참 젊었구나, 덜 익었었구나 하는 생각을 하게 돼요. 하루하루를 의미 있고 충실하게 살기 위해서 우리가 늙음에 대한 두려움을 갖는 게 아닌가 합니다.

박상미 나이 드는 건, 죽음에 가까이 다가가는 건, 익어가는 것이군요! 박사님은 90세를 앞두고 내가 앞으로 더 익어가겠구나 하는 기대감이 있으시겠어요! 아직 어린 저는 앞으로 좀 더 실수하고 실패해도 되는 거겠네요. 너무 조급하지

않아도 되겠군요. 익어가는 과정일 테니까요. 박사님 말씀
을 들으니 안도감이 듭니다. 나는 왜 이렇게 부족할까, 내
삶은 왜 이것밖에 안 되나, 이런 자책은 그만하겠습니다.
나이가 드는 것에 저항을 할 게 아니라, 성숙하고 농익어
가는 과정을 즐기는 법을 배우겠습니다. 인생의 어느 변곡
점에서든 삶의 의미를 지속적으로 발견해나가고 깨달음을
얻다 보면 자연스럽게 순노화가 되겠지요.

천근의 무게가 실린 의미 있는 말하기

박상미 말을 잘 하고 싶은데, 말을 잘 못해서 고민하는 사람들이
있어요. 스피치 기술을 가르치는 학원에 다녀야 하느냐고
물어요. 좋은 말은 기술이 아닌데…….

이시형 며칠 전에 대학 강의를 갔는데 한 젊은이가 열심히 뒤를 쫓
아왔어요. 조교 정도의 나이가 되어 보였는데 자기가 프레
젠테이션 공포증이 있다고 해요. 프레젠테이션을 하라는
말만 들으면 그날부터 잠을 못잔데요. 그런데 아무리 준비
를 열심히 하고 연습을 여러 번 하고 가도 준비한 것의 십
분의 일도 못하고 버벅거리다가 내려온다고, 교수에게 인

정을 받아서 잘만 하면 정식으로 채용도 될 것 같은데 말을 이렇게 못해서 어떻게 강의를 하겠느냐고 우울하다는 겁니다. 그러면서 제 강의를 듣고 나도 저의 반만이라도 할 수 있으면 이런 걱정은 없겠다는 생각이 들었대요.

그래서 제가 그랬어요. 여보게, 나는 자네와 정반댈세. 나는 하나를 알아도 열을 아는 것처럼 떠들 자신이 있네. 워낙 강단에 선 지 오래되기도 했지. 자네는 열을 공부해도 하나밖에 발표를 못한다고 걱정을 하지만 5년, 10년이 흐르고 나서 자네 머릿속에 든 것과 내 머릿속에 든 것에 어떤 차이가 날 것 같은가? 자네가 교수에게서 인정을 받게 된 것은 바로 그 프레젠테이션 공포증 때문에 그만큼 열심히 준비를 해서 그렇게 된 것이네. 그 공포증이 바로 오늘의 자네를 만든 일등공신이야. 그랬더니 자기 친구들 중에 공부도 별로 안 하는데 말을 아주 설득력이 있고 조리 있게 잘 해서 교수로부터 신임을 받는 녀석이 있다는 거예요. 그래서 또 제가 그랬죠. 자네는 말은 잘 못하지만 논문을 쓰는 건 그 친구와 경쟁이 안 될 거다. 말로만 이기려고 하지 말고 글로 이기는 건 어떻겠느냐고요.

말이 많은 사람은 믿음이 잘 가지 않습니다. 저렇게 말이 많은데 내가 이야기한 걸 다른 데서 하고 돌아다니지는 않을까, 저렇게 말을 재미있게 잘 하니 내가 한 말도 원래의 내 뜻과는 다르게 꾸며내어 전달하지 않을까 걱정이 되는 거죠. 그래서 오히려 과묵한 친구에게 믿음이 갑니다. 말 한마디도 허투루 하는 법이 없으니까 얼마나 신중하게 생각할까 싶은 거죠.

이탈리아에서 한 식당에 갔는데 네 사람이 점심식사를 하고 있었어요. 직장동료들 같아 보이더라고요. 그런데 네 사람이 동시에 말을 하고 듣는 사람은 아무도 없는 거예요. 그러면서 즐겁게 깔깔대며 웃는 것이 참 신기하고 이상했어요. 어떻게 네 사람이 한꺼번에 다 말을 하면서 서로 하는 말을 알아들을 수 있을까.

말이 많은 사람들이 있습니다. 대화 자리에서 자기가 말을 독점해야 성에 차죠. 그런데 그중에는 남이 하는 말을 묘하게 가로채는 사람이 있어요. 이건 절대로 하면 안 되는 일입니다. 모든 대인관계에서 중요한 것은 상대방이 얘기를 할 때 잘 듣고 그 사람의 말이 끝날 때까지 기다릴 줄 아는 겁니다. 그게 인간관계의 기본이죠.

미국에서 심리연극을 한 편 본 적이 있는데 무대 구석에 한 남자가 허리를 구부리고 앉아 있어요. 그런데 무대에 등장하는 그 누구도 그 남자를 거들떠보지 않아요. 그리고 이 남자도 아무도 쳐다보지 않고 그렇게 고개를 숙인 채 앉아만 있더라고요. 그래서 우리도 그 남자를 마치 무대에 의자 하나 놓인 것처럼 소도구 보듯이 보는 거예요. 무대에 이 사람 저 사람이 등장하고 대화를 나누고 퇴장을 하는데 시간이 지날수록 이 남자에게 관심이 가요. 저 사람이 무슨 이야기를 하려고 저렇게 조용히 앉아만 있을까. 그러다가 갑자기 기지개를 쫙 켜는 거예요. 와, 그 순간 객석이 그 남자한테 완전히 압도당했어요. 나중에 그 남자가 기지개를 켜는 순간에 무대 중간에서 배우들이 무슨 이야기를 했는지 아느냐는 질문을 받았는데 그걸 기억하는 사람이 아무도 없더라고요. 이 연극이 전달하려고 했던 게 바로 침묵의 힘입니다. 침묵에는 때로 엄청난 파워가 있다는 걸 보여준 실험극의 한 장면이었습니다.

모임에 가면 재미있는 사람이 인기가 있죠. 그 주변에 사람들도 많이 모입니다. 그렇지만 심각한 문제가 터져서 의논을 하고 조언을 구해야 할 때 누구를 찾아갈까요? 말을 잘 하고 말이 많은 사람한테 갈까요, 아니면 조용한 사람에게 갈까요? 열이면 열, 모두 진중하고 과묵한 사람을 찾아갑니다. 나이가 들고 나면 말 한마디에 천근의 무게가 실린 것처럼 하는 과묵한 성격이 사회생활을 하는 데 있어 훨씬 큰 힘이 될 수 있습니다.

박상미 『명심보감』에서 읽은 구절들이 떠오릅니다.

"사람을 이롭게 하는 말은 따뜻하기가 솜과 같고, 사람을 상하게 하는 말은 날카롭기가 가시 같아서, 한마디 말은 무겁기가 천금과 같고, 한마디 말이 사람을 상하게 함은 아프기가 칼로 베는 것과 같으니라."

"입은 사람을 상하게 하는 도끼요, 말은 혀를 베는 칼이니, 입을 막고 혀를 깊이 감추면 몸이 어느 곳에 있으나 편안할 것이니라."

언변이 뛰어난 사람이 될 게 아니라, 의미 있는 말을 하는 사람이 되어야겠습니다.

사랑이라는 감정을 지키려면 마음의 용량이 커야 한다

박상미 중년의 '제2의 사랑'에 대한 질문들이 굉장히 많습니다. 코드가 잘 맞아서 대화하는 게 즐거운 이성이 있는데 계속 만나서 이야기를 나누고 마음을 풀어도 괜찮을까요? 어디까지 괜찮은 걸까요? 육체적인 만남은 괜찮을까요? 이런 고민은 사실 누구나 한 번쯤 해보게 되지 않을까 싶은데요, 결혼이라는 제도 자체가 꼭 지켜야 하는 것이지만 영혼이 통하는 이성 친구 정도는 사귀어도 괜찮지 않은가, 라고 생각하시는 분들이 대부분인 것 같아요. 그런데 상담실에 오신 분들 중에 보면 그것이 친구의 선을 넘어서 육체적인 사랑까지 가서 고통을 받으시는 경우가 있어요. 저는 인생 경험이 짧아서 박사님의 경험담과 생각이 궁금합니다.

이시형 이게 가치관의 문제이기도 하지만 사랑이라는 것은 모든 것에 우선하거든요. 사랑 앞에서는 두려울 게 없어야죠. 그런데 우리에게는 사회적으로, 그리고 제도적으로 금기사항이 많아요. 그래서 사랑이라는 감정을 지키려면 마음의 용량이 커야 해요. 잔잔한 갈등 같은 것들은 스스로 충분히 소화시킬 수 있는 능력이 있어야 합니다. 이게 작으면 문제가 생기는 거죠. 가정은 가정대로 지키면서 이성 친구를 두고 싶다면 마음의 배분도 잘 해야 하고 아내와 가족에 대한 배려도 그만큼 세심하게 해야 하는데 이것을 마음속으로 잘 하려면 인간적인 수용능력이 그만큼 받쳐주어야 한다는 말입니다. 그게 안 되면 갈등이 생기는 거죠.

사랑이라는 감정을 느끼는 것은 정말 축복이라고 생각합니다. 그런 사람을 발견했다는 것도 축복이죠. 사랑을 한다는 건 인간적인 능력에 따르는 일이라고 봐요. 젊은이들이 사랑을 하면서 싸우고 깨지고 하는 것은 결국 이 인간적인 수용능력이 부족해서 그런 거예요. 마음의 그릇이 커야 해요. 그래야 정신과 육체의 밸런스를 잘 지킬 수가 있어요. 가정이라는 울타리를 파괴하는 것은 굉장한 용기도 필요하고 참 어려운 일입니다. 하지만 이성 친구가 있는 것은 좋다고 생각합니다.

박상미 결혼이라는 제도 안에 있으면서 이성 친구를 사귈 수는 있겠지만, 선을 넘지 않으면서 좋은 친구 관계를 유지하는 게 힘든 일인 것 같습니다.

이시형 이성과의 만남에는 설렘이 있어야 해요. 그런데 아무래도 아내와의 관계에서는 설렘이 조금 약하죠. 설렘이 없으면 사람과 사람이 만난 것이지 남녀가 만난 게 아니죠. 예를 들어 나는 박 교수를 만나면 즐겁고 좋거든요. 설렘이 있으니까. 그게 없으면 두 사람의 만남은 지속되기가 힘들어요. 그게 환자와 의사의 관계든 학생과 선생의 관계든 사업상의 관계든 마찬가지예요. 서로 마주 앉아 있기 싫은 사람하고 어떻게 만나고 대화를 하겠어요. 이런 사람을 발견할 수 있다는 것도 하나의 축복이에요.

설렘이 있다는 것은 생리적으로나 심리적으로나 중요합니다. 사랑한다는 건 정말 온몸에 불이 붙는 거예요. 이것만한 젊음과 건강의 비결이 없어요. 피카소의 화풍이 새롭게 달라졌을 때에는 반드시 새로운 연인이 있었거든. 그렇게 자극이 되고 생각이 통하는 상대를 만난다는 건 행복한 일이죠. 길을 갈 때 좋은 길동무를 찾게 되는 건 인간의 본성이에요. 영화를 봐도 그렇고 아름다운 경치를 봐도 그렇고 혼자 보는 것보다 둘이 함께 보면 즐거움이 배가 되거든요. 그렇지만 단 지킬 건 지켜야지.

박상미 절제하지 못하고, 가족과 나에게 큰 상처를 남기는 만남이라면, 내 인생에서도 의미 있는 만남이었다고 말하기 힘들겠지요.

선을 넘은 대가를 감당하려면

박상미 제가 교도소에서 재소자 수업을 해보면 사회적인 위치도 높고 인정도 받으셨던 훌륭한 분들도 거기에 와 계세요. 여자 문제 때문에 인생 사고가 난 분들이 있지 않습니까. 박사님도 멋진 남성의 매력을 다 갖추셨잖아요. 공부도 잘하셨고 키도 크시고 외모도 출중하시고 그림도 그리시고 운동도 잘하시고. 그래서 유혹도 많으셨을 것 같은데 지금까지 자기 관리를 잘 해오신 비결은 무엇일까요?

이시형 그것도 우리가 긴 인생을 살아가는 데 참 의미가 있는 일 아닙니까. 그런 일이 나에게 일어났다는 것 자체가 하나의 즐거움이기도 하고요. 그렇지만 절제를 할 줄 알아야 해요. 그게 제일 중요합니다. 너무 빠져도 안 되고 적당히, 적절하게. 쉽지는 않죠. 그래서 인간적인 능력의 그릇이 커야 한다는 얘기를 한 거죠. 그릇이 작으면 또 겁이 나서 안 되거든요. 자기 분수를 지켜야 해요. 내가 이 정도까지는 감당할 수 있겠다 하면 딱 거기까지만. 아무리 유혹에 마음이 움직여도 감당을 못할 것 같으면 참아야죠.

박상미 저는 상담을 할 때, 내가 이 사람을 선택했을 때 얻을 것과 잃을 것이 무엇이 있는지 쭉 써보라고 합니다. 잃는 게 더 많은 사람일수록, 스스로 마음을 다스리고 답을 찾는 경우가 많더라고요. 박사님은 잃을 게 너무 많으셨던 게 오히려 다행이네요.

어떤 여성분이 이런 질문을 주셨어요. 결혼 5년 차 때 딱 한 번 외도를 했다고 합니다. 남편을 사랑하는데 갑자기 찾아온 사랑에 이성을 잃었던 것 같대요. 6개월 만에 정리를 했지만 그 후에 남편한테 들켜서 사죄를 했고 남편이 용서를 하겠다고 했답니다. 그런데 5년이 지난 지금도 남편이 괴로워하고 있고 성관계를 거부한대요. 여전히 고통 속에 살고 있다고 합니다. 그런데 이분은 계속 남편에게 빌어서

라도 부부 관계를 회복하고 싶다고 하는데 어떻게 하면 회
복이 가능할까요?

이시형　참 어려운 숙제네요.

박상미　박사님께도 이런 분들이 상담을 많이 요청하지 않았었나요?

이시형　그랬죠. 여자 환자가 한 분 있었는데 중학교 때부터 머리
가 다 빠져서 가발을 쓰고 온통 머리에만 신경을 쓰고 살
았어요. 선생인데, 자기가 약점이 있다고 생각하니까 결혼
도 기준을 좀 낮춰서 한 거예요. 애도 둘 낳고. 그런데 어
느 날 밤에 섹스를 하고 난 후에 그만 가발이 벗겨져버린
거죠. 달빛에 남자가 그걸 보게 되었는데 너무 징그러운
거예요. 그다음 날 아침에 식당에서 아내를 보니까 어젯
밤의 기억이 너무 강렬해서 그렇게 예뻤던 아내가 이제 더
이상 아내처럼 보이지 않는 거지. 그래서 이건 도저히 안
되겠다, 그래서 그날 밤부터 부부생활도 못하고 결국 이혼
을 했어요. 그래서 이 여자 분이 울산 사람인데 어찌어찌
치료법을 찾아가지고 머리카락들이 다 새로 난 거예요. 그
래서 내가 "이제 남편한테 돌아가도 되겠네요."라고 했더
니 "미쳤어요, 그놈한테 돌아가게."라고 하더라고요. 머리
카락이 정상으로 돌아오고 나니까 이 남자가 남자같이 안
보이는 거야. 성이라는 건 굉장히 민감한 거거든요. 특히

남자들한테는 더 그래요. 여자들은 수동적으로도 가능하지만 남자들은 트라우마가 있으면 발기가 되지 않아요. 그러니 얼마간의 세월이 흐르기를 기다릴 수밖에 없어요. 용서를 한다고는 하지만 용서가 되지 않은 거야, 사실.

내가 언제 한 번 〈조선일보〉에 이런 칼럼을 쓴 적이 있어요. 미혼 여자가 남자와 하룻밤을 보낼 때는 자신의 청춘을 거는 것이고 유부녀가 남자하고 하룻밤을 보낼 때는 자신의 인생을 거는 거예요. 관계의 책임은 자기가 지는 거죠. 그땐 혼인빙자간음이라는 죄가 있어요. 결혼 않겠다면 남자는 영창살이를 하게 돼요. 그걸 면할러니 결혼을 해야죠. 자기 청춘이나 인생을 걸어도 좋다, 그런 결의가 없으면 함부로 관계에 자신을 던지지 말아야 해요. 지금 그 여성분은 이미 일은 벌어졌지만 남편을 사랑하고 남편분이 용서한다고 했으니 방법은 기다리는 수밖에 없죠.

현명한 이혼의 기준

박상미 부부가 같이 상담을 요청하는 경우도 많습니다. 보통은 남자의 외도로 인해 괴로워하는 아내가 많을 것이라고 생각하시지만 요즘은 아내의 외도 때문에 괴로워하는 남성분들이 좀 더 많은 거 같아요. 외도를 한 배우자가 나는 이 결혼을 유지하고 싶은데 그게 싫으면 이혼하자고 오히려 당당하게 나올 때 그 충격과 상처가 아주 큰 것 같아요. 그래서 이 부부의 사연은 참 안타까웠어요. 서로 용서하고 잘해보고 싶은데 남편 분의 상처가 5년이 지나도록 해결이 안 되고 있는 거니까요.

한 여성분이 이런 질문을 주셨어요. 나이가 마흔인데 이혼을 하고 싶대요. 서로 투명인간 취급하며 사는 게 너무 불행하다, 이제는 나의 행복을 찾고 싶다, 초등학생과 중학생 아들 둘의 양육은 자신이 맡을 거다, 혼자가 되는 건 두렵지 않은데 아이들을 잘 키울 수 있을지 두렵다고요.

이시형　이건 간단한 것 같습니다. 우선 이 경우 철저하게 이기적으로 생각해야 합니다. 자기 위주로요. 자식, 남편, 세상 걱정을 하지 말고 자기 생각을 해야죠. 기준은 자기 자신입니다. 인생을 두 번 사는 것도 아니고 말이죠. 괜히 그러지 말고 정말로 이 사람과 이혼이 하고 싶으면 딱 이혼을 하는 겁니다. 불행한 결혼을 이어가야 할 이유가 어디 있겠어요. 이런 경우에 저는 자식이고 남편이고 세상의 시선이고 다 잊고 자기만 생각하라고 해요. 내가 어떻게 해야 행복해질까, 그 길을 찾아야 해요. 어떻게 그럴 수가 있냐고 펄쩍 뛰는 사람도 많겠지만 가치관의 차이겠죠. 평생 불행을 견디면서 사는 게 좋다면 그것도 방법이긴 하겠지만요.

박상미 내 인생에 가장 중요한 목표는 나의 행복이다, 이렇게 생각하면 빠르고 확실한 결론을 내릴 수가 있겠네요.

이시형 사는 의미가 어디에 있느냐. 인간은 행복하고 충실한 하루를 보내는 게 삶을 살아가는 목표죠. 그 전제에 맞게 행동하면 됩니다.

박상미 박사님은 올해 결혼 몇 년 차시죠? 박사님은 부부싸움이나 이혼을 고민해본 적이 있으신지요?

이시형 스물여덟에 했으니 60년이 다 되어가네요. 부부싸움 안 해본 사람도 있나요. 나도 가출을 두 번이나 했습니다. 화가 치밀 때 이혼 생각도 하게 되지요. 어떤 때는 자기 자신도 마음에 안 드는데, 생판 낯선 사람과 함께 사는데 불협화음이 있는 게 당연한 거죠. 서로의 생활환경이나 생활 감각이 다르니까 티격태격 많이도 다투고 삐치고 했지요. 심각하게 아슬아슬한 고비도 넘겼지요. 다투긴 해도 서로의 인격을 존중할 줄 아는 선이 있었다는 게 그나마 다행이었습니다.

잔소리하지 않는 용기가 가족을 키운다

박상미 중년들은 자식에 대한 고민이 반인 것 같습니다. 도대체 자식을 어디까지 책임져야 되느냐? 공부를 끝내고 나면 취직을 해야 하고 그다음은 결혼, 또 육아까지. 자녀가 결혼을 하고도 손을 못 떼고 참견하는 부모들이 많잖아요. 제가 대기업 강의를 가서 '나를 힘들게 하는 사람'을 쭉 써보게 했어요. 그랬더니 젊은 남성 분들이 나를 힘들게 하는 사람 3위로 장모님을 꼽더라고요. 딸의 부부관계에 장모님이 개입하는 경우도 많더라고요.

이전에 근무하던 대학에서 깜짝 놀랐던 게 학점이 나가고 나서 성적 이의 신청을 받는데 부모님들의 항의가 많은 거예요. 내 자식의 미래를 책임질 거냐고 하면서요.

이시형 저는 아이들 결혼할 때 귀신도 모르게 했어요. 청첩장도 돌리지 않고 친구들이랑 친척들한테만 알리고 축의금도 절대 받지 않았어요. 그래서 사돈이 될 가족과 갈등도 좀 있기는 했지만, 전 할아버지나 부모님 상을 당했을 때도 일절 부조금을 받지 않았거든요.

결혼식 청첩장을 돌리는 것에 대해서도 전 굉장히 엄격합니다. 청첩장을 왜 돌리나요? 청첩장을 안돌려도 가까운 친척이랑 친구들은 다 알잖아요. 그 사람들만 오면 되지 온 동네 사람들을 다 불러 모을 이유가 뭐예요? 결혼이라는 것은 내가 독립된 어른으로서 내 삶뿐만이 아니라 한 가정을 책임지겠다는 것을 선언하는 것인데 남의 호주머니나 넘보면서 결혼을 한다는 것은 그 자체가 잘못된 겁니다. 부모들도 결혼하는 자녀들 집까지 사주는 일은 하지 말아야 해요. 아이의 행불행이 부모의 책임은 아닙니다. 그건 아이의 삶이고 아이가 책임져야 할 몫이죠.

저는 결혼식에 좀처럼 가지 않습니다. 첫째로 시간 낭비예요. 제가 어릴 적부터 귀여워하고 업어도 주고 안아도 주고 그랬던 아이가 결혼을 한다면 가죠. 그런데 그런 아이가 몇이나 되겠어요? 그래서 결혼식은 잘 안 가요. 제자나 직원들이 주례를 해달라고 하면 거절은 못하지만 가서 축의금을 내지는 않습니다.

이름이 좀 있는 사람이 청첩장을 뿌리고 결혼을 크게 하면 그 근처에 길이 얼마나 막히는지 몰라요. 그건 거의 범죄나 마찬가지라고 생각합니다. 그리고는 "아무한테도 알리지 않았는데 이렇게 됐다."고 합니다. 말도 안 되죠. 그거 하나 제대로 관리를 못하면 사회적으로 막중한 책임이 있는 자리에 앉아 있을 자격이 있겠어요?

박상미   박사님은 자식을 키우면서 속상했던 기억이 있으신지요?

이시형   저는 아들한테 공부하란 소리를 한 번도 해본 적이 없어요. 그런데 그 녀석이 고3 땐데 학교를 마치고 나면 오락실에 가요. 학원을 가는 게 아니라 오락실에 가서 몇 시간이고 있다가 집으로 오는 거야. 그래서 한 번 경고를 줬어요. 그래도 말을 안 듣더라고요. 그래서 제가 한 번은 "종아리 걷어."라고 해서 종아리 매질을 딱 두 번을 했어요. "이거는 애비로서가 아니고 정신과 의사로서 치료용으로 하는 것이다. 다음부터 오락실 생각이 나거든 회초리 맞은 이때를 생각해라." 그랬더니 이 녀석이 그다음 날부터 오락실을 안가고 집으로 와서 공부를 하더라고. 그래시 이찌어찌 한양대 건축과를 들어간 거야. 대학교 2학년을 마치고 성적표를 가져왔어요. 그런데 보니까 스트레이트 F학점인 거예요. 그래서 군대를 간다고 하더라고요. 한 번만 더 F학점을 받으면 자동 퇴학이에요. 그래서 내가 그 녀석이 공부 안 하고 맨날 오락실만 갔을 때, 그리고 그 성적표를 받아왔을 때, 이렇게 두 번 속이 좀 상했지.

그런데 군대를 갔다 오고 나서 좀 변하더라고. 공부를 좀 하는 것 같아요. 대학 막바지에는 학교 근처에서 먹고 자고 이러더니 1학기를 마치고 3등을 한 거예요. 전과를 했거든요. 그때 한양대에 산업경영학과라는 게 처음 생겼어요. 건축과로 들어가기는 했는데 제가 "너는 장사를 하면 잘할 놈 같다."고 했거든요. 그랬더니 걔가 주임교수한테 스트레이트 F학점을 맞은 성적표를 일부러 들고 가서 "전과를 좀 시켜주십시오."라고 한 거예요. 원래 전과를 하려면 최소한 B학점 이상이 되어야 하거든요. 그런데 그 성적표를 보여주면서 "저는 건축에는 영 소질이 없습니다. 그런데 제가 한다면 하는 놈입니다. 저를 받아만 주십시오. 그리고 1학기 때 제가 장학금을 못 받으면 그때 쫓아내십시오."라고 했대요. 그렇게 3등을 한 거지.

근데 제가 "야, 도대체 어떤 교순데 너처럼 B학점도 안 되는 놈을. 이건 학칙 위반이야. 내가 가서 한 번 물어봐야겠다. 그리고 이 장학금은 돌려줘도 되겠니?"라고 물어봤어요. 그랬더니 아버지가 투자했던 돈이니까 아버지 마음대로 하라고 하더라고. 그래서 신라호텔에서 그 교수를 만났어요. 내가 아들 선생을 만난 건 그때가 처음이에요. 그런데 이 젊은 교수가 저를 보더니 "박사님이 여기 웬일이십니까?"라고 해서 잠깐 얘기를 하고 있는데 우리 아들이 와서 "두 분이 아는 사이셨어요?"라고 한 거예요. 그랬더니 이 교수가 깜짝 놀라더라고요. 제가 그 녀석 애비인 걸 몰랐던 거죠. 그래서 물어봤어요. 어떻게 B학점이 안 되는 학생을 받아줬느냐고요. 그랬더니 그해 신설된 과라서 자리가 하나 있었대요. 아들이 성적표랑 고등학교 때 전국 경시대회에서 5등을 한 거를 같이 가져가서 자기는 하고 싶은 것은 이렇게 잘하는데 하기 싫은 건 안하는 성격이라 성적이 그렇게 나온 거라고 하면서 한 학기만 기회를 주면 장학생이 되겠다고 한 거죠. 그게 안 되면 스스로 그만두겠다고 해서 받아줬던 거였어요. 그러면 장학금이라도 돌려주겠다고 하니까 그게 가정형편 순으로 주는 게 아니라 성적순으로 주는 거라고 하더라고요. "3등이 장학금을 돌려주면 4등에게 돌아가게 되는데 그 4등을 한 학생 집은 박사님 댁보다 훨씬 더 부잡니다."라고 하더라고. 대학갈 때 등록금은 대줬지만 장학금을 탄 이후로는 그것도 안 줬어요.

아들은 잡기라면 못하는 게 없어요. 고등학교 때는 오락실 주인이 뭐가 고장 났다고 고쳐달라고 전화가 올 정도였는데, 볼링도 잘 치고 당구도 잘 쳐요. 스키도 잘 타서 외삼촌이 몇 번 데리고 다녔었는데 지금은 스키 코치예요.

박상미 아드님은 이른 나이에 인생의 의미와 목표를 찾아서 책임 있는 삶을 살았네요. 박사님은 아버지로서, 참견하지 않는 용기, 잔소리하지 않는 용기를 내셨던 게 부모로서 의미 있는 역할을 하신 것 같아요. 그런데 매는 드셨어요?

이시형 그건 정신과 의사로서 한 거죠. 네거티브 컨디셔닝이에요. 오락을 하고 싶다는 마음이 들 때마다 매를 맞은 게 같이 떠오르거든. 아팠던 생각이 나면 싫어지는 거예요. 그게 네거티브 컨디셔닝테라피죠.

'은둔형 외톨이' 아이를 방 밖으로 이끄는 의미치료

박상미 '은둔형 외톨이', 박사님께서 만든 용어입니다. 이런 아이들에게 관심이 많으셨습니다. 은둔형 외톨이 중에는 게임 중독에 빠진 이들도 많은데요. 어떻게 도움을 주어야 할까요?

이시형 요즘 그런 아이들이 참 많아요. 그런데 두 가지를 구분을 해야 합니다. 하나는 은둔 외톨이 증세가 있어서 방에서 나오지 않는 아이들이고, 또 하나는 게임에 너무 빠져서 게임 중독이 된 아이들이죠. 일본에서는 '히키코모리'라고 불리는데 제가 학회에서 처음 발표를 하면서 '은둔형 외톨이'라고 이름을 지었어요. 이건 일종의 병이라고 볼 수 있고 증상이 심각합니다. 게임 중독에 빠진 아이들도 치료가 힘든데 부모와 같이 연대 치료를 하고 게임보다 더 재미있는 게 있어야 해요. 그래야 대체가 되거든요. 그걸 부모와 아이가 함께 연구를 하며 찾아야 하는 거죠. 아이 혼자서는 못 해요. 그리고 그것에 대한 보상과 피드백도 부모가 해줘야 하고요.

은둔형 외톨이 중에서는 대인공포증, 소위 사회공포증 환자가 많습니다. 사회공포증이 있어서 밖으로 안 나가고 집에만 있는 아이가 있고 사회공포증은 아닌데도 밖으로 나가기를 거부하는 은둔형 외톨이, 이렇게 두 가지 타입이 있죠. 그런데 이 케이스는 혼자 치료하기가 정말 힘들어요. 그래서 일본에서도 그런 아이들을 모아서 한국에 여행을 옵니다. 제 제자 중에 하나가 일본과 함께 그룹을 만들어서 합동치료를 하고 있기도 해요. 그룹으로 하면 그룹끼리 재미있게 이야기도 하고 게임도 하고 영화도 같이 보러 가고 그러면서 조금씩 함께 있는 것에 적응을 하는 거죠.

박상미 결국은 관계 속에서 회복의 방법을 찾을 수밖에 없습니다. 이런 청소년들의 회복을 돕는데 가장 적합한 게 의미치료라고 확신합니다. 우리가 다른 이들과 관계를 맺고 사회 속에서 살아가는 게 왜 중요한 건지 그 의미를 찾아주는 일, 어른들이 관심을 가지고 함께 해줘야 할 임무가 있습니다.

현재에 집중하는 명상치료

박상미 과거의 상처에서 벗어나지 못하는 사람들이 많습니다. 제게 상담을 오는 사람들의 대부분이 그래요. 과거의 아픈 기억들, 현재의 고통으로부터 나를 구원해주는 '미래에 대한 기대'를 찾자고 상담을 진행하지만, 상처가 클수록 과거에서 빠져나오는 데 시간이 오래 걸리지요. 죽을 만큼 힘들었던 과거의 경험, 나를 죽이지 못한 과거의 고통은 나를 더욱 강하게 만들 것이고, 미래의 나는 더욱 성숙한 모습으로 가치 있게 살아갈 수 있을 것이다, 마음을 미래에 두자고 대화를 이끌지만, 과거에 머물러 있기를 선택한 사람들도 간혹 있습니다. 어떻게 도움을 줄 수 있을까요?

이시형 끝난 건 끝난 거예요. 노이로제 환자들의 특징이 과거에 얽매여서 살아요. 미래 지향적으로 생각하지 않고 항상 과거만 바라보는 거죠. 그렇지만 과거는 어쩔 수가 없는 거거든요. 더군다나 자신의 의지도 아니고 폭력적인 행위로 인해 발생한 일인데 그걸 어떻게 하겠어요. 그 일에 자신의 양심적인 괴로움을 개입시켜서는 안 돼요. 상처의 딱지를 떼어내듯이 딱 떼어내버려야 합니다. 어려워도 가능해요.

상처라는 건 세월이 지나면 차츰 나아져요. 그렇지만 어릴 적 받은 충격이 워낙 심하니까 그게 계속 생각이 나는데 그건 어쩔 수가 없죠. 그래도 내가 나의 힘으로 어찌하지 못하는 불가항력적인 일에 자꾸 의미를 부여해서 상처를 키우는 일은 멈춰야 합니다. 아무런 득이 되지 않는 일이에요.

PTSD라는 게 그런 거거든요. 외상 후 충격이 오래가는 사람들이 있어요. 감정이 수반된 기억은 두고두고 남죠. 성폭행을 당했다던가 첫사랑의 아픔이 컸다던가 하는 일들은 잊혀지지가 않죠. 그래서 이럴 때 중요한 게 명상입니다. 우리에게 명상이 필요한 이유는 과거를 돌아보자고 하는 게 아니에요. 과거는 이미 끝났어요. 우리에게 중요한 것은 바로 지금, 우리가 살아가고 있는 이 현재죠. 바꾸지도 못하는 과거에 매달리지 말고, 그렇다고 아직 닥치지도 않은 미래에 매이지도 말고 지금 여기 현재에 주의를 기울이는 것, 그게 명상의 자세거든요.

명상은 현재에 집중을 하면서 옛날의 기억이 자꾸 떠올라도 마치 강가에 서서 강물이 흘러가는 것을 지켜보고 있는 것처럼 그냥 흘러가게 내버려두는 거죠. 일부러 그 생각을 하지 않으려고 노력하지도 말고 일부러 더 좋은 기억을 떠올리려고 애쓰지도 말고 그냥 지켜보는 겁니다. 그러면 시간이 지날수록 그 순간에 연결되어 있는 감정이 차츰 약해져요. 기억이 탈감정화되는 거죠. 그래서 명상이 좋은 방법이라는 겁니다. 명상을 하면 지금 현재에 집중하는 거니까. 그럼 이제 자꾸 옛날의 그 생각이 떠올라도 그냥 가만히 있으면, 마치 강물이 흘러가는 거를 내가 지켜보고 있듯이. 그러면서 그 생각 안 할 생각도 말고 또 좋은 생각을 일부러 하려고도 말고 그냥 가만히 보고 있는 겁니다. 그러고 세월이 흘러가면 차츰차츰 감정이 약해집니다. 그 기억에 연관된 감정이 탈감정화 되는 거예요. 그래서 그때는 명상이 굉장히 좋은 방법이구나, 하는 걸 깨닫게 됩니다.

박상미 저도 명상의 치유 효과를 체험한 사람이라 박사님 말씀이 깊이 와닿습니다. 제가 30대 초반에 공부와 일을 병행하느라 심각한 번아웃에 빠졌었습니다. 무기력, 불안, 불면증 때문에 고생을 많이 했어요. 너무 힘들 때는 상담을 받을 마음도 안 생기고, 약물치료도 했었지만 저는 큰 도움을 얻지 못했어요. 그때 가족의 권유로 '마음챙김 명상'을 시작하게 되었는데, 큰 효과를 보았어요. 이 글을 읽는 분들께 명상도 의미치료와 연관이 많다는 걸 알려드리고 싶어요.

마음챙김 명상은 생각과 욕구를 멈추고, 철저하게 '나'를 내려놓는 훈련이에요. 눈을 감은 채 바닥에 등을 대고 눕거나, 의자에 편안하게 앉아 몸의 구석구석에 주의를 집중하고 가만히 내 몸의 느낌만을 관찰하면 됩니다. 20분 정도 걸리는 '바디스캔' 명상을 하면 몸과 마음이 편안해집니다. 유튜브 〈박상미 라디오〉에 제 목소리로 안내하는 영상이 있으니 들으면서 한 번 체험해보세요. 신체 부위에서 느껴지는 감각, 오로지 내 몸 구석구석에 호기심을 갖고 느끼고 관찰하면서 있는 그대로의 나를 받아들이게 됩니다. 늘 과거에 대한 후회, 조급함, 잡념으로 가득 찼던 마음이 서서히 사라지면서, 과거에 집착하고 미래에 대해 불안했던 마음이 서서히 사라졌습니다. 현재에 집중하는 능력이 생기고, 내 몸에 집중하다 보니 나를 사랑하는 마음이 생겼습니다. 내 몸도 참 고생했구나…… 오늘까지 잘 살아왔구나……. 내 몸에 고마운 마음과 미안한 마음이 들면서 나를 더 사랑하고 아껴야겠다는 생각이 들더라고요. 진정한 행복에 대해 의미를 찾게 되는 경험이었습니다.

살다 보면 우울해야 될 때가 있다

박상미 제가 올해 마흔넷인데 주위에 암수술을 한 친구가 벌써 세 명이나 있어요. 우울증을 앓는 친구들도 많습니다. 마음이 아프면 몸에도 증상이 나타나지 않습니까?

이시형 암처럼 큰 고비를 겪게 되면 건강에 대한 자신감을 잃게 되죠. 사실 현실적으로 약점이 하나 생겼다고 볼 수밖에 없습니다. 그러니까 이전에 살던 대로 똑같이 살면 안 되죠. 생활습관을 바꾸고 몸 관리를 잘 해야 해요. 그리고 이렇게 한 번 중병을 앓으면 사람에게 깊이와 철학이 생깁니다. 내가 그동안 어떻게 살아왔는지, 그리고 앞으로 어떻게 살아야 하는지, 수박 겉핥기로 생각할 게 아니라 깊이 사색을 하게 되는 기회가 되는 거예요. 그래서 오히려 남은 생을 정말 열심히 충실하게 하루하루 의미를 찾으며 살 수 있는 계기가 될 수 있습니다.

건강한 100세 시대를 위해서는 30대가 아니라 그보다 더 일찍부터 준비를 해야 합니다. 그래서 제가 세로토닌 키즈 프로그램이라는 것을 만들었습니다. 유치원 때부터 건강한 습관을 들여야 해요. 세 살 버릇이 여든까지 간다는 말도 있지 않습니까. 그런데 한국 사람들이 예방에 대한 개념이 좀 희박합니다. 병적인 낙천가들이에요. 뭘 믿고 저러는지 설마 내가, 하는 마음으로, 그러면 안 된다는 걸 알면서 그렇게 해요. 그게 당장은 쉬우니까.

제가 촌장으로 있는 홍천 선마을에서는 네 가지 습관을 가르칩니다. 기상시간과 취침시간을 정해서 생활리듬을 규칙적으로 만들어요. 그다음에 식사 습관, 운동 습관, 그리고 마음 습관을 잘 가다듬게 합니다. 거기에서는 명상 시간이 많은데 제가 볼 때 제일 중요한 것은 마음 습관이에요. 나는 마음이 70%라고 생각합니다. 세로토닌 문화원을 따로 만든 이유도 그것 때문이에요. 마음으로 세로토닌적인 삶을 살자는 거죠. 아무리 운동을 적절히 하고 식사 조절을 잘 해도 마음이 고약하면 안 되죠. 마음이 편해야지. 내가 저 녀석을 한 방 먹여야겠다, 이런 생각을 늘 하고 있으면 결코 몸에 좋은 영향을 미칠 수가 없어요. 마음 습관이라는 것은 한마디로 말해서 스트레스 관리예요. 관리를 잘 못하면 스트레스는 만병의 근원이 돼요. 서양의학에서는 몸과 마음을 따로 놓고 보지만 우리는 심신 수련이라고 해서 마음을 닦아야 몸도 닦을 수 있다고 봅니다. 요즘은 서양에서도 그 개념이 많이 바뀌고 있어요. 명상을 많이 하잖아요. 그런데 명상이 가장 필요한 게 한국 사람인데 막상 한국인들은 명상을 잘 안 해요. 걱정입니다. 제가 세로토닌적인 삶을 살자고 운동을 벌이는 것도 마음이 가장 중요하다는 얘기를 하는 거예요.

우울하다고요? 우울증은 병입니다. 그에 반해 우울감은 살다 보면 누구나 한 번씩은 겪는 거죠. 그리고 어떤 의미에서 살다 보면 우울해야 될 때가 있습니다. 그걸 느끼지 못하고 지나가는 것도 문제예요. 얼마 전에 "엄마, 나는 죽기 싫어!"라고 하며 울부짖는 아이를 안고 아파트에서 뛰어내린 엄마가 있었어요. 나는 그 기사를 읽으면서 눈앞이 캄캄해지는 기분이었습니다. 그건 정말 실존적인 우울이죠. 그리고 얼마 전에는 보험금을 타려고 자식의 발목을 끊은 아버지도 있었어요. 우리와 같은 하늘 아래 같은 공기를 마시며 살고 있는 사람인데 어떻게 그런 생각을 했을까, 그리고 그들이 그런 생각을 하도록 우리 사회가 어떻게 내버려둘 수 있었을까, 하는 생각에 며칠 동안 잠을 설치고 우울감에 빠졌었어요.

그런데 인간에게는 이런 우울감이 필요해요. 우울할 만한 상황에서는 우울해야죠. 우울증은 노이로제적인 진단명이지만 우울감이라는 건 인간이 살아가며 누구나 때로 갖게 되는 것이죠. 우리는 함께 살아가야 하는 공동체 운명이니까 이런 사건을 접하면서 느끼는 우울감은 건강한 우울증이죠. 그런 일들을 보고도 난 아무렇지도 않다, 하면 그게 병인 거예요.

박상미　저도 어릴 때부터 우울감을 많이 느끼는 사람이었고, 한때는 우울증 때문에 약물치료, 상담치료를 받기도 했습니다. 나는 왜 이렇게 우울을 많이 느낄까, 그 생각이 들 때는 더 우울해지기도 했는데요, 돌이켜보니 그 덕분에 오히려 책도 많이 읽고, 글도 많이 쓰고, 마음 아픈 사람들, 우울한 사람들을 보면 정말 공감이 되고, 상담을 할 때도 큰 도움이 되었던 것 같아요. 우울감은 제 삶 속에서 참 의미 있는 역할을 많이 한 것 같습니다. 세월호 사고가 일어났을 때, 전 국민이 깊은 우울감에 빠졌지요. 모두가 슬퍼하며 대한 민국이 변해야 한다고 소리쳤습니다. 그 후에 우리 사회는 안전에 대한 의식이 진보했다고 믿습니다. 건강한 우울감 은 우리 삶에서 꼭 필요한 것 같습니다.

우울증을 극복하는 최고의 처방전

박상미 요즘 한국경제가 IMF 때보다 더 힘들다고 합니다. 경제가 어려우니 사람들 마음이 더 팍팍해지는 것 같습니다. 제가 미혼모 단체를 돕고 있는데, 예전에는 아기 옷을 나누겠 다, 쌀을 지원하겠다고 마음을 전해오는 분들이 많았는데, 요즘은 정말 드물어요.

이시형 경제가 많이 어려운 것이 사실이죠. 그래서 그런지 사람들 이 점점 자기중심적이 되어가고 이웃을 돌보는 마음도 없 어지고 심성이 거칠어지고 인색해지고, 베풀고 나누는 것 마저도 주저하는 시대가 온 게 아닌가 해서 그 점이 걱정 입니다.

사랑은 줄수록 커지죠. 감사도 많이 할수록 내 안에서 감사하는 마음이 더 커집니다. 이런 시대일수록 남에게 베풂으로서 기쁨을 얻는 이타적인 심성이 필요해요.

박상미 베풂으로 기쁨을 얻는다고 하셨는데 남을 도울 때 뇌에는 어떤 반응이 일어나나요?

이시형 베풀고 나눌 때에는 일단 긍정적인 정서가 되지요. 기분이 나쁜데 베푸는 일을 할 수는 없거든요. 기분이 좋으니까 하는 거죠. 뇌 속에 후대상피질이라는 곳이 있는데 그 아래 쾌락 중추가 충족이 될 때 도파민이라는 물질을 분비를 해요. 기분이 좋아지죠. 베푸는 것도 일종의 욕심이거든요. 구세군 냄비에 적은 돈이라도 집어넣고 나면 뭔가 마음이 가벼워지잖아요.

박상미 우울증이나 무기력으로 약을 처방받아 먹는 것보다 훨씬 도움이 될 것 같은데요. 저도 오래전에 우울증이 심했을 때는 신경정신과 약을 많이 먹었는데, 10년 전에 자원봉사를 시작하면서 자연스럽게 약과 이별하게 됐어요. 도파민이 생성되면서 치료에 도움을 준 걸까요?

이시형 병실에 장기 입원한 환자들이 시간이 흐르면서 다른 환자를 도와주기 시작하는 때가 와요. 그 환자의 상태가 그때

부터 본격적으로 좋아진다는 연구결과들이 많이 나와 있
어요. 나도 아직 아프지만 남을 도와줄 수 있다는 것 자체
가 기분을 좋게 만드는 거예요. 다른 환자에게 음식을 나
눠주고 추울 때 담요를 덮어주고 아파서 힘들어할 때 곁을
지켜주는 걸 보면, 그렇게 베푸는 환자가 많이 좋아지는구
나 하는 것이 눈에 보일 정도예요.

박상미 제가 장애인 단체와 활동을 하면서 사고로 하반신 마비의
후천적 장애를 입으신 분들을 만난 적이 있어요. 그런데
다들 "내가 할 수 있는 게 하나도 없다."라고 하시면서 우
울증과 무기력으로 괴로워하셨어요. 그래서 청각장애인들
에게 책 읽어주는 자원봉사를 부탁을 했거든요. 그랬더니
봉사를 시작한 분들은 우울증이 없어졌어요. 우울증이 심
한 사람들을 위한 좋은 치료법 중 하나가 봉사를 하는 것
이더라고요. 로고테라피가 말하는 삶의 궁극적인 의미도
나와 주위 사람들의 행복을 창조하는 일이지 않습니까. 누
군가를 위해서 나는 무엇을 할 수 있을까? 창조가치를 실
천하는 것은 우울증에서 벗어날 수 있는 가장 가치 있는
일인 것 같아요.

이시형 봉사활동이 왜 좋으냐면 인간의 본성 중에 이타적인 심성
이라는 게 있습니다. 남을 위해서 내가 뭔가를 베풀었을
때 그 사람이 좋아하는 모습을 보면서 자신이 더 좋은 마

음, 이게 이타적인 심성이죠. 이런 이타적인 심성이 봉사 활동을 통해서 자극이 되는 겁니다. 어떤 의미에서 인간의 봉사활동은 본능적인 행위에 가깝다고 볼 수 있어요. 아이들이 수재민 구호활동을 갔다가 돌아와서 얘기를 나눠 보면 진흙 밭에서 그 고생을 하고도 얼굴은 싱글벙글 웃고 있어요. 기분이 어떠냐고 하니까 참 좋대요. 힘들었을 것 같은데도 행복해하는 걸 보면 봉사란 인간의 본성이라는 걸 느낍니다. 그리고 이것이 자신에게도 치유적인 효과가 굉장히 커요.

박상미 우울증이나 무기력에서 벗어나는 법에 대해 상담자들이나 정신과 전문의들이 하는 조언은 거의 비슷해요. 햇빛을 많이 받고 운동을 해라. 그런데 박사님이 말씀해주신 방법이 내 삶도 살리지만 남도 살리는 의미 있는 처방 같아요.

박사님이 오래전에 쓰신 글 중에 제가 읽고 감동받은 칼럼이 하나 있어요. 제목이 「그래도 도시락은 싸지 마라」였습니다. 이때까지 우리에게 조언을 해주는 어른들은 경제가 어려울 때는 최대한 아끼라고 하셨거든요. 약속도 줄이고 저축하고 안 쓰는 게 최선이다. 아끼려면 사람도 안 만나야 하고 도시락을 싸고 다녀야죠. 그러면 칭찬을 받았어요. 그런데 더 우울해지는 거예요. 박사님의 칼럼은 그런 우리의 상식을 깨는 글이었습니다.

……말만 들어도 끔찍한 구조조정이라는 괴물이 또 꿈틀거린다. 이건 막아야 한다. 어디 한 가족의 생계만인가. 거기다 왜 우리만 나만 하는 피해의식까지. 한 인간을 자존심마저 깡그리 무너뜨린다. 처참하다. 누가 이를 모르랴. 모두가 아프다. 떼를 써서라도 막아야겠는데 돌아가는 사정이 아무래도 피할 수 없는가 보다. 미적거리다가 다 넘어진다는 게 엄포로 하는 소리도 아닌 모양이다. 정말 피할 수 없는 고개인가. 하긴 세계 최강 미국도 구조조정을 아프게 겪었다. 그래, 피할 수 없는 고개라면 어물쩍거리지 말고 넘자. 더 어두워지기 전에 무거운 발이지만 내디딜 수밖에 없지 않느냐. 그리고 이번에는 확실히 하자. '또' 하는 소리가 다시는 없게 하자. 마음 단단히 먹자. 다시 한번 허리띠를 졸라매자. 하지만 그렇다고 시장경기가 얼어붙게 해서는 안 된다. 나보다 더 아픈 이웃 생각도 하면서 이 힘든 고비를 슬기롭게 넘겨야 한다. 도시락을 싸지 말자는 건 그런 뜻에서다. 우리는 어려운 시기가 오면 죄 없는 도시락론으로 떠들썩하다. 공무원 외식금지. 이건 탈 위기의 단골메뉴였다. 한때 국무총리의 도시락도 화제가 됐다. 도시락 총리로 존경을 받기도 했다. 한 끼를 먹는다는 게 그만큼 어려운 시절이었다. 도시락의 역사 속에는 가난과 함께 눈물과 설움 우리 민족의 애환이 서리서리 담겨 있다. 그래서겠지. 어려울 땐 도시락 쌀 생각부터 먼저 한다. 하지만 이젠 그런 시대는 지났고 또 그래서도 안 된다. 직장 근처 식당이 문을 닫아야 하기 때문이다. 영세 주인만인가. 그 몇 푼 벌이에 생계가 달린 종업원이 일자리를 잃어야 한다. 그중에는 실직 가정의 아내도 있을 것이다.

저도 도시락을 자주 싸다녔거든요. 학교 근처의 식당이 없어진 것을 보면서 '어, 없어졌네.' 하고 말았는데 그제야 '아, 그래, 손님이 떨어져서 가게 문을 닫았겠구나. 그 주인아주머니가 실직 가정의 아내는 아니었을까, 빚은 지지 않았을까, 지금은 어디서 생계를 꾸리고 있을까.' 걱정이 되더라고요. IMF 때 쓰신 글인데 오늘 읽어도 오늘의 울림이 있네요.

이시형 지금 경제가 어렵다고 하지만 앞으로 더 어려워질 수도 있어요. 그런데 우리가 어려울 때 자꾸 자기 생각만 하니 시장이 얼어붙고 제대로 돌아가지 않아서 다같이 더 어려워지는 거예요. 지난번 IMF 때 수입은 떨어졌지만 저축률은 깜짝 놀랄 만큼 올라갔어요. 그만큼 주머니를 닫았다는 거죠. 그래서 경제는 더 안 돌아갔고요. 펑펑 쓰라는 얘기가 아니라 절제는 해야 하지만 도시락을 쌀 내 형편보다 못한 이웃을 돌아보자는 겁니다.

박상미 내 삶에만 코를 박고 살면 누구나 외롭고 쓸쓸하고, 삶의 의미를 찾는 건 더 어려워져서 인생이 허무하다는 생각에 빠지게 됩니다. 연민의 감정을 가지는 것, 이웃과 연대의식을 가지고 남을 보살피는 마음으로 살 때 내 인생도 훨씬 가치 있는 인생이 되는 것 같아요. 행복은 덤으로 따라오게 됩니다.

LOGOTHERAPY

박상미 의

/

의미치료

쉽게 만나는
의미치료 강의

나를 살리고,
타인도 살리는
의미치료

왜 살아야 하는지를 아는 사람은 그 '어떤' 상황도 견뎌낼 수 있다.

- 니체

많은 사람들이 상담자에게 와서 "삶의 의미가 없다. 허무하다. 내가 왜 사는지 의미를 모르겠다. 나는 내 인생에 더이상 기대하는 게 없다."고 말합니다. 더 직접적으로 "내 삶의 의미가 무엇일까요?" 묻기도 합니다.

'왜 살아야 하는지 아는 사람은 그 어떤 상황도 견딜 수 있다.'는 니체의 말은 의미치료의 핵심을 담고 있습니다. 삶의 의미를 찾는 건, 생존의 문제입니다. 우리는 간절한 마음으로 '내 안의 숨겨진 순수한 동기'를 찾아야 해요. 그래야 내 삶에 대한 근본적인 태도를 바꿀 수 있습니다.

모든 사람의 인생에는 의미가 있어요. 생명이 있는 모든 사람에겐 충족시켜야 할 의미, 실현해야 할 사명이 반드시 주어져 있습니다. 나에게 발견되어 실현되길 기다리고 있는 '의미'가 있어요.

우리의 인생에서 일어나는 모든 사건들, 즐거운 일뿐만 아니라 괴로운 일들도 의미 있는 일입니다. 내 삶에서 반드시 필요하기 때문에 일어났다는 사실을 받아들여야 해요. '왜 나한테 이런 일이 일어났을까!' 탄식하면서 '내 인생은 불행하다'고 판단하고 실망하지 말아요. 이 기본적인 인생철학을 받아들일 때, 참된 행복을 얻을 수 있습니다.

이것이 빅터 프랭클의 인생철학입니다. 우리는 빅터 프랭클의 철학을 배움으로써, 삶에 대한 질문을 바꿀 수 있습니다.

삶이 나에게 기대하는 것은 무엇일까?

내 인생에 주어진 초의미(Super Meaning)를 찾는다는 건 절박한 문제이지요. 인간은 자신의 이상과 가치를 위해 살 수 있는 존재, 심지어 그것을 위해 죽을 수 있는 존재입니다. 우리에겐 '충족시켜야 할 의미, 실현해야 할 사명'이 반드시 주어져 있어요. 나에게 발견되어 실현되길 기다리고 있는 '내 삶의 의미'를 적극적으로 찾는 일! 얼마나 가슴 뛰는 일인가요! 모든 사람에게 '사명'이 있다는 걸 깨닫는 순간, 우리는 나의 삶뿐만 아니라 타인의 삶도 존중할 수 있게 됩니다.

우리는 내 삶에 책임을 짐으로써 질문에 답할 수 있습니다. 그러므로 책임감은 인간 존재의 본질입니다. 내 삶에 책임을 지는 것은 내가 실존하는 이유, 살아야 하는 의미를 찾는 것입니다. 그러므로 추상적인 삶의 의미를 추구해서는 안 됩니다. 구체적인 의미를 찾아야 합니다. 내 삶을 대신 살 수 있는 사람은 없어요. 삶은 반복되지 않으므로, 책임감을 가지고 내 사명을 완수해야 합니다. 올바른 행동과 올바른 태도로 삶의 질문에 답해야 합니다.

삶이란? 이 질문에 대한 해답을 찾고, 내 앞에 놓인 과제를 수행해 나가기 위한 책임을 가지는 것입니다. 삶은 막연한 것이 아니고, 현실적이고 구체적이지요. 피할 수 없는 시련이 내게 주어졌다면 나만이 수행할 수 있는 유일한 과제로 받아들여야 합니다.

아무리 괴로운 일이라 하더라도 내 삶에 꼭 필요한 의미 있는 일입니다. 내 인생의 사명을 완수하는데 꼭 필요하기 때문에 일어났다는 사실을 겸허하게 받아들일 때, 내 삶이 바뀌고 의미치료의 궁극적인 목표인 나와 타인 모두의 행복에 이를 수 있습니다.

시련에 대한 릴케의 말은 우리에게 답을 줍니다.
"완수해야 할 시련이 얼마인고!"

오늘 내게 닥친 시련, 이것을 완수해낼 수 있는 사람은 바로 나, 이 세상에서 유일한 한 사람이라는 사실을 잊어서는 안 됩니다. 누구도 나를 시련으로부터 구해낼 수 없고, 대신 고통을 짊어질 수도 없어요. 내 삶의 짐을 짊어지는 방식을 나 스스로 결정하는 것은, 나에게만 주어지는 기회입니다.

의미치료의 행동강령

내 앞에 놓인 과제를 수행해 나가기 위해 책임을 가지는 것!
이것이 바로 의미치료의 행동강령입니다.

"인생을 두 번째로 살고 있는 것처럼 살아라. 그리고 지금 당신이 막 하려고 하는 행동이 첫 번째 인생에서 이미 그릇되게 했던 바로 그 행동이라고 생각하라."

얼마나 멋진 말인가요? 빅터 프랭클의 말은 우리의 책임감을 자극합니다. 지금 내가 막 하려고 하는 행동이, 과거에 내가 했던 그릇된 행동이라면, 지금 바로 더 좋은 행동으로 수정할 수 있습니다.
'이번 생은 망했다!'는 말을 농담처럼 내뱉는 사람들이 있어요. 이 말은 오늘 내가 져야 할 책임을 다음 생으로 미루는 책임 회피이자 무책임하게 나의 존재 가치를 부정하는 말입니다.

과거의 실수를 바로잡고 더 나은 인간으로 나아가는 삶 — 나의 사명을 완수하기 위해 책임 있는 행동을 해야 합니다. 내가 책임 져야 할 것이 무엇인지를 고민해야 합니다.

‘무엇을 위해’

‘무엇에 대해’

‘누구를 책임을 져야 하는가’ (누군가를 위해 나는 무엇을 할 수 있는가?)

물론, 의미를 찾으려는 인간의 의지는 좌절될 수 있어요. 이를 ‘실존적 좌절’이라 합니다. 실존적 좌절은 정신질환을 초래할 수도 있어요(누제닉 노이로제). 하지만 좌절을 겪는다고 다 신경질환 환자가 되는 건 아니에요.

어느 정도의 좌절과 갈등을 겪는 것은 정상적이고 건강한 것입니다. 실존적 좌절 때문에 괴로워하는 사람은 신경질환이라기보다는, 내 삶의 의미를 찾고 싶은데 성취하지 못해서 괴로움을 겪고 있는 중인 거예요. 그래서 우울하고 무기력해서 힘들어하는 겁니다.

자살도 대부분 ‘실존적 공허’ 때문에 발생합니다. 삶의 의미를 찾지 못해서 공허하고, 삶의 권태를 느끼는 것이 ‘실존적 권태’입니다. 우울증, 공격성, 중독증 원인이 무엇인지 알려면 ‘실존적 공허’에 대해 먼저 이해해야 합니다.

‘미래에 대한 기대’가 우리를 구원한다

현대사회에서는 ‘실존적 공허’에 빠져서 고통받는 사람들이 늘어나고 있어요. 약물 중독, 도박 중독, 알코올 중독, 게임 중독에 빠진 사람들의 공통점은 실존적 좌절을 경험하면서 삶이 무의미하다는 생각이 발병의 요인이 되었다는 것입니다. 때문에 힘든 현실에서 도피하고자 오늘의 쾌락에 빠져서 미래를 생각지 않는다는 거예요. 삶이 허무하고 무의미하다는 생각에서 비롯된 것입니다.

안네마리 폰 포르스트마이어가 발표한 연구결과에 따르면, 알코올 중독자의 90%, 스탠리 크리프너 연구결과에 따르면 약물중독자의 100%가 '모든 게 무의미하다'고 답했습니다. 의미를 찾고자 하는 노력이 좌절되면 실존적 좌절을 느끼고 실존적 공허가 찾아옵니다. 그 좌절을 채우기 위해 권력욕, 돈에 대한 욕구 또는 쾌락에 대한 욕구를 쫓기도 하지요. 돈, 유흥, 섹스를 쫓으며 실존적 공허를 채우려 하는 것이지요.

실존적 공허는 신경안정제로 해결할 수 있는 문제가 아닙니다. 의미치료는 실존적 위기를 통해서, 당사자가 스스로 삶의 의미를 찾도록 도와주는 치료법입니다. 내담자의 실존 안에 숨겨져 있는 '로고스'를 스스로 깨닫도록 돕는 것입니다. 삶에 대한 의미를 상실해서 허무감을 호소하는 사람들이 얼마나 많습니까?

하지만 괜찮아요. 무의미, 허무, 무기력을 호소하는 것 역시, 의미 있는 신호이거나 의미를 찾아가는 과정이므로 의미 있습니다.

우리는 미래에 대한 기대가 있어야만 세상을 살아갈 수 있습니다. 가장 어려운 순간에 처했을 때, 우리를 구원해주는 것은 미래에 대한 기대입니다.

나 자신의 미래에 대한 믿음을 잃어버리는 것은 가장 불운한 일입니다. 미래에 대한 믿음을 상실하면 자포자기하는 마음이 그 공간을 채웁니다. 미래에 대한 믿음이 나를 지탱하는 정신력입니다. 정신력은 미래에 대한 희망을 가지고 살 때 굳건해집니다. 미래의 목표를 찾을 수 없어서 스스로 퇴행하는 사람들은, 현재의 시련을 아무 성과도 없는 것으로 경멸하며 과거에 갇혀 삽니다.

우리가 용기와 희망을 잃으면 육체의 면역력도 낮아집니다. 에베레스트 눈사태로 실종된 가족이 돌아오리라는 기대, 교통사고로 뇌를 크게 다친 가족이 수술 후에 깨어나리라는 기대는 우리를 버티게 하지만, 희망과 기대가 무너졌을 때 절망감이 우리를 덮치면 인체 내에 잠재해 있던 균에 저항하던 저항력이 급격히 떨어집니다. 저항력이 떨어지면 인간은 사망할 수도 있습니다. 아우슈비츠 수용소에서 가석방에 대한 기대만으로 버티던 수용자는 자신이 기대했던 날짜에 석방되지 못하자 그다음 날 숨을 거두었다는 일화가 있습니다.

나를 죽이지 못한 것이, 나를 강하게 만든다

모든 사람은 독자성과 유일성을 가지고 있습니다. 그것을 창조해내며 살아야 합니다. 이 세상에 나를 대신할 존재는 아무도 없어요. 나는 얼마나 귀한 존재인가요? 지금 이 글을 읽는 당신 또한 얼마나 귀한 존재입니까? 우리는 이 사실을 깨닫고, 내 삶에 대한 책임감을 가지고 살아야 합니다.

　나의 미래에 대해서 기대합시다. 니체의 말을 기억하세요.
　"나를 죽이지 못한 것은 나를 더욱 강하게 만들 것이다."
　과거의 아픈 기억들, 현재의 고통으로부터 나를 구원해주는 '미래에 대한 기대'를 찾읍시다. 죽을 만큼 힘들었던 과거의 경험이 있나요? 하지만 지금 살아남았지 않습니까? 나를 죽이지 못한 과거의 고통은 나를 더욱 강하게 만들 것이고, 미래의 나는 더욱 성숙한 모습으로 가치 있게 살아갈 수 있을 것입니다.
　과거의 고통이 미래의 거름이 됩니다. 그렇다면 과거에 나를 힘들게 했던 모든 사람들, 경험들도 얼마나 의미 있습니까? 시련은 우리에게 나 자신을 초월할 수 있는 기회를 준다는 걸 잊어서는 안 됩니다. 시련은 나의 정신력을 시험하기 위한 도구로 활용할 수 있습니다.

생각보다 위대한 나라는 존재

　우리는 매일 미래와 대화해야 합니다. 누구도 미래를 예측할 수 없습니다. 예측할 수 없기 때문에 막막한 느낌이 든다면, 생각을 바꾸어볼까요. 미래는 예측할 수 없기 때문에 희망이 있습니다.
　나라는 존재는, 내 생각보다 위대합니다. 나에게 발견되어 실현되기를 기다리는 '내 삶의 의미'는 내가 상상하는 그 이상일지도 모릅니다. 미래에 대한 기대를 가지고, 내 삶의 의미를 적극적으로 찾는 일은 매일 우리의 가슴을 뛰게 만들 수 있습니다.

우리는 잠재되어 있는 삶의 의미를 실현해야 합니다. 진정한 삶의 의미는 인간의 내면이나 정신(Psyche)에서 찾을 것이 아니라, 이 세상에서 구체적으로 찾아야 합니다. 자기 자신만의 것이 아닌 더 높고 넓은 곳을 지향해야 합니다. 타인을 위해 봉사하고 사랑을 나누는 실천을 하는 것은, 나 개인을 넘어서 타인과 더불어서 의미를 창조하는 것입니다. 봉사와 나눔은 진정한 자아실현이자 자기 초월입니다. 자아실현과 자기 초월을 통해서 의미치료의 궁극적인 목표인 나와 타인 모두의 행복에 이를 수 있습니다.

삶의 의미를 찾는 구체적인 방법

① 창조가치 : 무엇인가를 창조하거나 어떤 일을 함으로써

일, 육아, 교육, 예술 활동이나 학문, 사업이나 봉사활동에 몰두함으로써 로고스를 각성시켜 생명 에너지를 충족시키는 것입니다.

② 체험가치 : 어떤 일을 경험하거나 어떤 사람을 만남으로써

— 어떤 일을 경험함으로써: 자연체험, 예술체험, 사랑체험을 들 수 있습니다. 이 순간을 위해 죽어도 좋겠다는 절대적인 무아지경에 빠지는 체험입니다.

살다가 깊은 상처를 받는 일이 생길 때 저는 제가 태어난 동네

인 해운대 바닷가에 갑니다. 바다에 반짝이는 햇살, 일출과 일몰 시간마다 수백 번 변하는 바다의 빛깔, 마음에 쌓인 묵은 감정을 시원하게 싹 쓸어가는 파도 소리는 모든 것을 잊고 무아지경에 빠지게 합니다. 독일 생활에 지쳐서 깊은 우울에 빠진 어느 날, 뉴른베르크역 근처에서 만난 시각장애 거리의 악사가 연주하던 조지 윈스턴(George Winston)의 〈Thanksgiving〉은 평생 잊을 수 없는 감동이었어요. 감미로운 연주가 내 심장과 영혼을 어루만져주던 그 느낌! 감사와 눈물이 마음 깊숙한 속에서 솟아나던 음악 치유를 체험한 그날의 기억을 잊지 못해요. 그리고 사랑하는 사람과 나누었던 순간 순간의 찬란했던 추억들! 이런 체험가치들을 잊지 않도록 기록해보세요.

– 어떤 사람을 만남으로써: 다른 사람을 유일한 존재로 사랑함으로써 생명 에너지를 채울 수 있습니다.

③ 태도가치 : 피할 수 없는 시련에 대해 어떤 태도를 취하기로 결정함으로써

나의 운명, 고뇌에 대해 좋은 태도를 선택함으로써 얻는 의미입니다. 죽음을 눈앞에 둔 상황에서도 타인을 배려하는 태도입니다. 아무리 괴롭고 힘든 상황에 처해 있더라도, 모범적이고 고결한 행위를 실천할 수 있다는 것입니다. 매우 어렵지만 조금이라도 노력하는 데 가치가 있습니다.

- 나는 창조가치를 실현하기 위해서 무엇을 하고 있나요? 무엇을 하고 싶은가요?
- 나를 진정으로 필요로 하는 사람은 누구인가요?
- 그 누군가를 위해 나는 무엇을 할 수 있나요?

이 세 가지의 질문은 오늘까지 살아오는 동안 저를 살렸고, 제가 상담했던 수많은 사람들을 살렸습니다. 창조가치, 체험가치, 태도가치를 찾아 나가는 과정을 통해서 진정한 내 삶의 의미를 찾을 수 있고, 행복에 이를 수 있습니다.

스스로 답을 찾도록 이끄는 대화법

지금부터 상담자의 마음으로 의미치료 대화법을 배워보겠습니다. 내가 질문하고 내가 답한다는 마음으로 참여하면 좋겠습니다. 의미치료 상담은 내가 나에게 묻고 대답하는 과정을 통해서 스스로 나를 살릴 수 있고, 나 또한 누군가에게 상담자로서 도움을 줄 수 있습니다. 어려움을 겪고 있는 타인을 상담한다는 마음으로 사례 하나하나를 함께 나누는 동안, 내 마음이 치유되는 것을 경험하실 수 있습니다.

엘리자베스 S. 루카스는 "정신치료 역사상 로고테라피만큼 독단적이지 않은 학파는 이제까지 없었다."고 말했습니다. 아들러가 말했듯이 모든 치료법은 어느 정도 의미치료적 요소를 갖고 있습니다. 내담자를 돕는 것이 핵심이니까요. 하지만 내담자에게 상담자가 무엇을 끊임없이 권하고 답을 주는 것이 아니라, 스스로 선택할 수 있도록 돕는다는 점에서 의미치료는 특별합니다. 삶의 의미를 찾는 것, 가면을 벗고 내 안의 숨겨진 순수한 동기를 찾는 것, 그걸 돕는 게 의미치료의 목적입니다.

모든 삶은 유일무이하기 때문에, 상담자는 내담자가 처해 있는 상황에 대한 상세한 분석을 해야 합니다. 상담자는 내담자가 처해 있는 상황에 깊은 관심을 가져야만 그를 도울 수 있어요. 내담자가 전 생애를 통해서 직면했던 상황에 내재돼 있는 잠재적 의미에 관심을 가져야 합니다. 그의 삶을 존중하고, 이해하는 마음 없이는 불가능합니다.

의미치료가 정신분석과 다른 점이 있다면, 무의식, 과거에 집착하지 않고 실존적 현실, 즉 의미를 찾고자 하는 그의 의지뿐만 아니라 앞으로 성취해야 할 '실존의 잠재적 의미'까지 고려한다는 것입니다. 내담자가 스스로 존재 깊은 곳에서 진심으로 소망하고 있는 것이 무엇인지 찾아내고, 스스로 깨닫게 하는 것이 중요합니다.

지금 느끼고 있는 감정과 현실 상황에 대한 평가가 진실된 자신의 생각인지, 환경에 의해 영향을 받은 자동적 생각과 판단인지도 살펴보아야 합니다.

내담자가 진심으로 추구하는 의미와 가치를 발견할 수 있도록 도우려면, 질문을 통해서 그가 추구하는 가치의 순위를 스스로 매겨보도록 안내할 수 있습니다. (가치위계평가)

제가 만난 김지민 씨(가명, 33세, 회사원)는 불안과 불면증 때문에 어려움이 많았습니다. 자신이 워킹맘으로서 너무나 능력이 부족하다고 자책하며 어린 딸에게 죄책감을 가지고 있었죠. 그녀의 이야기를 듣는 동안, 진실로 그녀가 추구하는 가치는 딸에게 좋은 엄마가 되는 것이 전부가 아니라는 걸 알게 됩니다.

"저는 나쁜 엄마예요. 퇴근하고 돌아오면서 딸을 어린이집에서 데리고 와요. 씻기고 먹이고 재우는 시간 동안, 아이에게 너무 심하게 제가 짜증을 내요. 빨리 재우고, 저도 책보고 쉬다가 자고 싶은 마음밖에 없어요. 좋은 엄마가 되지 못하고 짜증을 많이 내서 죄책감이 들어요. 계약직 교수인 남편은 자기 공부하느라 육아를 도와주지 않아요. 석사과정 때까지는 제가 더 우수하다는 평가를 받았었는데…… 결혼하면서 제가 공부를 포기했어요. 남편은 계속 공부했고, 꿈을 이루었죠. 하지만 저에게 고마움을 모르고 육아도 안 도와줘요. 아이는 밤마다 계속 책을 읽어달라고 조르고, 열 권도 넘게 읽어줘야 만족하면서 잠이 들어요. 아이가 잠을 늦게 자니까, 매일 짜증이 쌓이는 거 같아요. 짜증을 많이 내서인지 불면증도 심해집니다. 사는 게 매일 똑같고, 왜 사는지 모르겠어요. 이렇게 나이 들고 늙을까 봐 불안해요…… ."

"지민 씨, 정말 힘들었겠어요. 온종일 일하고 퇴근하면 육아를 혼자 다 책임지고 있으니 얼마나 힘들겠어요? 아이가 잠들 때까지 책을 열 권도 넘게 읽어주다니! 아이가 책을 좋아하나 보지요?"

"네, 책을 좋아해서 읽어줘야 해요."

"힘들어도 아이가 만족할 때까지, 잠들 때까지 책을 읽어주는 엄마, 정말 대단하다는 생각이 드는데요?"

"아이가 원하는 만큼 책은 충분히 읽어주려고 노력은 해요."

"잠들 때까지 책을 읽어주는 엄마 덕분에 아이는 행복할 것 같아요. 퇴근 이후 시간을 그렇게 보냈다면 참 의미 있는 시간을 보낸 게 아닐까요?"

"하지만 제가 아이에게 짜증을 내니까, 그게 나쁘죠."

"왜 짜증이 많이 나는 걸까요?"

"아이가 빨리 안 자니까요."

"아, 빨리 재우고 책보며 쉬고 싶다고 하셨지요?"

"네……, 저도 책을 읽고 싶어요."

"남편과 같은 공부를 하셨다고요?"

"네. 지도교수님께도 제가 더 인정받았었는데, 공부를 포기한 게 후회돼요."

"지민 씨는 공부에 대한 능력과 열정이 많은 사람이군요?"

"그래서 남편에게 자꾸 화가 나요. 잊고 있었는데, 제 얘기를 계속 하다 보니까, 남편에 대한 원망 때문에 제가 화가 나 있는 것 같다는 생각이 드네요. 나는 아이랑 씨름할 때 자기는 혼자 공부하니까. 나는 발전 없이 매일 그대로인데, 남편은 매일 발전하고 있으니까……."

"지민 씨도 공부를 더 하고 싶으세요?"

"아휴, 지금 그럴 처지가 못 돼요. 육아도 제대로 못 하면서 어떻게 공부를……."

"지민 씨, 내가 정말 원하는 게 무엇인지, 좋은 엄마란 어떤 엄마인지 우리가 같이 고민을 해보면 좋겠어요. 지민 씨가 정말 원하는 가치를 찾으면 마음이 행복해질 테고, 지민 씨가 행복해야 좋은 엄마가 될 수 있어요. 진지하게 내가 진심으로 원하는 게 뭔지를 찾아볼까요?"

다음 주에 우리가 만났을 때도, 그다음 주에 만났을 때도, 지민 씨는 같은 말만 반복했습니다.

"제가 정말 원하는 게 좋은 엄마가 되는 것, 그렇게 되지 못해서 짜증나고 불안하다고만 생각했는데, 그게 아닌 것 같기도 해요. 혼란스러워요. 지금은 제가 진심으로 원하는 게 무엇인지 정말 모르겠어요. 답답해요."

"괜찮아요. 이 과정을 거쳐야 진심으로 내가 원하는 가치를 찾을 수 있어요. 꼭 필요한 고민이고 의미 있는 고민이에요."

본인이 진심으로 추구하고 싶은 의미와 가치에 대해 평가를 실시했을 때, 첫 번째가 '자아 실현'이라는 게 발견됐습니다. 회사에서 연구원으로서 책임 완수도 잘하고 싶고, 엄마로서 육아도 잘하고 싶지만, 공부를 더 하고 싶다는 게 진심으로 그녀가 추구하는 가치였습니다. 결혼 후에 중도 포기했던 박사학위를 받고 학자로서 공부하면서 대학에서 강의하는 꿈을 이루고 싶다는 것이었죠. 본인이 진심으로 추구하는 가치를 찾고, 대학원 박사과정에 입학하는 계획을 세우면서 그녀의 불안 증세와 불면증은 자연스럽게 사라졌습니다. 두 달쯤 지났을 때, 그녀가 말했습니다.

"저도 내년에 박사과정에 입학하려고요. 토요일에 온종일 수업하는 대학원을 찾았어요. 제 계획이 구체적으로 세워지니까, 남편에게도 구체적인 협조 요청을 할 수 있게 되었어요. 속으로만 화를내다가, 저의 욕구를 솔직하게 남편에게 말하니까 남편도 저를 돕겠다고 말해줬어요. 그동안 제가 말을 안해서 몰랐다고, 진심으로미안하다는 사과도 받았고요. 공부하는 엄마의 모습을 아이에게 보여줄 수 있어서 자랑스럽고, 하고 싶었던 공부를 시작하게 되니까짜증도 덜 내게 되네요. 요즘은 아이에게도 많이 웃어주게 돼요."

"참 잘하셨습니다. 행복한 엄마가 좋은 엄마예요."

상담자는 '로고 힌트'를 통해서 내담자를 도울 수 있습니다. '삶의 의미'는 '만드는 것'이 아니라 '발견하는 것'입니다. 삶의 의미는태어날 때부터 존재하며, 손상되지 않습니다. 구름에 가려져 잘보이지 않을 뿐이지요. 그 구름을 거두어주는 것이 바로 '로고 힌트'입니다.

정신분석을 받아본 사람은 공감하실 겁니다. 정신분석을 받는동안 환자는 침대에 누워서 의사에게 하기 거북한 말들을 해야 합니다. 하지만 의미치료 상담은 내담자가 스스로 답을 찾아 나가도록 대화를 이끌어갑니다.

상담을 할 때 기억해야 할 사항들을 정리해볼까요?

- 로고스(Logos), 인간 존재의 의미는 물론 그 의미를 찾아가는 인간 의지에 초점을 맞춘다.
- 과거의 고통을 묻고 자기성찰을 요구하지 않으려 노력한다.
- 내담자의 미래에 초점을 맞춘다.
- 내담자가 삶의 의미와 직접 대면하고, 스스로 삶의 의미를 깨우치고 찾을 수 있도록 안내해야 한다.

의미치료 상담자는 판단을 내려주는 사람이 아닙니다. 내담자의 시야를 넓히고 확장해주고, 잠재되어 있는 의미를 찾아서 인생의 스펙트럼을 넓힐 수 있게 도와주는 사람입니다. 상담자는 좋은 질문(로고 힌트)을 통해서 내담자가 새로운 시각을 갖게 하고, 고통으로부터 안식을 얻도록 인도해주어야 합니다. 생존하는 것 이상의 의미를 찾는 과정을 함께 해주는 것이지요. 우리는 '소크라테스 대화법'을 사용할 수 있어야 합니다.

소크라테스 대화법(Socratic Dialog)이란, 소크라테스의 상담 방법으로 철학 상담 영역에 속합니다. 소크라테스의 대화는 상대가 스스로 자각하도록 도와주는 대화법입니다. 산파술이라고도 불리는 그의 질문법은 아이를 낳을 때 옆에서 도와주는 산파처럼 상대가 깨달음을 얻을 수 있도록 질문을 통해 도와줍니다.

소크라테스 대화법에서 가장 중요한 것은 상대에게 답을 제시하지 않는 것입니다. 상대가 스스로 답을 찾도록 도와주는 게 핵심이지요. 상대방이 알고 있다고 생각하는 것에서 질문을 시작해서, 스스로 모순을 깨닫게 합니다. 자신의 무지를 자각하고 의미와 가치를 찾아가도록 질문으로 도와주는 것입니다.

소크라테스 대화법에서는 내담자가 자기모순을 스스로 깨달아서 잠시 말문이 막히는, 아포리아(Aporia, 그리스어. '통로가 없는 것', '길이 막힌 것'을 가리키는 철학 용어)에 이르게 하는 방식을 사용합니다.

소크라테스는 대화 중 아포리아 상태에 빠져서 말문이 막혀 '모르겠다'고 답하는 청년에게 "그래, 괜찮네. 자네는 스스로 모른다는 것을 알고 있지 않은가?"라고 격려했다는 일화가 있습니다. 김지민 씨도 본인이 정말 원하는 것에 대해 묻고 답할 때, "제가 정말 원하는 게 좋은 엄마가 되는 것, 그렇게 되지 못해서 짜증나고 불안하다고만 생각했는데, 그게 아닌 것 같기도 해요. 혼란스러워요. 지금은 제가 진심으로 원하는 게 무엇인지 정말 모르겠어요. 답답해요."라는 말만 2주 동안 계속 했었습니다. 아포리아 상태에 빠진 거였죠. 저의 역할은 계속 경청하면서 김지민 씨가 진심으로 추구하는 가치를 찾을 수 있도록 질문을 통해서 대화를 이끄는 것이었고요. 이 책의 후반부에서 보여드릴 '상담실 대화'를 통해서 더 쉽게 이해하실 수 있을 거예요.

소크라테스 대화법에서는 대화 참여자가 자신의 경험을 진정성 있게 표현할 수 있도록 도와야 하며, 자신의 생각을 주장하기보다 다른 사람의 생각을 경청하고, 자신의 생각을 주장하더라도 상대를 배려하며 말해야 한다는 걸 기억해주세요.

현대인들의 고민
- 의미치료에서 해답 찾기

상담을 청해오는 사람들의 고민들은 어떤 것이 있을까요?

사람들의 고민은 모두 비슷하답니다. 타인의 고민을 함께 나누며, 나의 고민도 답을 찾아볼까요? 10대부터 40대까지 다양한 사람들이 보내온 질문에, 의미치료에서 해답을 찾아보았습니다.

불안, 공포, 강박이 심해요

💬 사람들 앞에 서면 너무 떨리고 공포스러워서 준비했던 발표를 망친 적이 있어요. 발표 공포증이 생겨서 앞에만 나가면 눈앞이 하애집니다.

💬 토익 시험 보는 날, 신분증을 안 가져가서 애를 먹은 적이

있는데, 그 후로 불안증이 생겨서 어디를 갈 때 가방을 열 번도 더 살펴보는 버릇이 생겼어요.

💬 물건을 잘 잃어버려요. 여권을 잃어버려서 해외에서 귀국 비행기를 못 탄 적이 있어요. 해외에 나가면 가방을 잃어버 릴까 봐 계속 가방을 챙기고 여권을 확인하는 강박증이 생 겼어요.

예기 불안(Anticipatory Anxiety)이라는 말 들어보셨나요?

두려움을 느끼고 있으면 바로 그 증상이 나타난다는 겁니다. '공 포는 사건의 어머니'라고 하지요. '사람들 앞에 서면 너무 떨리고 말이 안 나오는데 어떡하지?' 두려움을 느끼는 순간, 실제로 말문 이 막히고 앞이 하얗게 변하는 겁니다. 한마디도 못 하게 되죠. 무 엇이 증상을 불러온 걸까요? 강한 욕구 때문입니다. '안 떨고 잘하 고 싶다'는 강한 욕구가 오히려 '예기 불안'을 가중시킨 거랍니다.

역설지향(Paradoxical Intention)기법이 이럴 때 도움이 됩니다.

두려움을 느끼고 있으면 바로 그 증상이 정말로 나타나고, 지나 친 주의 집중이 오히려 일을 망칩니다. 공포증을 가진 사람은 자 신이 무엇을 두려워하는지 정확히 파악해야 합니다.

예기 불안을 일으킬 만한 상황이 오면 다음 질문에 답해보세요.

1단계: 내가 두려워하는 실체가 무엇인지 써보세요.

두려움: 사람들 앞에 서면 너무 떨리고 말이 안 나온다. 또 발표

를 망칠까 봐 겁난다.

소망 : 많은 사람들 앞에서도 담담하게 말을 하고 싶다.
나의 욕구, 즉 나의 소망을 찾았다면, '의미'를 찾은 것입니다.

"오늘 내가 얼마나 심하게 말을 많이 더듬고, 얼굴은 새빨간 홍
당무가 되는지 보여주겠어!"

역설지향기법을 쓰면 단 하루 만에 불안과 공포로부터 벗어나
는 사람도 있습니다. 이런 마음가짐으로 사람들 앞에 섰더니, 오
히려 떨고 말을 더듬으려고 해도 되지 않더라는 것입니다.

증세는 공포를 낳고, 공포는 증세를 더욱 강화합니다. 자신의
증세로부터 자신을 분리시켜서 바라보고, 역설지향 치료기법을
스스로 적용할 수 있습니다.

'많이 떨고 많이 더듬고 많이 빨개지는 끝판왕이 돼보자!'

유머 감각을 동원해서 자신에게 초연할 수 있는 인간의 능력을
활용해봅시다. 역설 의도를 적용함으로써 나의 약점에 대해 스스
로 농담을 할 수 있게 되면 벗어날 수 있습니다. 고든 W. 알포트가
쓴 『개인과 종교』에 이런 말이 나옵니다.

"신경질환 환자가 자신에 대해 웃을 줄 알게 되면 그것은 그가 자신의 문제를 스스로 처리할 수 있는 상태, 병을 치료할 수 있는 상태에 이르렀다는 걸 의미한다."

강박성 신경질환 환자를 치료하는데 이 역설지향 치료기법은 상당한 효과를 거두어왔습니다. 강박증이 심한 사람의 경우를 볼까요?

강박증을 가진 사람 또한 마찬가지입니다. 강박증이란 나의 의지와 무관하게 어떤 생각이나 장면이 떠올라 불안해지고 그 불안을 없애기 위해서 특정 행동을 반복하게 되는 증상입니다. 예를 들면, 차 문을 잠그고 돌아서서 몇 걸음 가다가 문을 제대로 잠그지 않았다는 불안한 생각이 들어, 다시 가서 확인해보는 행동을 수차례, 심하면 수십 차례 반복적으로 하는 증상을 들 수 있어요.

강박 증세가 공포를 낳고 공포는 강박을 더욱 강화시킵니다. 강박증이 심해지면 본인이 정신병에 걸렸거나 곧 정신병에 걸리게될 거라고 생각해서 두려움이 더 증폭됩니다. 하지만 강박증이 정신병으로 발전할 가능성은 거의 없고, 오히려 막아준다고 합니다. 강박증이 심한 사람에게도 역설지향을 적용할 수 있습니다. 가스불을 안 끄고 외출하려고, 차 문을 안 잠그고 귀가하려고, 가방을 분실하려고 애를 써보세요.

'문 안 잠그고 다니는 게 내 특기야. 난 문 안 잠그는 끝판 왕이라구!'

이렇게 마음을 먹고 나면 차 문을 잠글 때마다 웃음이 나오더군요. 제 얘깁니다. 문 잠그는 것에 대한 강박이 심했거든요. 자신의 증세에 대해 웃을 수 있게 되었을 때 공포에서 벗어날 수 있다는 말은 사실이더군요. 수차례 나의 불안, 강박 증상에 대해 웃을 수 있게 되니 서서히 공포가 사라졌던 것 같습니다.

불면증도 마찬가지입니다. 잠을 자려고 자려고 애쓸수록 잠은 달아나지 않던가요? 오히려 잠을 안 자려고 노력해보세요.

'내가 잠을 안 자고 며칠까지 버틸 수 있는지 보여주겠어! 나는 잠 못 자는 선수라구!'

잠을 자지 않겠다는 역설지향으로 바꾸어줄 때 오히려 잠이 옵니다. 생물체는 대부분 자신에게 꼭 필요한 최소한의 수면을 알아서 취한다고 합니다. 이 사실을 모르기 때문에 불면에 대한 지나친 걱정에 시달리고, 오늘 밤도 잠이 안 오면 어떡하나 두려워합니다. 수면제가 없으면 불안하지요. 나는 원래 잠이 매우 적은 사람일 수도 있고, 낮잠을 하루에 10분가량 두세 번 나누어 자는 것이 밤잠보다 큰 효과를 보는 사람일 수도 있어요. 예기 불안은 역설적 의도로 좌절시킬 수 있어요. 치료의 핵심은, 내가 나를 초월하는 데 있습니다.

오르가슴을 느껴본 적이 없어요

💬 성 불감증일까요? 오르가슴을 느껴본 적이 없어요.

💬 아내가 오르가슴을 느낄 수 있도록 많은 노력을 하지만, 아
내는 불감증인 것 같다고 고민을 합니다,

앞에서도 언급했지만, 너무 강한 욕구가 일을 망치는 경우도 많
아요. 과도한 의도, 즉 과잉 욕구(Hyper-Intention)가 문제인 경우
예요. 예를 들어서 남성의 경우, '내가 사랑하는 연인과 오늘 하는
섹스에서 나의 정력을 보여주고 상대를 오르가슴에 이르게 하고
싶다.' 정력을 과시하는 데 목적을 둘수록 오히려 상대를 오르가슴
에 이르게 할 수 없더라는 것입니다. 사랑하는 상대편에게 내 몸을
맡김으로써 의도하지 않은 결과로 오르가슴을 얻어야 하는데, 오
르가슴을 체험하는 자체에 집중하는 과잉 의도는 오르가슴을 느
끼는 데 장애물이 되고, 오히려 불감증을 일으킨다고 합니다.

불감증 치료는 과잉 욕구를 버리는 연습부터 시작합니다. 내가
사랑하는 대상에게 몸을 맡기고, '오르가슴을 느끼고 싶다' 혹은
'상대를 오르가슴에 이르게 하고 싶다'는 욕구 자체를 버리고 편
안해질 때, 자연스러운 부산물로 오르가슴을 얻을 수 있다는 겁
니다.

'이번 생은 망했다'는 생각이 들어요

💬 재수했는데 성적이 또 안 나왔어요. 그저 그런 대학을 나왔는데 학점도 그저 그렇고, 입사 시험은 계속 실패중입니다. 이번 생은 망한 느낌이에요.

💬 결혼생활이 너무 힘듭니다. 남편이 있어도, 자식이 있어도 갈수록 더 외롭네요. 이번 생은 실패한 것 같아요.

💬 열심히 쉬지 않고 일했어도, 전세를 못 벗어나고 있네요. 친구들은 집도 사고, 집값 올랐다고 자랑하는데, 제 인생은 맨날 제자리걸음이네요. 이번 생은 이렇게 살다 끝나는 건가요?

    '이번 생은 망했다!'는 말을 농담처럼 내뱉는 사람들이 있어요. 이 말은 오늘 내가 져야 할 책임을 다음 생으로 미루는 말이에요. 이전에 했던 실수를 현재도 반복하고, 다음 생으로 책임을 전가하려는 책임 회피가 아닐까요? 과거의 실수를 바로잡고 더 나은 인간으로 나아가는 삶을 살겠다는 의지 없이, 무책임하게 나의 존재가치를 부정하는 말이나 다름없어요.
    인생을 두 번째로 살고 있는 것처럼 살라는 빅터 프랭클의 말을 기억하세요. 지금 내가 막 하려고 하는 행동이 과거에 내가 했던 그릇된 행동이라면, 지금 바로 더 좋은 행동으로 수정할 수 있어요. 이번 생에서 내게 주어진 사명을 완수해야죠! 죽기 전까지 내 인생은 어떻게 전개될지 아무도 모릅니다. 미래에 대한 기대를 버려선 안 됩니다. 전생이 있다면, 전생에도 나는 지금의 내 상황을 탓하며, '이번 생은 망했다'고 탄식했을지도 몰라요. 전생에서도 했던 실수를, 오늘 또 반복할 순 없지요! 긍정적으로 생각하고, 낙관적인 사람이 되려면 어떻게 해야 할까요? 다음 질문에 귀 기울여보세요.

긍정적인 마인드를 가지려면 어떻게 해야 하나요?

💬 매사에 긍정적인 사람을 보면 부럽습니다. 별로 행복했던 기억이 없어서일까요? 성장 과정이 행복하지 못해서인지 긍정적으로 생각하고 즐겁게 지내는 게 참 힘드네요.

💬 권위적인 부모님 밑에서 칭찬보다는 야단을 많이 맞으면서 자란 탓일까요? 자신감도 부족하고 늘 부정적인 생각을 많이 합니다. 낙관적인 생각을 많이 하면서 행복하게 살고 싶은데, 부정적인 사고방식이 습관이 된 것 같아요.

빅터 프랭클은 고통, 죄, 죽음과 같은 비극적인 요소가 우리 삶속에 내재되어 있지만, 그럼에도 불구하고 인간은 현재는 물론 앞으로도 낙관적으로 살 수 있다고 말합니다. 인간은 삶의 부정적인 요소를 긍정적으로 전환하는 창조적인 능력을 가지고 있습니다. 주어진 상황에서 낙관적인 생각을 하도록 최선을 다하는 연습을 해야 합니다.

우리가 행복하려면 '행복할 이유'를 찾는 연습을 매일 해야 합니다. 그 이유를 찾으면 저절로 행복해집니다. 비극에 직면했을 때 낙관적인 생각으로 전환하는 잠재력이 발휘되는 것입니다. 고통을 잘 극복해서 긍정적인 에너지로 바꿀 수 있고, 잘못을 저질렀을 때도 자신을 발전적으로 변화시킬 수 있는 계기를 마련하며, 책임감을 가지고 살아갈 수 있는 동기를 끌어내는 것이 낙관적인 생각의 힘입니다.

우리는 모두 행복해지고 싶고, 웃고 싶고, 명랑하게 살고 싶은 욕구를 가지고 있어요. 때문에 고통 속에 있더라도 명랑하게 살기 위해서 최선을 다할 수 있는 것입니다.

> 명랑함은 고통의 부재나 존재의 안정성에서 비롯되는 게 아니라, 내적인 욕구로부터 우러나는 행동과 대응이다.
>
> - 게오르그 루카치 『소설의 이론』

이건 제가 좋아하는 문장이에요. 행복해서 웃는 게 아니라, 행복하고 싶은 욕구 때문에 웃게 되고, 행복은 저절로 따라오는 것이지요.

"성공을 목표로 삼지 말아라. 성공을 목표로 삼고 그것을 표적으로 하면 할수록 더욱 멀어진다. 성공은 행복과 마찬가지로 찾을 수 있는 것이 아니라 찾아오는 것이다. 행복은 반드시 찾아오게 돼 있으며 성공도 마찬가지다. 그것에 무관심함으로써 저절로 찾아오도록 해야 한다. 나는 여러분이 양심에 귀를 기울이고, 그것이 원하는 대로 확실하게 행동할 것을 권한다. 그러면 언젠가는 정말 성공이 찾아온 것을 보게 될 날이 올 것이다. 왜냐하면 여러분이 성공에 대해 생각하는 것을 잊어버리고 있었기 때문이다."

20년 전부터 제가 좋아한 프랭클의 말인데요, 지난 20년을 돌아보면 이 말은 진리였어요.

세상을 살아가는 유용한 기술을 배우고 싶어요

💬 인간관계 맺기도 어렵고, 사회생활 잘하는 기술이 부족해요. '직장 생활 잘하는 법', '스트레스 이겨내는 기술', '어려움을 잘 이겨내는 기술', '고통을 잊는 기술' 같은 게 있으면 배우고 싶어요.

➕ 유머의 효능

『죽음의 수용소에서』를 읽다가 가장 놀랐던 부분이 강제수용소 안에도 '유머'가 있었다는 거였어요. 수용소 안 공사장 구석에서는 가끔 공연이 펼쳐지기도 했습니다. 노래와 풍자, 우리의 마당극 같은 것이 벌어지기도 했고, 수용자들은 잠시나마 웃으면서 오늘의 고통을 잊기도 했어요. 유머는 자기 보존을 위한 투쟁에 필요한 무기라고 프랭클은 말합니다. 유머는 그 어떤 상황에서도 그것을 딛고 일어설 수 있는 능력과 초연함을 가져다준다는 것입니다.

프랭클은 수용소 안 건축공사장에서 일하는 친구에게 유머 감각을 개발시키는 훈련을 실시합니다. 적어도 하루에 한 가지씩 재미있는 이야기를 만들어내자는 것이었죠. 이야기의 소재는 '수용소에서 풀려난 뒤에 일어날 수 있는 일'이었어요. 석방된 것을 잊고 수용소 안에서 하던 행동을 해서 우스꽝스러운 상황이 벌어지는 거예요. 모두가 배꼽을 잡고 웃을 수 있는 상황 말이에요. 수용소 안에서 하던 행동과 말이 나도 모르게 툭 툭 튀어나오는 겁니다. 예를 들면, 멋진 저녁 식사에 초대받아 가서 우아하게 저녁 식사를 하다가, 주인이 "스프를 더 드시겠어요?"라고 물었을 때, 고급 정장을 입은 남자가 이렇게 대답하는 겁니다. "냄비 바닥을 박박 긁어서 떠주세요!" (건더기가 스프 속에 한 조각이라도 들어오는 건 수용소 안에선 행운이니까.)

저는 이 부분이 너무나 감동적이었어요. 수용소에서 풀려난 후의 일을 상상한다는 것, 그 자체만으로도 얼마나 즐거운 상상이었겠어요? 의미치료는 미래에 초점을 두지요. 수용소에서 풀려난 후, 미래에 일어날 일을 상상하며 현재의 고통을 잊고 마음껏 웃고, 그날이 오기를 상상하는 것만으로도 재미를 넘어선 행복을 느낄 수 있었을 겁니다.

유머 감각을 키우고 사물을 유머러스하게 보는 시도는 우리가 세상을 살면서 터득한 요령이자 유용한 기술입니다. 고통이 도처에 사리고 있는 수용소에서도 이런 기술을 실행하는 것이 가능하다는 걸 프랭클은 체험했고, 수용자들에게도 적용했던 겁니다. 잠시나마 고통을 잊고 마음껏 웃을 수 있는 능력이 우리 내면에 있습니다. 특히 한계상황에서 유머의 기술을 발휘하는 것은 나를 지키는 정신적 무기로써 고통스러운 현실을 객관적으로 바라볼 수 있는 힘을 길러줍니다.

미국 건국 시기에 노예보다 노예를 거느린 주인들의 자살률이 더 높았다는 연구결과도 있습니다. 그 당시 노예의 삶은 짐승과 다를 바가 없었는데, 노예들은 그 고통을 무엇으로 이겨낸 것일까요? 극심한 고통을 이기게 한 힘은 바로 유머와 웃음이었습니다. 밤이 되면 모여서 노래를 부르고, 악기를 연주하고, 춤을 추고, 우스운 이야기들을 주고받으면서 웃을 줄 알았다는 거예요. 하지만 노예를 거느린 백인들에게는 그런 문화가 없었다는 겁니다.

인간의 고통은 기체의 이동과 비슷한 면이 있어요. 일정한 양의 기체를 빈방에 들여보내면 아무리 큰 방이라도 기체가 아주 고르게 방을 가득 채웁니다. 고통 또한 마찬가지입니다. 내 삶을 골고루 가득 채웁니다. 하지만 감사와 유머도 마찬가지예요. 내 영혼의 빈방을 무엇으로 가득 채우고 싶나요? 선택할 자유는 나에게 있습니다.

✚ 웃음의 효능

웃음의 효능은 알수록 놀랍습니다. 강도 범죄 경력이 있는 사람들에게 강도짓을 하기 어려운 경우가 언제인지를 물었을 때, '가게에 들어갔을 때 사장이 활짝 웃으며 인사할 때'라고 대답한 사람이 많았습니다. 웃음 앞에서는 악한 마음도 힘이 꺾입니다.

누군가 나를 보고 먼저 웃어주었을 때의 기분을 상상해보세요. 어떤가요? 그에게 우호적인 마음이 생깁니다.

제가 신문사에서 인물 인터뷰를 3년 동안 했어요. 그때 시각 장애인 김현영 씨를 통해서 '웃음의 힘'을 알게 되었어요. 발레리나로서 화려한 삶을 살던 그녀가 나이 마흔에 얻은 망막 색소 변성증이라는 병으로 인해 시력을 100% 상실합니다. 하지만 혼자 사는 그녀는 매일 예쁘게 화장을 하고 다니고, 전국 어디든 대중교통을 타고 잘 다닙니다. 비설은 누구를 만나든지 '먼저 웃는 용기'를 낸다는 것이었어요.

"내 눈썹 화장은, 오늘 나를 처음 만난 여성이 하게 돼 있어요. 활짝 웃으면서 '제 눈썹 좀 그려주시겠어요? 눈썹을 그리고 싶은데 제가 눈이 안 보이네요?' 하며 활짝 웃으면 누구든지 열심히 그려줍니다. 덤으로 립스틱도 발라주고요. 지팡이 짚고 다니는 일이 쉽지 않지만, 제가 먼저 활짝 웃으면서 길을 물으면, 급히 갈 곳이 있는 사람이 아니라면 제 팔짱을 끼고 목적지까지 함께 가주는 사람도 많아요. 먼저 웃는 용기를 내면 나를 도와주려는 사람이 참 많고, 세상에 착한 사람이 너무 많다는 걸 알게 돼요."

한류 스타의 원조, 강원래 씨를 아시지요? 2000년 11월 9일, 오토바이를 타고 가던 그는 불법 유턴하는 차에 치여서 1급 장애인이 되었습니다. 그를 인터뷰 했을 때, 이런 말을 했어요.

"장애인이 되었다는 걸 인정할 수 없어서 폭군이 되어가고 있는 저를 발견했어요. 부정, 분노, 좌절의 시간을 충분히 가졌어요. 내가 장애인이라는 현실을 받아들이기 어려웠으니까……. 선배 장애인들의 '세상을 향해 욕하면 세상이 욕으로 답하고, 세상을 향해 웃으면 세상이 웃음으로 답한다'는 조언이 큰 힘이 되었어요. '몸도 불편한 사람이 밖엔 왜 나왔을까?' 하는 시선보다는 '잘 나왔어요. 함께 놀아요. 불편한 점 있어요? 도와줄까요?'라고 말해주면 좋겠어요. '힘들죠? 극복하세요'라는 말보다 '지금도 멋져요, 할 수 있는 일이 분명히 있을 거예요, 재밌게 사세요.' 이렇게 말해주는 배려가 있다면 더 많은 장애인들이 밖으로 나올 거예요. 제가 먼저 웃으니까 세상은 저를 향해 웃어주었어요. 집 밖으로 나오길 힘들어하는 장애인들에게 세상을 향해 먼저 웃으라고 말해주고 싶어요."

먼저 웃는 용기는 세상을 살아가는 유용한 기술입니다.

울고 싶지만, 나약해질 것 같아서 못 울겠어요

눈물을 흘리면서 고통과 대면해야 할 때도 있어요. 울음으로 슬품을 몰아내야 웃음이 담길 마음 공간이 생겨요. 눈물은 시련을 받아들이고 고통을 이겨내는 용기를 가지고 있어요. 수용소에서 심한 부종 때문에 고생하던 동료가 기적처럼 나았을 때, 프랭클이 놀라서 묻습니다. 어떻게 나았느냐고! 그가 말합니다.

"실컷 울어서 내 조직 밖으로 몰아냈지!"

마음속에 분노가 넘쳐서 고통스러울 때도 눈물로 몰아내는 게 효과가 있습니다. 강원래 씨 이야기를 좀 더 들려드려야겠어요.
"장애인으로 살아야 한다는 현실을 받아들이는 데는 오랜 시간이 걸렸어요. 손에 잡히는 대로 다 집어던지고, 소리 지르고, 막무가내로 욕을 하기도 했죠. 덕분에 병실 침대에 한 달 반 동안 묶여 있기도 했어요. 다 깨부수고 심지어 불도 지르고 싶었어요. '병신'이란 말을 듣고 울기도 많이 울었습니다. 심리치료를 받게 되었을 때 솔직한 심정을 말했더니, '당연한 심리적 반응이며 지극히 정상인 상태'라는 진단이 나왔어요. 가수 조덕배 선배가 해준 말이 가장 도움이 되었어요.

"베개가 썩을 때까지 울어라, 짜샤!"

죽는 게 두렵지만 죽고 싶다는 생각이 든다면

저는 자살 시도를 해본 적이 있거나, 자살 충동에 시달리는 사람들과 함께 대화하는 모임을 일 년에 한 번 엽니다. 자살 충동을 자주 느끼는 사람들을 상담할 때, 우리는 기억해야 합니다. 삶의 의미가 없다고 탄식하는 사람일수록 주체할 수 없이 말하고 싶은 욕구가 그들에게 있었다는 것입니다. 말하고자 하는 욕구가 참을 수 없을 정도로 컸다는 것을 알게 됩니다. 심한 중압감을 겪었던 사람들의 공통점입니다. 마음속에 있었던 응어리가 폭발하듯 뿜어져 나옵니다. 인명구조를 하는 사람은 그 이야기를 다 들어줘야 합니다. 내 이야기를 공감하고 잘 들어줄 사람을 찾아서 마지막 힘을 다해서 도움을 청하는 중이라는 걸 명심해야 합니다.

죽음에서 다시 태어나 생명의 의미를 깨닫고 나면,
죽어가는 것들을 살릴 수 있다.

모임에 참석한 사람들이 하나둘 자기 자리에 앉으면, 제가 다가가서 쪽지를 건넵니다. 제 손글씨로 꾹꾹 눌러 쓴 문장입니다. 대화가 시작되기도 전에 눈물을 흘리는 사람도 있습니다. 저는 묻습니다.

자살 시도를 한 경험이 있는 사람들에게 묻습니다.

"다시 자살을 시도하지 않은 이유가 뭔가요?"

사람들은 어리둥절, 순간 말문이 막힙니다. 타이르고, 설득할 줄 알고 왔다가 의외의 질문을 받은 당혹감이 표정에 고스란히 드러납니다. 답을 할 때까지 조용히 기다립니다.

💬 "손목을 그었었는데, 흉터만 크게 남고 시도는 실패했어요. 많이 아팠어요. 부모님이 너무 충격받으셔서 지금도 불안 증세가 심하세요. 저보다도 더……. 있는 그대로의 저를 사랑해주시는 분들인데, 너무 죄송했어요. 사는 동안 효도를 한 번도 못했어요."

💬 "어린 아들이 있어요. 그 당시엔 너무 괴로워서 아이 생각을 못 했어요."

다음은 자살 충동을 자주 느끼는 사람들에게 묻습니다.
"자살 충동이 느껴질 정도로 힘든데, 왜 실행에 옮기지 않았나요?"

💬 "엄마가 걱정돼서요. 아버지가 일찍 돌아가시고 엄마랑 살았는데, 엄마는 혼자 남겨지면 살 수 없을 것 같아요."

💬 "억울해서요. 아무것도 이룬 것 없이 죽는다는 게……. 사람들 기억에서 금방 잊혀질 것 같아서 억울했어요. 죽더라도 뭔가 하나는 이루고 죽자……."

💬 "죽고 싶을 만큼 힘들지만, 죽는 게 너무 무서워요. 차라리 사는 게 나을 것 같아서요. 한 번도 행복하다는 만족감을 느껴본 적이 없어서, 한 번이라도 행복을 누려보고 싶다는 생각이 들어서요. 이대로 죽는 건 제가 너무 불쌍해요."

"지금 여러분이 말한 이유들이, 내가 살아야 할 이유입니다. 죽을 수 없는 이유는, 바로 살아야 하는 이유입니다. '나를 죽이지 못한 것은 나를 더욱 강하게 만들 것이다.' 니체의 말을 꼭 기억하세요."

자살을 시도하는 사람들의 대부분은 죽고 싶은 게 아니라, 너무나 살고 싶은 사람들입니다. 현재의 고통이 너무 커서, 고통으로부터 벗어나고자, 고통이 나를 삼켜버릴까 봐 스스로 자신을 죽이는 역설적인 행동을 선택하고 싶은 것이지요.

자살 시도를 했다가 깨어난 사람들은 자살에 실패했다는 것을 알았을 때 대부분이 기뻐합니다. 시간이 지난 후 이렇게 얘기하는 사람이 많습니다.

"당시에는 해결할 수 없는 문제라고 생각했는데, 지나고 돌이켜 보니 해결할 수 있는 문제였으며, 의문에 대한 해답도 있었어요."

"자살 실패 후에 깨어났을 때 나는 살아야 할 이유가 있는 사람이구나, 하는 생각이 들었어요. 내가 살아서 나처럼 죽고 싶은 사람들을 상담하는 모습을 상상하게 되었어요. 너무 많이 눈물이 났어요."

이들에겐 나를 짓누르던 고통을 거리를 두고 바라보는 능력이 생긴 겁니다. 시련을 통해서 얻은 의미지요. 이것만으로도 자신이 겪은 고통을 의미 있게 만든 것입니다. 모임이 끝날 때 모두 '나와 같은 경험이 있는 사람들에게 힘이 되어주고 싶다'는 말을 합니다. 자신의 경험을 가치 있게 만들고 싶은 욕구는 누구에게나 있기 때문입니다.

우리, 소리 내어서 다음 문장들을 함께 읽어요.

- 삶과 죽음, 고통 받는 것과 죽어가는 것까지 폭넓게 감싸 안겠습니다.
- 자살을 막는 것은 인명 구조입니다. 이제 나를 살리고 타인도 살리겠습니다.
- 나의 미래에 대해서 기대하며 살겠습니다.
- 세상에 나를 대신할 존재는 나밖에 없습니다.
- 나를 죽이지 못한 것은 나를 더욱 강하게 만듭니다.
- 죽음에서 다시 태어나 생명의 의미를 깨닫고 나면, 죽어가는 것들을 살릴 수 있습니다.
- 끊임없이 나의 미래에 대해 기대하겠습니다.

#자살충동 #허무함 #두려움 #절망 #우울
#자해충동 #극복

저에게 상담을 요청하는 사람들은 연령이 다양합니다. 최연소 12세, 초고령은 83세입니다. 연령과 성별에 상관없이 가장 많은 고민의 키워드를 작성해보았어요. 최연소 학생인 12세 소녀의 고민은 이 다섯 개 모두에 해당해요. 아직 어린이인데, 이런 고통을 느끼는 아이들이 많습니다.

요즘 초, 중, 고 학생들 중에 자해를 하는 아이들이 꽤 있습니다. 삶이 허무하고, 나 자신이 보잘것없어서 밉고, 그래서 스스로 벌을 주었다는 아이도 있고, 내가 이렇게 힘들다는 것을 외부에 알리고 싶어서 자해를 선택한 아이도 있습니다. 대부분의 성인들은 허무함, 두려움, 절망, 우울을 호소하지요.

마지막 키워드에 '극복'이 들어간 이유는, 상담을 청하는 모든 이들이 '극복'하기를 간절히 원하고 있다는 것입니다. 지금부터 이 복합적인 문제들을 극복할 수 있는 방법들을 같이 찾아보겠습니다.

"내가 세상에서 한 가지 두려워하는 것이 있다면 그것은 내 고통이 가치 없이 되는 것이다."

도스토예프스키가 한 이 말은 우리 모두의 마음속에 있는 욕구를 가장 잘 표현한 것이라고 생각해요. 고통을 호소하는 모든 사람들의 공통점은 이 고통을 극복하고 싶고, 가치 있는 경험으로 승화하고 싶다는 거예요. 지금 당장은 먹구름에 가려서 그 방법을 찾지 못해 괴로운 겁니다.

 시련과 고통 없이 우리 삶은 완성될 수 없습니다. 시련은 우리
삶에서 빼놓을 수 없는 부분이지요. 나의 시련을 스스로 가치 있
게 만들 수 있어야 합니다. 그 힘은 스스로 기를 수 있어요. 나의
운명과 시련을 받아들이는 과정은, 내 삶에 깊이 있는 의미를 부
여하는 과정입니다. 시련을 견딤으로써 얻을 수 있는 가치는 나의
상상보다 큽니다. 인간이 지닌 내면의 힘은 운명을 초월해서 자신
의 존재를 스스로 높일 수 있습니다.

 절망으로부터 나를 지킵시다. 펜을 들어 작성해보세요.

 1단계 : 내가 겪고 있는 시련을 무엇인가요?

 (내 앞에 놓인 시련에 등 돌리지 말자. 시련 속에 내가 성취할 수 있는
기회가 숨어 있다.)

_____

_____

_____

_____

 2단계 : 내 삶의 의미는 무엇인가요?

_____

_____

_____

_____

3단계 : 의미를 창조하기 위해, 목표를 성취하기 위해, 나는 어떤 적극적 행동을 할 것인가요?

_____

_____

_____

_____

4단계 : 나를 도울 수 있는 것을 매일 생각해보세요.

(상미야, 너 필요한 게 뭐니? 내가 어떻게 도와줄까?)

_____

_____

_____

_____

절망에서 나를 건질 수 있는 가장 큰 힘을 가진 사람은, 바로 나 자신입니다.

고통스러운 감정이 밀려올 때는?

피하지 말고 명확하게 바라봅시다. 스피노자는『윤리학』에서 이렇게 말합니다.

"고통스러운 감정은 우리가 그것을 명확하고 확실하게 묘사하는 바로 그 순간에 고통이기를 멈춘다."

고통과 분노의 감정을 거부하지 말고 당연히 일어나는 감정이라고 인정하세요. 무의식에서 일어나는 '분노'의 감정을 가만히 바라보세요. '무의식'의 감정을 '의식'의 영역으로 가만히 끌어와서 침착하게 대화를 한 번 해보세요.

우선 종이에 적어보세요. 나의 솔직한 감정을 객관적으로 바라볼 수 있게 됩니다. 글씨로 적힌 내 감정을, 제3자의 눈으로 바라볼 수 있게 되는 것이죠.

1단계 : 지금 내 감정을 단어로 표현하기.

_____

_____

_____

_____

2단계 : 이 감정이 왜 생겼을까요?

3단계 : 이 감정을 해소하기 위해 나는 무엇을 하고 싶은가요?

4단계 : 그 결과로 인해 내가 얻는 것은 무엇인가요?

5단계 : 그 결과로 인해 내가 잃는 것은 무엇인가요?

_____

_____

_____

6단계 : 어떻게 행동하는 게 나를 위해서 가치 있을까요?

_____

_____

_____

_____

　감정을 객관화해서 바라볼 때, 스스로 답을 찾을 수 있는 경우가 많습니다. 특히 분노하는 마음은 행동으로 옮겼을 때, 내가 얻는 것보다 잃는 것이 훨씬 많지요. 나를 위해서, 분노를 행동으로 옮기는 것을 멈출 수 있고, 분노의 감정도 서서히 잠재울 수 있습니다. 나를 위해서 더 가치 있는 행동을 선택할 수 있게 됩니다.

　가혹한 정신적 육체적 스트레스를 받는 환경에서도 더 나은 태도를 결정하고 선택할 수 있는 자유를 누릴 수 있습니다. 어떤 경우에도 정신적 자유는 지킬 수 있습니다. 나를 위해서 더 가치 있는 행동을 선택하는 것은 정신적 자유를 누리는 것입니다.

강제 수용소 안에서도 다른 사람들을 위로하거나 남은 빵을 나누어주는 사람이 있었습니다.

고통은 인간에게 많은 것을 빼앗아갈 수 있어도 단 한 가지, 마지막 남은 인간의 자유, 주어진 환경에서 자신의 태도를 결정하고 자기 자신의 길을 선택할 수 있는 자유만큼은 빼앗아갈 수 없습니다. 선택의 문제입니다.

존엄성을 포기하고 환경의 노리개가 될 것인가? 나 자신에게 묻고 답해야 합니다. 척박한 환경에 있는 사람도 정신적으로나 영적으로 어떤 사람이 될 것인가, 선택할 수 있습니다. 강제 수용소 안에서도 인간으로서의 존엄성을 지킨 사람은 많았습니다. 수용소에서도 남을 위해 희생하는 사람들이 있다는 게, 그 증거입니다.

적극적인 삶을 살고 싶다면? 나에게 창조적인 일을 통해 가치를 실현할 기회를 주어야 합니다.

의미를 찾으려는 인간의 노력은 긴장을 불러일으킵니다. 사람은 어느 정도 긴장 상태에 있을 때 정신적으로 더 건강합니다. 인간 내면에 잠재되어 있는 의미를 찾을 수 있도록 도전장을 던지는 일 — 이것이 정신의 역동성입니다.

'한 것도 없는데, 또 하루가 지나갔어!' 허무한 감정이 나를 지배한다면, 이 세 가지를 시작해 보세요.

첫째, 감사일기와 칭찬일기를 쓰세요.

감사일기는 나의 일상에 감사하는 긍정 마인드를 길러서 부정적인 사건이 일어날 때마다 우리의 마음을 긍정적으로 전환하는 창조적인 능력을 발휘하는 힘을 길러줍니다.

칭찬일기는 나의 자존감을 높이고, 나 자신을 있는 그대로 사랑할 수 있게 해줍니다. 하루하루 나의 삶을 의미 있게 기록하는 것은 중요합니다. 삶을 의미 있게 사는 사람들은 자신의 역사를 기록하는 사람들입니다. 훗날 자신이 기록한 것들을 보면서 보람을 느끼고, 새로운 의미를 찾을 수도 있습니다.

국가 행사 총감독을 많이 맡았던 표재순 감독은 저에게 이런 말을 했어요. 자신의 성공 비결은 매일 '실패의 기록'을 남겼기 때문이라는 겁니다. 실패의 기록이 다음에 일어날 실패를 막을 수 있었던 거죠. 후배들에게 물려줄 유산도 성공의 기록보다 실패의 기록이란 걸 평생에 걸쳐서 알게 되었다는 거였어요.

둘째, 봉사활동을 시작하세요.

우울증을 호소하는 사람들에게 저는 봉사활동을 권합니다. 봉사활동을 시작하면 급속도로 좋아져요. 자신을 쓸모없는 인간으로 인식하고, 자신의 삶이 무의미하다고 느끼는 것은 잘못된 의식에서 비롯된 것이에요. 우울한 시간을 의미 있는 일에 쓸 때 우울한 감정이 해소됩니다.

셋째, 미래에 대한 기대를 써보세요.

사람은 미래에 대한 기대가 있어야만 세상을 살아갈 수 있습니다. 가장 어려운 순간에 처했을 때, 우리를 구원해주는 것은 미래에 대한 기대입니다. 희망을 가지고 살아가는 정신력은 미래에 대한 구체적인 계획과 실천 계획을 세울 때 생깁니다. 실천하는 행동력이 미래를 창조합니다.

구제불능인 인간도 있지 않나요?

인간은 상황에 굴복하든지, 아니면 그것에 맞서 싸우든지 스스로 판단을 내릴 수 있는 존재입니다. 어떤 상황에 처해 있든지 극복하고 초월할 수 있는 능력을 가지고 있지요. 극한 상황에서도 의지에 따라 자유롭게 결정하고 행동할 수 있는 존재입니다.

최악의 상황에서도 자신이 옳다고 생각한 의미와 가치를 선택한 사람들의 예화를 떠올려봅시다. 유관순, 김구, 윤봉길과 같은 독립투사들, 죽음의 수용소에서 매일 죽음의 위협을 느끼면서도 희망을 잃지 않고 의미를 찾았던 사람들!

타고난 자질과 환경이라는 제한된 조건 안에서 인간이 어떤 사람이 될 것인가 하는 것은 전적으로 그의 판단에 달려 있습니다. 강제수용소에서 어떤 사람들이 성자처럼 행동할 때, 또다른 사람들은 개돼지처럼 행동합니다. 사람은 내면에 두 개의 잠재력을 모두 가지고 있는데, 그중 어떤 것을 선택할지는 전적으로 그 사람의 의지에 달려 있습니다.

아우슈비츠의 가스실을 만든 존재도 인간이고, 또한 인간은 의
연하게 가스실로 들어가면서 주기도문을 외울 수 있는 존재이기
도 합니다. 그러므로 의미치료는 그 누구도 '구제불능'의 인간이라
고 포기하지 않습니다.

아무리 노력해도 삶의 의미를 못찾겠어요

포기해선 안 됩니다. '모든 인간은 유일무이한 존재'이기 때문입
니다. 각자가 발견하는 삶의 의미 역시 '유일무이한 의미'이므로 가
치가 있습니다. 큰 가치들만이 의미 있는 것이 아닙니다. 사소한
것부터 하나하나 자신만의 의미를 발견하는 연습을 하는 것이 중
요합니다.

'무의미'도 의미를 찾아가는 과정이에요. 삶에 대한 의미를 상실
해서 허무감을 호소하는 사람들이 갈수록 많아지고 있어요. 무의
미, 허무, 무기력을 호소하는 것 역시 의미 있는 신호이거나 의미
를 찾아가는 새로운 계기가 될 수 있어요.

내 말을 집중하고 존중하며 들어주는 사람을 찾으세요. 없다면
이 책을 소리 내어 읽으세요. 책과 대화하는 것도 좋은 상담을 받
는 것과 같아요.

나이 드는 것이 두렵다면

나이 든다는 건, 슬퍼할 일이 아닙니다. 젊은 저는 연세 높으신 분들을 보면 부럽습니다. 젊은이들에 비해서 기회는 적은 게 사실이지만, 그 이상의 것을 가지고 있죠. 지나온 시간 속에서 성취한 많은 의미들, 특히 이겨낸 시련들을 통해서 얻은 의미들이 얼마나 많은가요? 그 무엇으로도 잘 견뎌온 시련의 가치를 살 수 없어요. 시련을 잘 이겨낸 어른들의 깨달음은 이야기나 글을 통해서, 젊은이들에게 큰 교훈을 주고, 때로는 지름길을 제시해줍니다. 젊은이들의 미래를 확장시키는 데 거름이 되지요.

어느 날 제가 이시형 박사님께 여쭈었어요.
"박사님. 지금까지 삶을 돌아볼 때 가장 후회되는 게 있다면 무엇인지요?"
"인생이 이렇게 길 줄 모르고, 젊을 때 너무 조급하게 살았던 게 후회돼요. 조금 여유 있게 살아도 돼요. 내가 70살에 쓴 책을 요즘 다시 읽어보면, 너무 철없을 때 쓴 것 같아 부끄럽더라고요. 여든이 넘어서야 비로소 보이는 것들이 많아요. 인생이 익어가는 걸 천천히 즐기며 살지 못했던 게 후회돼요."

내가 계획한 것들을 빨리 이루어야 한다는 생각에 늘 쫓기듯이 살았죠. 박사님의 이 한마디는 제 인생에 큰 전환점을 맞게 했어요. 나이 든다는 건 쇠락하는 게 아니라 천천히 익어가는 것! 어른답게 잘 익어가야겠다는 결심을 하게 되었죠. 지혜로운 어른을 통해서 발견한 '나이듦의 의미'였어요.

모든 것을 치유하는 강력한 힘은?

사랑은 모든 것을 치유한다.
사랑은 우리를 강하게 만든다.
사랑은 우리가 계속 나아가도록 만든다.

- 빅터 프랭클

사랑은 사랑하는 사람의 육신을 초월해서 더 먼 곳까지 간다고 프랭클은 말합니다. 사랑은 영적인 존재, 내적인 자아 안에서 더욱 깊은 의미를 갖게 됩니다. 뇌가 손상되는 상황에서도, 심장이 멈춘 상황에서도 인간의 영은 사라지지 않는다고 의미치료는 믿습니다. 사랑하는 사람이 실제로 존재하든 존재하지 않든, 아직 살았든 죽었든 그런 것은 하나도 중요하지 않습니다.

"나는 아내가 죽었는지 살았는지 몰랐다. 알 수 있는 방법도 없었다. 하지만 그 순간부터 그것은 더 이상 문제가 되지 않았다. 알아야 할 필요도 없었다. 이 세상 그 어느 것도 내 사랑의 굳건함, 내 생각, 사랑하는 사람의 영상을 방해할 수는 없었다. 사실 그때 아내가 죽었다는 것을 알았더라도 나는 전혀 개의치 않고 아내의 모습을 떠올리는 데 내 자신을 바쳤을 것이다. 나와 그녀가 나누는 정신적 대화 역시 아주 생생하고 만족스러웠을 것이다……. 나를 그대 가슴에 새겨주오. 사랑은 죽음만큼이나 강한 것이라오."

프랭클의 고백을 통해서 사랑이 가진 치유의 힘을 배우게 됩니다. 사랑은 절망 속에서도 세상을 아름답게 바라볼 수 있는 능력을 키워줍니다.

죽도록 피곤한 몸으로 막사 바닥에 앉아서 죽 몇 숟가락을 먹으면서도 노을을 바라볼 줄 아는 여유, 그리고 "세상이 이렇게 아름다울 수도 있다니!"라고 외칠 수 있게 만드는 힘도 모두 사랑의 치유력에서 나오는 것입니다. 절망적이고 의미 없는 세계를 뛰어넘는 힘은 '사랑' 그 자체에 있습니다.

악한 사람은 안 변하죠?

오비디우스의 『변신 이야기』의 핵심 주제는 사람은 잘 변하지 않는다는 것입니다. 정말 사람의 타고난 성질은 변하기 힘든 것일까요? 진화심리학자들은 유전자와 후천적 경험이 5:5 정도의 비율로 작용한다고 말합니다. 하지만 모든 사람은 얼마든지 좋게 변할 수 있는 가능성을 가지고 있습니다.

변하겠다는 자신의 의지와 주변 사람들의 믿음과 응원이 만났을 때, 타고난 유전적 성질을 극복하고 변화할 수 있습니다. 후천적 경험의 질이 높을수록 사람은 지금보다 나은 모습으로 변화해 나갈 수 있는 것이지요.

재소자들의 인성교육을 오래 하다 보니, 일반인들에게 많이 받는 질문이 있습니다. '악한 사람은 정말 안 변하죠?'입니다. 그러면 제 대답은 '아니요'입니다. 교도소 수업이 끝나면, 곧 퇴소하시는 분들이 나와서 인사를 합니다. 그럴 때면 울컥 눈물이 납니다.

"저, 내일 퇴소합니다. 많이 배웠습니다. 감사한 마음 갚을 길이 없네요……."

"아니요. 제가 조금이라도 도움이 된 것이 있다면 저를 위해 기도 해주세요. 저를 위해 기도해주시면 더욱 잘 살 수 있을 것 같아요!"

남을 위해 기도하는 사람은 또다시 남을 해치는 일을 하지 않을 거라 믿기에, 저를 위해 기도해 달라는 부탁을 꼭 합니다. 그러면 상대의 표정에는 '나의 도움을 원하는 사람도 있구나. 나도 누군 가를 위해서 해줄 것이 있는 사람이구나' 하는 자존감이 가득 퍼집 니다. 퇴소 후에 다시 범죄를 저지르고 또 수감되는 사람들도 있 지만, 예전과는 다르게 바른 삶을 사는 사람들도 많습니다. 교도 소 안에서 과거를 반성하고 종교를 접하면서 새로운 사람으로 태 어나는 분들을 저는 자주 만납니다.

가족이 한 명도 없어서 영치금도 없었고, 퇴소하는 날도 쓸쓸하 게 혼자 교도소 문을 나서는 사람들을 볼 때는 마음이 무겁습니 다. '저 사람이 처한 상황이, 어쩔 수 없이 다시 범죄의 길에 들어설 수밖에 없는 상황을 만들어내지는 않을까' 하는 생각이 들기 때문입니다. 하지만 교도소 건물을 바라보며 큰절을 올리고 씩씩하게 세상을 향해 걸어 나가는 사람들을 볼 때면 불안이 사라지고 그의 미래를 기대하게 됩니다.

퇴소 후에 힘들게 번 돈을 들고 와 "나처럼 가족이 없는 재소자들의 영치금으로 넣어 달라."고 하는 사람도 있고, 재소자를 위해 자원봉사를 하겠다고 찾아오는 퇴소자도 있습니다. 변화된 그들은 '빚을 갚는다'는 심정으로 다시 찾아왔노라 말합니다. 봉사활동을 하면서 타인에게 도움을 주는 삶을 선택함으로써 의미있는 삶을 살아가는 출소자들도 있습니다.

우리는 누구나 잠재되어 있는 삶의 의미를 실현할 수 있습니다. 자기 자신만의 것이 아닌 더 높고 넓은 곳을 지향할 때 범죄자도 성인처럼 변할 수 있어요. 타인을 위해 봉사하고 사랑을 나누는 실천을 하는 것은, 나 개인을 넘어서 타인과 더불어서 의미를 창조하는 것입니다. 봉사와 나눔은 진정한 자아실현이자 자기 초월입니다.

교도소 안에서도 남을 위해 봉사하는 사람들이 있습니다. 그들의 변화 속도는 놀라워요. 입소할 때와 출소할 때 전혀 다른 사람처럼 인상이 선하게 바뀌어 있는 사람도 저는 여러 명 보았습니다.

재소자들이 가장 좋아하는 말은 '그랬구나'입니다. 누구도 귀기울여주지 않았던 각자의 사연을 잘 들어주고, 공감해줄 때 사람은 변합니다. 사람 안 변한다는 고정관념을 버리고 그들을 대할 때 변화가 시작됩니다. 재소자뿐 아니라 모든 사람의 마음은 다

같습니다.

어릴수록 변화 가능성은 큽니다. 하와이 군도 북서쪽에 〈쥐라기 공원〉의 촬영지로도 유명한 카우아이 섬이 있어요. 폭포가 정말 아름다운 환상적인 섬이지요. 한때는 이곳이 '지옥의 섬'이었다고 합니다. 다수의 주민이 범죄자, 알코올 중독자, 정신질환자였고, 청소년들은 그런 어른들을 보고 배우며 똑같이 자라고 있었지요.

이곳에서 1954년부터 학자들이 '카우아이 종단연구'를 시작했어요. 카우아이 섬에서 태어난 신생아 833명이 30세 성인이 될 때까지 성장과정을 추적하는 엄청난 프로젝트였습니다. 그들의 가설은 이렇습니다. '열악한 환경에서 태어나고 자란 아이들은 비행 청소년, 범죄자, 중독자의 삶을 살 가능성이 클 것이다.' 우리의 통념과 다르지 않았어요. 심리학자 에미 워너라는 사람은 833명 중에 극단적으로 열악한 환경에서 크고 있는 고위험군의 청소년 201명에게 집중해서 그들의 성장과정을 추적합니다. 그런데 놀라운 사실을 발견해요. 그중 72명의 청소년들은 활기차게 자기가 원하는 것을 성취해가며 바르게 잘 자라고 있더라는 것입니다. 그들이 잘 자랄 수 있던 비결은 무엇이었을까요?

그 아이들 곁에는 무조건 믿어주고 공감해주고 응원해주는 어른이 최소 한 명은 있었다는 거예요. 내가 만난 재소자들의 대부분은 그런 어른이 한 명도 없던 사람들입니다. '나를 믿어주고 공감해주고 응원해주는 한 사람의 힘'은 어떤 환경에서도 반듯하게 잘 살아갈 수 있는 비결이자 사람을 변화시키는 놀라운 힘입니다. 나의 '한 사람'은 누구입니까? 나는 누군가에게 그런 '한 사람' 인가요?

재소자 교육에 가장 효과적인 치료법

의미치료는 재소자 교육에 반드시 필요합니다. 자신의 삶이 가치 있고 의미 있다는 것을 발견한 사람은 다시 재범의 길에 들어서지 않습니다. 타인에게 해악을 끼칠 수도 없고요. 재소자들은 언젠가 사회로 우리 곁으로 돌아올 사람들입니다. 나와 내 가족의 안전을 위해서 그들을 교화하고 상담하는 교육은 반드시 필요합니다. 우리는 '죄'에 대해서 깊은 생각을 해보아야 합니다.

교도소에 있는 재소자들은 사회의 악이므로 격리해야 하고 벌받아야 할 사람들로만 치부해서는 안 됩니다. 범죄자도 자유의지와 책임을 지닌 생명이에요. 죄를 저지르는 자유를 선택했지만, 자신을 더 나은 인간, 도덕적 인간으로 변화시키겠다는 책임을 가진 생명이라고 생각할 때, 그들을 죄에서 분리해서 존중받아야 할 인격체로 바라볼 수 있습니다.

교도소에 들어온 재소자들은 더 이상 자신이 지은 죄를 회피하거나 변명하는 데 힘을 빼지 않습니다. 재판이 진행 중인 미결수들은 모두 억울하다고 항변하지만, 판결이 끝나고 실형을 사는 기결수들은 오히려 자기가 한 행동을 책임지기를 원합니다.

저는 재소자 교육을 할 때 이 말로 시작합니다. 재소자들의 마음 문을 여는데 꼭 필요한 마음가짐과 말이기도 합니다.

"여러분도 죄인이고 저도 죄인입니다. 여러분은 법이 금하는 죄를 저질렀고 저는 들키지 않는 죄를 저질렀습니다. 죄를 짓는 것은 여러분의 선택이었습니다. 죄를 짓는 것은 여러분의 자유입니다. 하지만 더 나은 인간이 되기 위해 노력하는 것을 선택하는 것도 여러분의 자유입니다. 죄를 털고 일어나 자기 자신을 초월해서 성장하고 보다 더 나은 사람이 됨으로써 죄를 극복해야 할 책임이 여러분에게 있습니다. 당신의 존재, 당신의 인생에는 대단한 의미가 있습니다. 어떠한 절망에도 희망은 있습니다."

쉬어가는
페이지 1

자기를 초월한 사람들

소 신부님 이야기

"기도를 하다가도 아이들이 찾으면 기도를 멈추고 아이에게 가세요. 그 아이 안에 살아 있는 예수님을 보세요."

'소 신부님'으로 잘 알려진 소 알로이시오(1930~1992, 본명 Aloysius Schwartz, 미국 워싱턴 출생). 그가 함께 일하는 수녀님들께 항상 했던 말입니다. 1957년 6월, 사제 서품을 받은 27살 청년은 그해 12월 당시 세계에서 가장 가난한 나라, 그중에서도 가난한 사람들이 많았던 부산 송도로 자원해서 옵니다.

물질적 풍요가 넘치는 메리놀 신학대학에서 신학 공부를 하는 동안 그의 마음은 늘 불편했다고 고백합니다. 검소한 생활을 몸에 익히는 루뱅대 신학대로 옮겨 공부를 마친 후, 전쟁의 잿더미에서 굶주리는 아이들이 기다리는 한국을 선교지로 택하고 달려온 것이었습니다. 알로이시오 신부님이 전하는 복음은 단 한 가지였습니다.

"가장 보잘것없는 사람 한 명에게 해준 것이 곧 그리스도에게 해준 것입니다."

알로이시오 신부님의 저서 『가장 가난한 아이들의 신부님』은 인간으로서의 욕망을 모두 내려놓고 가난한 아이들의 아버지인 그가 루게릭병으로 투병하다가 1992년에 선종하실 때까지의 이야기입니다. 아버지 장례를 치르기 위해 피를 파는 어린 여자아이, 넝마주이가 된 고아들을 보며 알로이시오 신부님은 미국 워싱턴에 '한국자선회'라는 모금단체를 만들고 후원자들을 모았습니다. 매일 미국의 후원자들에게 편지를 쓰고, 동네 주부들이 부업으로 만든 수놓은 손수건을 편지 봉투에 넣어 보냈지요. 후원금은 1달러가 대부분이었고, 5달러 이상 거금을 보내오는 후원자도 있었습니다. 피란민 판자촌이 즐비하던 송도 성당 주임을 자원한 그는 '마리아 수녀회'를 창립하고 거리에 버려진 아이들을 거두기 시작했어요.

"가장 가난한 아이들에게 최고의 교육을 해야 합니다."

알로이시오 신부님은 '소년의 집'을 세웁니다. 공사 현장의 인부들이 "왜 비싼 자재만 쓰냐."고 물으면 "가장 가난한 사람들이기 때문에 최상의 대우를 받을 자격이 있다."고 답했어요. 이렇게 아이들을 위한 기숙사와 학교가 세워졌습니다. 그는 아이들과 함께 달리기를 하고 축구 시합을 했어요. 가난한 아이들의 아버지가 되어주고, 기를 살려주기 위해서였습니다.

"내 희망은 보통 가정의 아버지와 같습니다. 아버지들의 소망은 자식이 건강하고 교육 잘 받고 취직해서 잘 사는 것 아니겠어요?"

악착같이 돈을 모아서 구호병원과 도티 기념병원을 세웠지만, 정작 자신은 지독한 가난을 견디며 살았습니다. 사제복 한 벌로 평생 살았고, 구두는 수시로 꿰매서 고무바닥이 비닐처럼 닳을 때까지 신었습니다. 부산과 서울, 필리핀, 멕시코에도 '소년의 집'과 '무료병원'을 세웠고, 잘 먹이고, 정성껏 가르치고, 사랑으로 키우는 일을 평생 동안 지속했습니다.

알로이시오 신부님의 영향으로 사제가 되어 아프리카 수단에서 선교활동을 했던 이태석 신부님은 자신의 저서 『친구가 되어 주실래요?』에서 이렇게 추억합니다.

"나에게 영향을 끼친 내 주위 사람들의 아름다운 삶의 향기들…… 어릴 적 집 근처에 있었던 '소년의 집'에서 가난한 고아들을 보살피고 몸과 마음을 씻겨주던 소 신부님과 그곳 수녀님들의 헌신적인 삶의 모습도, 내 마음을 움직이게 한 아름다운 향기였다."

알로이시오 신부님이 한국에 뿌린 사랑의 씨앗은 이미 많은 꽃을 피우고 열매를 맺었습니다. 소년의 집에서 신부님과 함께 축구를 하던 소년 김병지는 국가대표 축구팀의 골키퍼가 되어서 2002년 월드컵에서 4강 진출 신화를 이루었고, '소년의 집 오케스트라' 단원들은 카네기홀 무대에 서서 공연을 하고 기립 박수를 받기도 했지요. '소년의 집' 졸업생은 2만 명이 넘었고, 그들이 받은 사랑의 결실을 사회에 어떤 형태로 꽃피울지, 오래도록 지켜보고 싶습니다.

8개국, 120여 명의 입을 통해 전해지는 알로이시오 신부님의 이야기는 영화 〈오! 마이 파파〉가 되어 우리 곁에 다시 왔습니다. 그가 베푼 '사랑의 나비효과'를 상상하는 것만으로도 가슴이 뜁니다. 받은 사랑의 나비효과는 지구를 돌고 돌아, 앞으로도 계속 사랑의 씨앗을 뿌릴 것이니까요.

이태석 신부님 이야기

알로이시오 신부님이 평생을 보낸 부산 송도 성당은 후에 아프리카 수단에 병원과 학교를 설립하여 원주민을 위해 헌신한 이태석 신부님이 다녔던 성당입니다. 이태석 신부님은 이곳에서 오르간을 처음 보았고, 연주하는 법도 배웠습니다. 이 신부님의 어머니는 알로이시오 신부님의 '자수 사업'에서 손수건 수놓는 부업으로 생활비를 보탰다고 합니다. 부산 송도에 사는 가난한 사람들보다 더 가난한 삶을 스스로 택하고 가난한 이들과 살을 부비며 가족처럼 살았던 알로이시오 신부님의 손길을 체험하며 자란 소년 이태석은 그가 걸은 길을 따라 걷는 사제가 됩니다.

이태석 신부님은 1962년 9월 19일 부산에서 출생했습니다. 1987년 인제대학교 의과대를 졸업했을 때, 가난한 집안에 의사가 탄생한 줄 알고 모두가 기뻐했으나, 그는 의사의 길이 아닌 가톨릭대학교 신학대학에 입학합니다. 신부가 되는 것을 어머니가 눈물로 말렸지만, 마음은 그를 사제의 길로 이끌었습니다. 사제서품을 받자마자 11월, 아프리카에서도 가장 오지로 불리는 수단의 남부 톤즈, 오랜 내전으로 폐허가 된 지역으로 떠납니다. 도착한 그곳은 송도와는 비교도 되지 않는 죽음의 땅이었습니다. 말라리아와 콜레라로 죽어가는 주민들과 나병환자들을 치료하기 위해 오지마을을 찾아다니고, 흙담과 짚풀로 지붕을 엮어 병원을 세웁니다. 곳곳에 우물을 파서 식수난을 해결하고, 농경지를 일구었습니다. 신발을 단 한 번도 신어보지 못한, 발가락이 다 떨어져나간 한센병 환자들의 발에 세상에 단 하나밖에 없는 신발을 지어서 신겨주었습니다.

그는 하루도 쉬지 않았어요. 성당보다 학교를 먼저 지었고요. 신께서도 이곳엔 성당보다 병원과 학교를 먼저 세웠을 것이리라 생각했습니다. 아이들을 가르치고, 전쟁으로 상처받은 아이들의 손에 총 대신 악기를 쥐여줍니다. 악기를 손에 든 아이들의 얼굴에 웃음과 평화가 꽃핍니다. 브라스밴드(Brass Band)의 탄생은 수단을 놀라게 했고, 정부 행사에도 초청되었습니다. 소 신부님께 받은 사랑은 소년을 같은 길을 걷게 했습니다. 미국인 사제로부터 사랑의 씨앗을 받은 한국인 사제는 아프리카 수단으로 가서 씨 뿌리고, 꽃을 피우고 열매를 맺은 것입니다.

하지만 자신의 건강은 돌보지 못한 이태석 신부님은 2008년, 대장암 4기 진단을 받고 서울 신길동 살레시오 수도원에 머물며 투병생활을 시작합니다. 수도원은 가장 편안한 곳이었습니다. 극심한 고통에 시달리다가도 조금만 안정을 되찾으면, "아이들에게

가고 싶다."는 말만 하던 신부님은 2010년 1월 14일 새벽, 48세를 일기로 영면하셨습니다.

'Everything is Good.'

그의 유언은 짧았습니다. 가장 낮고 가난한 사람들을 섬기며 재능과 시간을 고스란히 쓰고 간 사람. 고통을 이겨내고 삶의 품격을 회복시킨 사람. 진정한 자아실현, 자기 초월이 무엇인지 보여준 삶이었습니다.

이태석 신부님의 뒤를 잇는 두 사람 이야기

소 신부님에게서 이태석 신부님으로 이어진 사랑의 나비효과는 톤즈에서 온 두 청년에게 이어집니다. 2009년, 투병중인 이태석 신부님을 따라 한국에 온 제자 타마스 타반 아콧과 마엔 루벤. 이 신부님이 다 하지 못한 '아프리카의 생명을 살리는 일'을 이어서 하기 위해 2012년 인제대 의과대학에 입학했던 그들은 의사국가고시에 합격했고, 인턴과 레지던트 과정이 끝나면 남수단으로 돌아갈 예정입니다.

남수단에 의료기술을 전파하고 의과대학도 세워 후배 의사들을 양성하는 게 두 사람의 목표입니다. 루벤은 말합니다.

"이태석 신부님을 따라가지는 못해도 남수단에서 아콧과 함께 내전으로 고통받는 사람들을 돕고 싶습니다. 나중에는 의과대학을 세워 후배를 양성하는 데 일생을 바치고 싶어요."

의미치료에서는 자기 자신만의 행복이 아닌 더 높고 넓은 곳을 지향할 것을 권합니다. 타인을 위해 봉사하고 사랑을 나누는 실천을 하는 것은, 나 개인을 넘어서 타인과 더불어서 의미를 창조하는 것이지요. 봉사와 나눔은 진정한 자아실현이자 자기 초월입니다. 죽음을 눈앞에 둔 상황에서도 타인을 배려하는 태도, 자기가 괴로워도 모범적이고 고결한 행위를 실천한다는 것은 매우 어려운 일입니다.

이 모든 것을 해낸 이태석 신부님. 이 아름다운 삶을 꽃피우는 데 거름이 되어주셨던 소 신부님. 두 분은 돌아가셨지만, 그가 이루지 못한 꿈은 두 제자를 통해서 아프리카 척박한 땅에 사랑의 씨앗을 오래도록 뿌릴 것입니다. 타마스 타반 아콧과 마엔 루벤을 통해서 사랑의 나비효과는 계속 퍼져 나갈 것이라고 믿습니다.

아름다운 죽음 '청년 전태일'

서울 청계천에서 미싱을 돌리던 청년이 있었습니다. 22살 전태일. 그는 '열사'로 불립니다. 전태일 열사는 17살에 청계천 미싱 보조로 노동자의 삶을 시작했습니다. 하루 14시간 이상 일을 했지만, 저축은커녕 가난에 허덕이는 게 노동자의 삶이라는 걸 알게 되었습니다. 노동자의 피와 땀을 먹고 부자가 되는 건 자본가들이었습니다. 자신보다 어린 여공들이 햇빛조차 보지 못하는 다락방 공장에서 억지로 잠을 쫓는 각성제 주사를 맞아가며 일해도 모두가 가난에서 한 발자국도 벗어나지 못한다는 걸 알게 되었습니다. 그는 분노했습니다. "내가 일한 몫을 일부만이라도 제대로 돌려 달라."고 외쳤던 청년 전태일. 그는 1970년 11월 13일, 서울 청계천 평화시장 앞에서 "근로기준법을 준수하라, 우리는 기계가 아니다."를 외치며 분신했습니다.

그의 죽음은 경제발전만 외치며 질주하던 한국 사회에 큰 충격을 던졌습니다. 전태일의 분신을 계기로 우리나라 노동운동이 조직적으로 시작되었습니다. 깨어 있는 지식층이 연대하여, 독재 정권에 저항하고, 민주주의를 수호하며, 사회구조 전반에 평등과 민주주의를 외치는 바람이 불기 시작했습니다. 22살, 청년 전태일의 희생이 나비효과를 불러일으킨 것이었습니다.

시련은 인간에게 정신적으로 자기 자신을 초월할 수 있는 기회를 줍니다. 극소수의 사람만이 위대한 영적인 고지에 오릅니다. 죽음을 통해서도 정신적인 승리를 성취할 수 있습니다. 청년 전태일은 의미치료에서 말하는 '자기 초월'을 보여준 사람입니다.

나의 이야기 쓰기

우리 마음에는 '순수한 밝은 빛', 즉 '삶의 목적'과 '고귀한 의미'가 있습니다. 고통과 불행밖에 없어 보이는 인생에도 반드시 숨어 있는 행복이 있고, 고통의 의미를 발견함으로써 우리는 더 큰 성장을 할 수 있습니다.

내가 찾은 삶의 의미를 글로 쓸 때, 추상적인 것들이 구체화되고, 의미치료가 시작됩니다. 시련 속에서 의미를 찾음으로써 고통을 이겨낼 수 있는 잠재력을 우리는 내면에 가지고 있습니다.

지금, 펜을 들고, '내면의 밝은 빛'을 만나보세요.

···▸ 내 인생에 주어진 '초의미'를 찾았나요?

책임감을 가지고 사명을 완수해야 합니다.

내가 살면서 '반드시 실행해야 할 사명'은 무엇인지 고민하고 글로 써
봅시다.

내 앞에 놓인 과제를 수행해 나가기 위해 책임을 지는 것! 의미치료의 행동강령입니다. 과거의 실수를 바로잡고 더 나은 인간으로 나아가는 삶을 살아야 합니다.

···› 지난날, 내가 행한 삶의 실수들

···› 실수를 바로잡고, 더 나은 삶을 살기 위한 나의 맹세

⋯▸ 내가 힘들 때 가장 위로가 되었던 말을 기억해서 써봅시다.

⋯▸ 그 말을 해 준 사람은 누구였나요?

⋯▸ 나는 그 사람에게 의미있는 말을 해 준 적이 있나요?

···▸ '나를 죽이지 못한 것은 나를 더욱 강하게 만들 것이다'

과거의 고통이 미래의 거름이 됩니다. 당시에는 너무나 힘든 고통이었는데, 지나고 보니 나를 성장시킨 거름이 된 경험이 있나요?

···› 나는 창조가치를 실현하기 위해서, 무엇을 하고 있나요? 무엇을 하고
싶은가요?(일, 교육, 예술활동, 봉사활동 등)

···› 나를 진정으로 필요로 하는 사람은 누구인가요?

···› 그 누군가를 위해 나는 무엇을 할 수 있나요?

···➤ 긍정적 마인드를 갖기 위해서 어떤 노력을 하고 있나요?

···➤ 우울과 무기력에 빠져 있는 가족이 있다면, 내가 어떤 도움을 줄 수 있
을까요?

···▸ 불안, 공포, 강박을 느낄 때가 있나요? 어떨 때 그 감정을 느끼나요?

···▸ 의미치료를 공부하면서, 나의 불안, 공포, 강박을 극복하기 위해 어떤 시도를 해보았나요?

···▸ 효과가 있었나요?

···▸ 내 삶을 통해서 발견한 '나이듦의 의미'에 대해 써봅시다. 나는 어떻게 나이들고 싶은지, 닮고 싶은 어른이 있다면 누구인지 써봅시다.

의미치료
- 상담실 문을 열어볼까요?

내가 미워요

학력과 재력, 나이에 상관없이, 제가 보기에 참 많은 것을 가진 사람들도 자신에 대한 미움 때문에 힘들어하는 경우가 참 많아요. 내가 나를 사랑하지 못하면 아무도 사랑할 수 없지요. 저도 청소년기부터 20대까지 쓴 일기장을 들추어보면 가장 많이 나오는 문구가 '나는 나를 용서할 수 없다'였어요. 나 자신이 미운데, 어떻게 타인이 사랑스럽겠어요? 주변 사람들에게 자주 섭섭하고, 섭섭한 마음이 커지면 밉고, 차라리 혼자가 낫겠구나 생각하면서도 늘 외롭다고 한탄했고요.

성경을 비롯한 여러 종교의 성서에도 '너 자신을 사랑하는 것처럼 이웃을 사랑하라.'고 쓰여 있습니다. 내가 나를 먼저 사랑하는 것만이 내 가족과 타인을 사랑할 수 있는 시작이라는 것이지요.

신을 사랑하는 것도 나 자신을 사랑하는 마음 없이는 불가능하지 않던가요? 모든 관계의 시작은 내가 나를 아끼고 사랑하고 존중하는 나와 나의 관계입니다. 있는 그대로의 나를 사랑하고, 내 삶을 사랑하려면 내 인생이 의미 있다는 걸 발견해야 가능합니다.

상대방이 나를 무시할 때, 날카로운 말로 내 심장을 찌를 때, 조롱할 때, 매번 상처받고 피 흘리고 '나는 왜 이런 말을 들어야 하나? 나는 이런 대접을 받아도 되는 인간인가?' 상처 입고 '내가 못나서 그런 거야.' 자책하는 사람이 많습니다. 하지만 어떤 경우에도 나를 보살피고 지키고 아껴줄 수 있는 사람은 나 자신밖에 없습니다. 우리는 내 마음을 지킬 수 있습니다. 건강한 자기애를 가지도록 항상 깨어서 노력해야 합니다.

자기애와 이기심은 달라요. 나 자신을 사랑하고 아끼는 걸 '이기적'이라고 오해하는 사람들이 있어요. 한국 사회는 어릴 때부터 타인을 배려하고 양보해야 하고, 가능한 나를 낮추어야 한다고 과한 교육을 많이 받아왔어요. 상대에게 예의를 지키는 것과 나를 보살피는 '자기애'를 가지는 것은 구별해야 합니다.

건강한 자기애를 가진 사람은 자기를 돌보고, 자신의 마음을 잘 지키면서, 진심으로 자신의 몸과 마음을 사랑하고 존중할 줄 압니다. 그 마음으로 타인도 돌보고 타인의 마음도 배려하면서 사랑하고 존중할 수 있는 마음 그릇을 가지게 됩니다. 자기 존중감이 타인 존중감의 토대가 되는 거지요. 서로가 존중과 배려와 사랑으로 소통하면서 함께 성장할 수 있는 것이고요. 건강한 자기애를 가지고 자아 존중감을 갖는 것, 내 인생의 가치와 의미를 발견할 때 가능해져요.

나는 있는 그대로 의미 있고 소중합니다. 나는 지금 당장이라도 누군가에 도움을 줄 수 있는 사람이지 않습니까?

제 지인의 자녀 중에 명문대를 나오고 학점도 아주 좋았으나, 7급 공무원 시험에 거듭 낙방한 후 포기하고 기업 입사에 여러 번 도전했지만 거듭 낙방하고…… 2년째 집에만 칩거하면서 '못난 자신'을 용서할 수 없어서 세상과 단절하고 지내는 청년이 있어요. 가족에게는 화만 내서 그 집은 매일 서로 비난하고 싸우면서 고통 속에 있었지요. 제가 청년을 상담하게 됐을 때, 물었어요.

"정훈 씨, 생명이 있는 모든 사람에겐 충족시켜야 할 의미, 실현해야 할 사명이 반드시 주어져 있어요. 나에게 발견되어 실현되길 기다리고 있는 '의미'가 있답니다. 우리의 인생에서 일어나는 모든 사건들, 슬거운 일뿐민 이니라 괴로운 일들도 의미 있는 일이에요."

"저에겐 없어요. 공부하는 재주가 있었지만, 죽도록 노력해도 실패만 했죠. 대학 다닐 때까지는 부모님의 자랑이었지만, 졸업한 후부터 가족들에겐 실망의 고통만 주었어요. 아버지는 저 때문에 고혈압을 얻으셨죠. 성적 좋다고 늘 자신감에 차 있었던 거, 좋은 대학 갔다고 기뻐했던 거, 다 부질없어요. 공부를 잘했던 게 오히려 불행의 시작이었어요."

"무려 대학 졸업 때까지 부모님께 기쁨을 드렸네요. 효도 많이 했네요. 저는 학창시절에 공부를 못해서 부모님께 그런 기쁨을 못

드렸어요. 아버지가 일찍 돌아가셔서, 저 잘 살고 있는 것도 못 보여드렸어요. 정훈 씨는 아직 어리고 부모님도 건강하시니까, 잘 되는 거 보여드릴 기회가 아직 무한하네요!"

"제가 잘 되면 좋겠지만, 그럴 능력이 없잖아요. 공부 잘한 거, 아무 소용이 없더라니까요."

"정훈 씨가 공부도 못했다면, 어땠을까요?"

"어려서부터 나는 쓸모없는 인간이란 걸 빨리 깨달았겠죠. 더 괴로웠겠죠."

"아, 그럼 공부를 잘했기 때문에 덜 괴로웠던 거네요!"

"그래도 지금 너무 괴로워요. 저는 세상에 쓸모없이 살잖아요. 국가도 기업도 제가 필요 없다잖아요. 매일 화가 나요. 웃는 사람을 봐도 화가 나고, 나 자신에게는 더 화가 나고…… 위로해주는 말들이 더 짜증이 나고요. 아무도 만나기 싫어요."

"대한민국에서 입시에 여러 번 실패하고, 입사 시험에 거듭 실패한 많은 청년들이 정훈 씨 얘길 들으면 정말 공감할 거예요. 저는 무려 고등학교 연합고사에서 낮은 점수를 받고 인문계 고등학교 시험에 낙방해서 재수를 했어요. 얼마나 창피하고, 제가 쓸모없게 느껴지던지……. '네가 얼마나 괴로울지 이해 돼.' 이따위 말 하는 사람들을 만나면 죽여버리고 싶었어요. 위로 함부로 하지 말라고, 당신이 내 고통을 어떻게 이해하느냐고, 따지고 싶었어요. 그 후로 시험에 낙방한 사람들 만나면 참 공감돼요."

"세상에…… 고등학교 시험 떨어진 사람도 있어요?"

"여기 있잖아요. 그때는 죽고 싶었어요. 고작 16살짜리 여자애를 성적 낮다고, 대학 못 간다고, 인문계 고등학교는 안 받아주더라고요. 너무 슬프고 쪽팔렸어."

"그럼 정말 공부를 못했던 거네요? 그런데 지금 어떻게 이 자리까지 오셨어요? 고등학교 재수한 박사, 교수는 없을 것 같은데요? 아…… 죄송해요. 제 말이 기분 나쁘셨다면요. 제가 말을 재수 없게 했네요. 대단하다는 생각이 들어서 하는 말이에요."

"그렇게 말해주니까 정말 기분이 좋네요. 오늘 기분이 저도 처져 있었는데, 제 인생에서 가장 숨기고 싶은 부끄러운 실패담을 듣고 '대단하다'는 말까지 해주시니 칭찬받은 기분이에요. 고마워요. 기분이 좋아졌어요."

"그렇게 받아주셔서 감사해요. 제 진심이에요. 고등학교 재수한 사람 중에는 상위 1% 성공하신 거 같은데요? 혹시나 기분 나쁘실까 봐 긴장했어요."

"아니에요. 저는 기분이 정말 좋아진 걸요. 살면서 상위 1%란 말을 들어본 건 처음이네요. 상대를 기분 좋아지게 높여주는 재능이 있으시네요!"

"아…… 다행이에요. 그리고 별것 아닌데 재능이 있다고 해주셔서 감사해요. 상담이 무슨 의미가 있겠나, 생각하며 오기 싫은데 엄마가 억지로 보내서 왔거든요. 의미 없을 거라고, 헛 시간 보낼 거라고 생각했는데…… ."

"제게 의미 있는 시간 만들어주셔서 고마워요. 상위 1%, 자부심 가지고 살게요. 저한테 의미 있는 사람이 되셨어요. 정말 기억에 오래 남을 거 같아요. 사는 게 힘들고 힘 빠질 때마다 기억해야지!"

"저한테 의미 있는 사람이라고 말해준 사람이 처음이에요. 별것 아닌 말에 이렇게 감동해주는 사람도…… ."

"지나고 보니 괴로운 일들도 의미 있는 일이더라고요. 내 삶에서 반드시 필요하기 때문에 일어났다는 사실을 받아들이게 되었죠. 그 경험이 없었다면 저는 상담자가 되지 않았을 거예요. 입시 실패, 입사 시험 실패해서 괴로워하는 청년들이 저의 고입 재수 얘기를 듣고 나면 엄청 위로를 받더라고요. 이렇게 쓰이려고 그 시련을 겪었구나…… 생각이 들 때가 많아요. 시련에도 반드시 의미가 있더라고요. 시간이 많이 지나고 나서 저도 깨닫게 되었어요."

"아까 저에게 '나에게 발견되어 실현되길 기다리고 있는 의미'가 있다고 하셨잖아요? 저에게도 발견되길 기다리는 의미가 있을까요?"

"그럼요. 모든 생명에는 반드시!"

"전 모르겠어요. 좀 찾아주세요."

"스스로 찾을 수 있어요. 우리 같이 숙제를 좀 해볼까요?"

- 무엇이든 가치 있는 일을 시도해보세요. 공부든 일이든 봉사든, 가치 있는 일을 실현하기 위해서 무엇을 하고 있는지, 무엇을 하고 싶은지 생각해보세요.
- 어떤 일을 경험함으로써 그의 기쁨이 곧 나의 기쁨이 된다면, 아름다운 체험가치를 경험하는 것이에요. 어떤 체험을 하고 싶은지 한 번 생각해보세요.
- 나를 진정으로 필요로 하는 사람이 누구일까? 생각해보세요.

- 그 사람을 위해 나는 무엇을 할 수 있을까요?
- 피할 수 없는 시련 속에 있나요? 내가 어떤 태도를 취함으로써 이 시련을 완수할 수 있을지 생각해볼까요?

"너무 많아요. 고민해볼게요. 어려워요."

"천천히. 우리는 사는 내내 평생 동안 이 숙제를 해나가야 해요. 무엇이든 하나만 생각해보아요. 고민하는 거 자체가 내 삶의 의미를 찾는 너무나 귀한 시간이에요."

3일 뒤, 그에게서 문자가 왔습니다.

"저, 오늘 헌혈하러 가요. 제대한 후로는 처음이네요. 바늘 꽂을 때 잠시 아픈 것 빼면 힘들지 않는 일인데, 가치 있는 일이기도 하고, 목숨이 위태로운 누군가는 제 피를 수혈받고 목숨을 건질 수도 있다고 생각하니, 의미 있는 일 같아서요. 그 한 사람에게는 제가 꼭 필요한 사람일 테니까요."

"아, 정말 멋져요! 저는 겁나서 헌혈 한 번도 못 해봤는데……. 가장 짧은 시간에 생명을 살릴 수 있는 일이 헌혈이에요. 저는 그 생각을 못 해봤어요. 정훈 씨 덕분에 깨달았어요. 고마워요. 감동입니다!"

"저, 쓸모없는 인간은 아니겠죠?"

"나의 피를 나누어서 생명을 살리는 사람이 쓸모없을까요? 오늘은 정말 의미 있는 기념일이군요! 헌혈하는 이에게도, 수혈받는 생명에게도 축복을!"

다음 날, 그의 어머니로부터 전화가 왔어요.

"어제 갑자기 말끔하게 씻고 나가기에 어디 가느냐고 물으니까 대답 안 하고 나갔는데, 저녁에 들어오는데 표정이 좀 밝아졌어요. 일 년 만에 저녁 식사 자리에 와서 앉더라고요. 밥도 가족들이 다 먹고 나면 쟁반에 담아서 자기 방에서 먹었거든요. 식사 끝날 무렵에 '엄마, 아빠 실망하지 마세요. 저 9급 공무원 시험부터 볼게요. 9급도 쉽지 않더라고요. 붙게 되면, 일하면서 7급에 또 도전해볼게요. 저는 사회 복지 분야 공무원이 되는 게 가장 적성에 맞을 것 같아요. 제가 욕심을 냈던 것 같아요. 9급 시험은 우습게 여겼어요. 차근차근 해볼게요.' 이러는 거예요. 저는 너무 고마워서 막 울었답니다……. 5급 시험 보라고 늘 애를 기죽이던 남편도 어제는 몇 년 만에 애가 표정도 좋고, 스스로 뭔가를 다시 해보겠다고 하니까, 잔소리 안 하고 수긍해주더라고요. 오늘 우리 아들이 어디 갔다 온 건지 혹시 아세요? 그리고 9급 공무원, 선생님이 권하신 거예요?"

"아닙니다. 스스로 찾은 거예요. 저는 질문만 선물했을 뿐이에요. 스스로 답을 잘 찾아갈 겁니다. 옆에서 충고나 조언을 하기보다 잘 지켜보며 응원만 해주세요. 우리 모두 파이팅!"

자살한 우리 언니는 지옥에 갔겠지요?

우울증을 오래 앓던 언니가 자살했다. 언니는 이 세상을 떠나기로 결심한 그 날도, 여느 때처럼 따뜻한 밥상을 차렸다. 어릴 때 엄마가 암으로 돌아가신 후, 10살 많은 언니는 나의 엄마이자 아빠의 보호자이기도 했다. 그날은 유난히 반찬이 많았다. 아빠가 특히 좋아하는 갈치조림도 평소와 다르게 큰 냄비에 가득, 좋아하는 갓김치도, 총각김치도 새로 담가서 김치냉장고에 가득 채웠다. 김장철도 아닌데 무슨 김치를 김장하듯이 많이 하느냐 물어도 답이 없었다. 만찬이 끝나고 언니는 산책을 하자고 했다. 언니는 아빠와 나에게 손을 잡고 걷자고 했다. 25년을 함께 살면서 한 번도 그래본 적이 없었다.

"언니, 오늘 뭐 잘못 먹었어? 사람이 안 하던 짓 하면 죽는대. 하하하."

내가 농담을 해도, 언니는 아무 말이 없었다. 손을 잡고 걸었다. 꼭 잡은 손을 한 번도 놓지 않았다. 손에 땀이 고였다.

"땀난다. 이제 그만 놓자. 언니."

손을 놓고 걸었다. 언니는 계속 말이 없었다. 셀카로 사진을 찍자고 했다.

"언니, 오늘 정말 안 하던 거 자꾸 하네. 그럼 빨리 죽는다. 하하."

내가 계속 농담을 했다. 셋이 같이 찍고, 언니는 혼자 여러 장 셀카를 찍었다. 한 번도 본 적 없는 모습이었다. 언니가 카메라를 보며 활짝 웃었다. 오랜만에 언니가 웃었다. 그게 마지막이었다. 그날 새벽, 언니는 혼자 먼 길을 떠났다.

'한나야, 미안해. 정말 미안해. 내가 너무 힘들어서 먼저 가서 기다릴게. 정말 미안해. 함께 사는 동안 참 고마웠어. 미안해. 한나야, 나를 용서하렴. 한나야, 사랑한다. 아빠, 죄송해요. 아빠, 정말 죄송합니다. 엄마 옆에 먼저 가서 기다리겠습니다. 아빠, 건강히 잘 지내셔야 해요. 죄송합니다.'

활짝 웃고 있는 언니의 사진은 영정사진이 되었다.

한나의 일기

'자살한 사람은 다 지옥 가지요?'라는 제목의 메일이 왔습니다. 메일에 첨부된 한나의 일기를 읽고 저는 25살, 한나 씨를 만나기로 결심했습니다.

"언니를 용서할 수 없어요. 남겨진 저와 아빠는 어떡하라고, 자살을 하나요? 이렇게 큰 고통을 우리에게 줄 수 있나요? 언니는 너무 잔인해요."

"지금 한나 씨가 얼마나 힘들지, 감히 상상하기도 힘들어요. 언니가 우울증을 앓게 된 계기가 있을까요?"

"언니는 너무 책임감이 강했어요. 언니가 20살, 제가 10살 때 엄마가 돌아가셨는데, 엄마의 빈자리를 크게 느끼지 못할 정도로 언니는 제 엄마 역할까지 다 하고, 살림도 잘하고, 학교도 열심히 다니고, 아르바이트도 열심히 하고, 정말 열심히 착하게 살았어요. 언니 덕분에 저는 제 나이에 누릴 거 다 누릴 수 있었고요. 저는 잘 살아왔어요. 언니는 제대로 놀아본 적도 없을 거예요. 정말 착하디착한 사람, 너무 착해서 답답한 사람이었어요. 그런데 잘 안 풀렸어요. 직장도 연애도……. 숫기 없는 언니는 사람들과 잘 못 어울렸어요. 직장 생활을 힘들어했어요. 자기 감정표현도 못하고, 늘 속 태우는 사람이었고요. 서른에 첫 연애를 했는데, 그 오빠랑 4년이나 사귀었어요. 결혼할 줄 알았죠. 그런데 그쪽 집안에서 너무 반대해서 얼마 전에 헤어졌어요. 서른넷에 경험한 이별이 언니에겐 너무 힘들었던 것 같아요. 그런데 속마음을 표현 안 하니까 언니가 얼마나 힘든지는 알 수가 없었어요. 우울증 약을 먹다가 말다가, 병원에도 가다가 말다가 그랬어요…… 저는 언니가 많이 나아서 약도 안 먹고 병원도 안 가나 보다, 그랬어요. '사는 게 의미가 없다…… 허무해…… 열심히 살았는데, 나는 아무것도 이룬 게 없네…….' 한숨처럼 자주 말했는데, 제가 무심하게 들었어요. 아빠는 무관심했던 우리가 죽인 거래요. 매일 술을 드세요. 술이 깨는 게 두려워서 깨면 또 드시고, 또 드시고……. 그날 눈치 채지 못하고, 쿨쿨 잠들었던 우리가 죽인 거라고……."

"언니가 정말 힘들었겠네요……. 한나 씨도, 아버지도 지금 많이 힘들겠어요."

"장례식은 우리에게 더 큰 상처였어요. 언니가 죽어서 정신없는데, 아빠와 저는 경찰서에 가서 조사를 받아야 했어요. 심지어…… 언니가 생명보험에 가입한 게 몇 개 있느냐는 질문도 받았어요……. 조사 끝나고 장례식에 갔는데, 친척들이 저와 아빠를 더 아프게 찔러댔어요. 뭐했냐고, 애가 그렇게 힘들어서 자살할 때 옆에서 뭐했냐고, 잠이 왔느냐고…… 왜 방치했느냐고……. 그래요, 제가 나쁜 년이에요. 저는 정말 몰랐어요. 제 잘못인 거 알아요. 제가 언니 죽으라고 방치한 건 아닌데, 방치한 거 같아서 죄책감 때문에 숨을 쉴 수가 없어요. 이젠 웃어도 안 되고 행복해도 안 될 것 같아요. 며칠 전에 친척 결혼식에 갔다가 웃으면서 인사를 했는데, 집안어른이 '너는 언니가 자살했는데 웃음이 나오니?' 그랬어요. 저는 이제 웃어도 죄인이에요……. 저도 따라 죽고 싶은 마음이 하루에 수십 번 저를 괴롭혀요."

한나 씨가 펑펑 울기 시작했습니다.

"한나 씨, 마음껏 울어요. 한나 씨와 아버지의 잘못이 아니에요. 누구도 한나 씨와 아버지에게 그런 말 할 수 없어요. 언니는 독한 사람이 아니라, 너무 많이 마음이 아픈 사람이었던 거예요. 마음이 너무 오래, 많이 아파서 그 고통을 끝내고 싶었나 봐요."

"지금 생각하면, 언니는 자살 신호를 여러 번 보냈던 거예요. 제가 탐내던 옷들도 깨끗하게 세탁해서 제 방에 갖다 놓고, 김치 냉장고를 꽉꽉 채웠던 것도, 이불을 다 빨아서 정리한 것도…… 모두 사인이었는데, 마지막 날 했던 행동들도 모두 신호였는데…… 제가 무관심해서 몰랐던 것 같아서 너무 미안해요. 제가 죽인 거 같아요……."

"가족이 무관심해서 언니가 간 건 아니에요. 방치했던 것도 아니에요. 자살하기 전에 신호를 보낸 건 맞지만, 그건 지나고 나서 우리가 깨닫는 거지 그 당시엔 몰라요. 저라도 몰랐을 겁니다. 언니의 유서 내용도 그렇고, 떠나던 날 언니의 행동과 말들을 봐도 가족을 얼마나 사랑했는지 느껴져요. 가족을 사랑하는 것과 자살 시도는 별개로 바라볼 수 있어야 해요. 언니는 유난히 책임감이 강한 사람이었다고 했죠? 언니는 다 잘하고 싶었던 거예요. 자기가 진 짐과, 지지 않아도 되는 짐까지 다 짊어지고 다 잘 해내고 싶었던 선량한 완벽주의자. 그래서 스스로 너무 힘들었을 거예요."

"선량한 완벽주의자. 맞아요, 언니는 그런 사람이었어요. 자기의 가치는 모르는 바보……."

"웨스턴 온타리오 대학에서 자살한 사람들의 특징을 연구했어요. 그들은 자신의 작은 실수와 잘못도 용서하지 못하는 사람들이었어요. 가족이나 주변 사람들의 관심, 사랑과는 별개의 문제였어요. 한나 씨와 아버지가 사랑과 관심을 많이 주었어도 언니의 고통은 별개의 문제였다는 거예요. 그러니까 죄책감을 가지지는 마세요. 그건 언니가 원하는 것도 아니에요. 자신을 진정으로 사랑하지 못하는 아픔이 언니의 마음의 병이었던 거예요. 좀 내려놓고, 자신만을 사랑하고 행복을 찾는 마음의 힘이 없었던 거죠. 언니가 자신이 얼마나 소중하고 가치 있는 삶을 살아온 사람인지 알았더라면 혼자 힘들지 않았을 텐데, 그걸 깨닫지 못해서 너무 힘들었을 거예요. 인간의 정신상태가 용기와 희망을 잃으면, 희망과 기대가 무너지면, 무서운 절망감이 우리를 덮치면, 스스로 죽음을 택할 수도 있어요. '삶으로부터 아무것도 기대할 것이 없다'고 느끼면 모든 걸 놓아버리게 돼요. 스스로 자신을 사랑하고 아끼지 못하는 마음이 언니를 힘들게 한 거지, 가족들의 관심과 사랑이 부족해서 언니를 죽음으로 내몬 건 아니랍니다. 스스로 사랑하지 못하는 나 자신 때문에 외롭고 힘들었을 거예요."

"우리 언니는 지옥에 갔을까요? 자살하면 지옥 간다고…… 모두가 그러잖아요. 언니는 정말 착했어요. 신앙생활도 열심히 했고요. 장애인 친구 휠체어를 3년이나 밀고 교회에 다니고, 고아원에 자원봉사도 자주 다녔어요. 엄마 없는 아이들에 대한 애정이 컸어요. 우리가 엄마 없이 사느라 힘들었으니까…… 엄마 없는 아이들의 엄마가 되어주고 싶다고 했었어요. 적은 월급이지만, 한 달에 3만원 씩 조부모 밑에서 크는 부모 없는 아이 세 명에게 후원금도 보내왔고…… 천만 원이 들어 있는 통장도 제 책상에 올려놓았더라고요. 이렇게 착한 우리 언니가, 자살했다는 이유만으로 지옥에 간다면 너무 억울하잖아요?"

"저도 신앙심이 깊지 않고 성경도 잘 모릅니다. 하지만 이건 알아요. 하나님이 약자를 사랑하시고, 병자를 돌보시고, 우는 자와 함께 우는 분이라는 건요. 하나님이 질병 때문에 죽은 이들을 다 지옥으로 보낼까요? 우울증은 마음의 심각한 질병이에요. 눈에 보이는 육체적인 질병은 아니지만, 어쩌면 육체적인 질병보다 더 아픈 마음의 병이에요. 선하게 살던 사람이, 이 병 때문에 스스로 죽음을 택했어요. 하나님이 그를 벌하시고, 지옥에 보내실 분일까? 저는 하나님이 그런 분일 것 같진 않아요. 다른 대안이 있으실 것 같아요. 그분은 누구보다 우리를 사랑하는 분이시니까요."

"선생님, 저는 언니의 죽음이 잊혀지지 않길 바라요. 하지만 사람들은 금방 잊겠죠. 모두 자기 살기도 바쁘니까…… 잊혀지면 영영 죽는 건데……. 사는 게 너무 허무해요. 뭘 위해 살아야 하는지 모르겠어요."

"살아야 하는 이유를 지금 한나 씨가 말했잖아요."

"모르겠다니까요."

"언니가 잊혀지지 않기를 바란다면서요?"

"하지만 사람들은 시간이 지나면 잊겠죠. 방법이 없잖아요."

"한나 씨가 할 수 있는 일이 있지 않을까요? 언니를 의미 있는 사람으로 우리들의 기억에 남기는 일."

"그럴 수 있을까요? 제가 어떻게 그걸 할 수 있죠?"

"언니가 이루고 싶었으나 이루지 못한 게 뭘까요?"

"언니는 엄마 없는 아이들의 엄마가 되고 싶다고 했어요."

"언니는 떠났지만, 의미 있는 존재로 우리 곁에 영원히 함께 있을 방법이 있을 거예요. 그걸 한나 씨가 찾아보세요. 그걸 찾는 과정이 한나 씨의 마음을 살리고, 이 슬픔을 딛고 서는 방법이 될 거예요."

우리는 일주일 후에 만나기로 하고 헤어졌습니다.

다음 주에 만났을 때, 한나 씨는 노트를 내밀었어요.

<내가 살아야 하는 이유>
언니가 이루지 못한 꿈을 내가 이루어주고 싶다.
내가 튼튼한 두 다리로 굳건하게 서야, 아버지를 지킬 수 있다.
언니가 하던 자원봉사를 내가 이어 나가겠다. 언니의 빈자리를 내가 메우고 싶다. 언니도 기뻐할 것 같다. 언니가 남긴 돈으로, 언니 이름의 장학금을 만들고 싶다. 엄마 없는 아이들에게 조금이라도 용돈을 보내주고 싶다. 내가 열심히 일해서 조금씩 장학금을 보태서 오래오래 언니 이름의 장학금이 유지되게 해주고 싶다. 많은 아이들이 언니 이름을 기억해 주고, 언니에게 고마움을 느끼게 해주고 싶다. 열심히 일하고, 열심히 살아야 할 이유가 생겼다.

나는 한나 씨를 꼭 안아주었습니다. 우리는 매주 만나서 앞으로 의미 있는 인생을 살기 위해 무엇을 할 수 있는지, 나는 묻고 한나 씨는 답을 스스로 찾아 나가기 시작했어요.

두 달 후, 한나 씨가 제게 말합니다.

"선생님, 저 왜 살아야 하는지 의미를 찾은 거 같아요. 제가 겪은 고통의 의미도 조금은 깨달았어요."

"궁금해요. 한나 씨가 스스로 찾은 주옥 같은 깨달음이 무엇일지."

"저, 자살하고 싶은 사람들, 그리고 가족의 자살 때문에 죄책감을 느끼는 가족들을 상담하는 상담사가 되고 싶어요. 심리상담 대학원에 진학하고 싶어요. 제가 겪은 고통이, 그 고통을 통해 깨달은 의미들이, 그들을 위로하고 살아야 할 의미를 찾아가는데 도움이 될 것 같아서요. 제가 그렇게 사는 게 언니의 죽음을 의미 있게 만드는 일인 것 같아요. 언니는 죽었지만, 사람을 살리는 거름이 되는 이야기가 되도록 제가 만들고 싶어요."

"언니는 죽어서도 사람 살리는 일을 하게 되겠군요. 한나 씨 덕분에 말이에요."

저도 피해자인데, 가해자래요

'Me too' 열풍이 분 이후, '잘 나가던' 남자들의 상담 요청이 많아지기 시작했습니다. 인연이 있는 공무원 한 명이 갑자기 찾아왔어요. 억울하고 괴로워서 죽을 것만 같다는 그의 이야기를 들어보았습니다.

"가해자예요?"

"전 그런 놈 아닙니다. 저도 피해자예요! 제가 모시는 ○○가 여자들에게 스킨십이 많기로 유명해요. 제가 대학생 때부터 이분을 알았는데, 예전부터 손버릇이 나빴죠. 지금도 밀착수행하다 보니까, 저한테 하소연하는 여자 후배들이 많았어요."

"믿을 만한 남자 선배였군요."

"○○가 손버릇이 나쁘지, 정말 나쁜 사람은 아니에요. 제가 몸종이나 다름없는 위치에 있는데, '○○님, 이러시면 안 됩니다' 이런 말 할 수 있는 처지도 못되고요. '널 특별히 아껴서 그러는 걸 거야, 가까이서 사랑받는 장점을 더 크게 생각해. 그럼 참아질 거야. 소문이 나면 여자만 이미지에 해를 입어. 앞에서는 네 편 들어도, 뒤에서는 '여자가 꼬리를 쳤겠지' 남자들은 오해하거든. 난 네가 그런 상처를 받지 않길 바라.' 이렇게 달랬죠. 사실 ○○가 예뻐하고 아껴서 스킨십을 많이 하는 여직원들은 그만한 대가를 충분히 받았다고 생각해요. ○○가 지명해서 좋은 자리로 옮기고, 급여도 높아지고요. 제가 나서서 여직원들 편이 되었다면, 제 목숨도 위험했을 거예요. 저는 오히려 여직원들에게 도움되는 조언을 솔직하게 잘 해주었다고 생각했는데……."

"그러면 여자분들은 뭐라고 하던가요?"

"한숨 쉬고 가죠. '싫어요, 하지 마세요.' 좋게 말해보라고도 권했지만, 직접 하진 못하더라고요. 성폭행도 수차례 당했다고 하는 여직원이 있는데, 사실 저는 그건 인정하기 어려웠어요. 성폭행이란 게 한 번 당했을 때 완강히 거부하고, 경찰에 신고해야 하는 거 아닌가요? 수차례 당했다는 건, 거부 의사를 확실하게 표현하지 않은 본인 잘못도 있고, 암묵적으로 합의한 게 아니겠어요? 그리고 그런 일이 일어날 장소엔 처음부터 가지 않았어야죠! 본인이 당한 일이니까, 직접 싫다고 말할 수 있어야죠. 제가 어떻게 다 나서서 막아줍니까. 저도 이 자리까지 어떻게 왔는데, ○○ 눈밖에 나면 어떡해요? 그런데 'Me too', 'With you'까지 시작되면서 '암묵적 가해자를 고발합니다'는 글을 누가 올렸는데, 저를 암시하는 글인 거예요. 억울해 죽겠어요. 저도 약자인데요! 제가 할 수 있는 선에서 잘 위로해줬다고 생각해요. 그건 어쩔 수 없는 일이었다고요!"

그는 정말 억울해 보였습니다. 물을 한 잔 가져다주니, 할 말을 속 시원히 하고 나니까, 좀 살 것 같다고 했어요. 열로 상기됐던 얼굴빛도 원래 빛을 찾았을 때 제가 물었습니다.

"이제 제가 좀 여쭤봐도 될까요? 아끼면 좀 만지고, 더 아끼면 성폭행해도 되는 거죠?"

남자는 다시 얼굴이 빨개졌습니다.

"완강하게 거부하거나 경찰에 신고하지 않으면 '내 몸을 가지세요' 하고 수락하는 걸까요?"

"그 여성이 승진한 것이 본인의 능력에 의한 것은 아니고, ○○의 성추행과 성폭행을 암묵적으로 '합의'했기 때문일까요?"

"그건…… 아니죠……."

저는 시간 간격을 두고 천천히 계속 질문했습니다.

"직접 항의하고 맞서면 해결할 수 있는 문제인데 남자 선배한테 도움을 요청한 걸까요?"

"도움을 청했다가 아무 도움을 받지 못하고 한숨 쉬고 갈 때, '성폭행이 아니라 합의된 성관계였던 거 아닐까?' 의심하는 눈빛을 느꼈을 때, 그 여성은 '내 잘못이구나' 받아들이고 반성했어야 하는 걸까요?"

그는 고개를 푹 숙였습니다.

"그만하세요. 너무 불편한 질문을 계속 하시네요."

"내 아내, 나의 누이, 내 딸이 밖에서 그런 일을 당했을 때, 주위의 '믿을 만한 선배'들이 어떤 도움을 주면 좋겠어요?"

"저도 억울한 점이 많지만…… 질문을 받고 그 입장에서 생각해 보니…… 제게 어렵게 말을 꺼냈을 텐데, '직접 좋게 말해봐', '널 특별히 아껴서 그러는 걸 거야, 가까이서 사랑받는 장점을 더 크게 생각해.'라고 말했으니 그것도 폭력이었겠네요……. 잘 위로해 준 게 아니라, 더 수치심을 준 것일 수도 있겠네요……. 왜 저에게 '암묵적 가해자'라고 했는지 조금 알 것 같아요."

"그 여자분이 지금 분노하는 이유가 무엇인 것 같아요?"

"위로와 공감이 필요할 때 제가 더 상처를 준 것 같아요. 조금만 용기를 냈으면 직접 나서기는 힘들어도 조직적인 보호를 받을 수 있도록, 같이 찾아줄 수 있는 방법이 있었을 거예요. 발 담그고 싶지 않은 마음이 컸어요. 저도 두려웠어요."

"그 후배가 다른 사람이 아닌 나를 찾아와서 도움을 청한 의미는 무엇이었을까요?"

"제가 도움을 줄 수 있는, 믿을 만한 사람이라고 생각했겠지요."

"당신을 진정으로 필요로 하는 사람이었군요."

"그 사람을 위해 당신은 무엇을 할 수 있었을까요?"

"공감하고, 위로하고…… 그 고통에 대해서 존중해주길 바랐을 것 같아요……. 네네…… 이제야 그 의미를 알겠어요. 가해자들에게 그리고 저에게 진심의 사과를 받고 싶을 것 같아요."

일단 잘못된 행동을 하고 나면 그 행동의 결과를 바꾸기란 불가능합니다. 이럴 때 사람들은 자기 잘못을 인정하는 대신 '내가 할 수 있는 최선이었다.'고 주장하기 시작하지요. '어쩔 수 없는 일이었다.'고 자기 스스로를 속이기 시작하고, 믿으려 애쓰고, 여러 이유를 들어 끝까지 자신이 옳았다고 우깁니다. 현실을 바꿀 수는 없으니 '자기 합리화'를 선택하는 거지요. 이것이 바로 '인지 부조화'입니다. 질문에 답하면서 그는 스스로 답을 찾았습니다.

"후배에게 진심으로 사과부터 하겠습니다. 억울해서 미칠 것 같았는데 후배에게 미안해졌어요."

가족의 죽음, 슬픔의 고통이 너무 커요

결혼 1년차 신혼부부가 지방에 다녀오던 길이었습니다. 교통사고로 임신 4개월차인 아내가 즉사했습니다. 남편은 약간의 찰과상 외엔 다친 곳이 없었고요. 남편은 극심한 우울증과 죄책감으로 고통에 시달리며 거의 알코올 중독에 빠진 상태에서 형제들의 도움으로 상담을 받게 되었습니다.

"저는 종교가 없지만 아내는 성당에 열심히 다녔습니다. 신앙심도 깊었어요. 아내는 정말 착한 사람이었어요. 그런데 왜, 신은 저를 살리고 천사 같은 아내와 아이를 데리고 간 거죠? 차라리 다 데리고 가야지요! 신은 너무 악합니다. 아니 신이 있다면 이럴 순 없어요. 저는 매일 지옥을 살고 있어요. 차라리 죽는 게 나아요."

"아내를 많이 사랑하셨군요."

"당연하죠! 얼마나 착하고 예쁜 사람이었는지 선생님은 모르실 거예요. 우리는 정말 사랑했어요. 그래서 이 불행이 더 고통스러워요. 셋이 함께 죽은 게 나아요. 제가 살아난 건 축복이 아니라 신의 저주예요."

"만약에, 아내분이 살아남고 선생님이 눈감았다면 어땠을까요?"

"끔찍한 말씀을 하시네요! 제 아내가 얼마나 여린 사람인데! 하루도 견디지 못했을 거예요. 제가 없으면 잠도 못 자고 불안해하는 사람이었어요. 임신 상태였는데 그 고통을 어떻게 견디겠어요? 혼자서 아이는 어떻게 키우겠어요? 너무 끔찍한 일이에요."

"아내분이 남편을 먼저 떠나보내고 홀로 남는 고통을 겪지 않은 건 다행이지 않을까요?"

"지금 무슨 말을 하시는 거예요?"

"하루도 견디지 못했을 거라고 하셨지요?"

"네, 아내는 한 시간도 견디지 못할 사람이에요. 저 없이는 아무 것도 못하고, 아이 같은 사람이었어요."

"그럼 선생님이 여기 남은 게 차라리 다행이지 않나요? 남편 덕분에 아내분이 홀로 남는 엄청난 고통을 겪지 않은 게 아닐까요?"

이럴 때일수록 그에게 필요한 질문을 끊임없이 찾고 물어주어야 합니다.

"아내와 뱃속 아기는 지금 어디에 있을까요?"

"분명, 천국에 갔을 겁니다. 천사처럼 살았고, 신앙생활도 열심히 했으니까요."

"선생님이 그때 살아나지 못했다면, 함께 천국에 갔을 거라고 확신하나요?

"그게…… 저는 신앙이 없기 때문에, 그리고 술을 너무 많이 먹고 방탕한 삶을 산 적도 있기 때문에, 천국에는 못 갔을 것 같아요……."

그의 얼굴에 절망이 밀려오려는 찰나에 제가 물었습니다.

"천국에서 가족들을 다시 만나고 싶나요?"

"그럼요, 후생이 반드시 있어서 우리가 다시 만나면 좋겠습니다. 하지만 제가 천국에 어떻게 가겠어요?"

"그럼 지금 선생님께 기회가 온 게 아닐까요?"

"함께 사는 기회를 빼앗겼는데, 기회가 왔다고요?"

"혼자 남겨진 이 시간의 의미를 생각해보시겠어요?"

그의 눈에선 하염없이 눈물이 흘러내렸습니다. 우리는 다음 주에 다시 만나기로 하고 헤어졌습니다.

일주일 후.

"저 술을 끊었습니다. 일주일째 참고 먹지 않았어요. 저는 죄를 많이 지어서 천국에 갈 수 없다고 생각했는데…… 신앙생활을 시작해보려고요. 술부터 끊어야 제가 무엇을 해야 할지 생각 정리가 될 것 같아서요. 장모님과 장인어른께 아내는 정말 효녀였어요. 매주 모시고 성당에 나갔어요. 앞으로는 제가 모시고 나가려고요."

"아내와 아이의 영은 살아 있습니다. 언제 어디서든 대화할 수 있어요. 아내가 이루지 못한 일들을 남편분이 완성하실 수 있습니다. 선생님은 정말 귀하고 의미 있는 시간을 보내실 수 있겠군요. 선생님이 지금 겪는 이 시련이 정말 가치 있는 일들을 창조해내리라 믿습니다. 내게 닥친 고통은 피할 수 없을지라도, 고통 속에서 더 큰 의미를 찾아낼 수는 있습니다."

제가 한 일은 그가 새로운 시각을 가질 수 있도록 질문을 던진 것밖에 없었습니다. 스스로 운명에 대한 태도를 바꿀 수 있도록 안내해주는 일이 나의 임무였으니까요. 자신이 겪고 있는 시련의 의미를 스스로 찾을 수만 있으면 어떤 경우에도 살아남을 수 있습니다. 의미 있는 삶을 살아갈 수 있습니다.

한 달 후.

그를 다시 만났을 때 얼굴은 그 전보다 밝아져 있었습니다. 술과 담배를 끊었고, 새 직장을 구했으며, 신앙생활을 시작했다고 했어요. 아직은 낯설어서 주일마다 미사에 참석하는 게 부담스럽지만 장인 장모님을 모시고 매주 참석 중이라고 했습니다. 아내가 읽던 성서를 매일 읽기 시작했고, 아내의 기도 노트를 소리 내 읽을 때 함께 있는 듯한 느낌을 자주 받는다며 그는 들떠 있었습니다.

"신기해요. 아내가 살았을 때 적어놓은 기도문들을 소리 내 읽다 보면 아내가 저를 위해서 읽어주는 듯한 착각이 듭니다. 아내의 목소리가 환청으로 들리는 듯해요."

"아내는 혼자 남은 제가 어떤 기도를 해야 할지 미리 써놓은 것 같아요. 아내의 기도문을 읽으면 정말로 아내가 온종일 저와 대화하는 기분입니다. 우리가 서로를 위해 기도하고 있구나! 느끼게 됩니다. 너무나 신기한 체험이에요."

"사랑은 사랑하는 사람의 육신을 초월해서 더 먼 곳까지 간다고 합니다. 사랑은 영적인 존재, 내적인 자아 안에서 더욱 깊은 의미를 갖게 되지요. 사랑하는 사람이 실제로 존재하든 존재하지 않든, 아직 살았든 죽었든 그런 것은 하나도 중요하지 않아요."

"제가 현실을 도피하기 위해서 망상에 빠져 있나? 가끔 두려웠어요. 하지만 행복한 마음이 더 컸습니다."

"두 분의 사랑, 사랑의 굳건함은 누구도 방해할 수 없어요. 아내와 나누는 정신적 대화는 얼마든지 가능합니다. 사랑은 죽음보다 강합니다. 사랑은 죽음을 초월합니다."

"과거로 도피해도 괜찮나요?"

"도피가 아니라 두 분이 정신적으로 신앙 속에서 오늘, 이곳에서 영적인 대화를 나누고 있는 거지요. 술로 현재의 시간을 보낼 때와 비교하면 어떤가요?"

"술은 더 깊은 절망과 허무 속으로 저를 데려갔었죠. 괴롭다는 이유로 술독에 빠져서 의미 없는 시간을 너무 많이 보냈어요. 그날, 그 차를 타고 그곳에 가지 말았어야 해! 끝없이 후회하면서 과거 속에 갇혀 있었죠. 하루에도 열두 번 마음속으로 같이 죽었었죠. 지금은 아내의 기도문을 읽고 아내와 대화하면서 우리가 영적으로 대화하고 있다고 생각하면 행복한 마음이 듭니다."

"마음껏 상상하세요. 함께했던 과거의 일들을 마음껏 회상하고, 아내와 딸과 함께 대화를 나누세요. 우리의 영은 통하기 때문에 전해질 겁니다."

"아내가 살아 있을 때 함께 많은 시간을 보내지 못했던 게 미안했어요. 저는 영업을 하는 데다가, 술을 좋아해서 평일은 늘 밤늦게 귀가했어요. 흥청망청 술과 유흥에 돈도 많이 썼어요. 주말에만 집에서 쉬었는데, 토요일에 함께 있지 않고 성당에 나간다고 잔소리했던 것도 후회됐어요. 아내는 토요일 오후에 성당에서 청소년들을 가르치는 교사를 했어요. 저는 우선 성당 청소라도 해보려고 해요."

"왜 그런 생각을 하게 됐나요?"

"아내가 열심히 봉사한 데는 이유가 있을 것 같아서요. 무엇 때문에 이렇게 열심히 봉사 했을까…… 생각해봅니다. 아직은 아내의 마음을 헤아려보는 단계예요. 봉사라도 하면서 혼자 살아남은 죄책감도 덜고 싶고요……. 그리고 장인, 장모님도 자주 찾아뵙고 있어요. 제가 그분들을 보살피고 안아주어야 아내의 죽음이 빈자리를 남기지 않을 것 같아요."

"아내분은 참 행복한 사람이네요. 죽어서도 남편의 사랑을 충분히 받고 있네요. 그리고 선생님의 삶이 변하게 되었네요. 아내의 선물이 아닐까요?"

눈물을 참으려 애쓰는 그에게 말했다.

"울어요. 소리 내어 울어요. 그래야 살 수 있어요. 눈물로 슬픔을 다 밀어내버려요."

"제가 살아서 할 일이 있겠지요? 신이 저를 살린 데는 이유가 있겠지요?"

"그럼요. 삶이 나에게 무엇을 기대하는지 궁금하지 않나요? 내 삶에 '책임'을 짐으로써 삶의 질문에 답해야 합니다. 살아야 하는 이유를 매일 찾아야 합니다. 잘 하고 계십니다. 선생님의 내일을 기대하면서 기도하겠습니다."

가장 가성비 높은 복수는 무엇일까요?

저는 그동안 범죄 피해자, 그리고 범죄 가해자, 미혼모, 입양인, 가정폭력 피해자, 성폭력 피해자들 상담을 주로 해왔습니다. 범죄 가해자들의 경우, 오랜 학대를 견디지 못해서 범죄 가해자가 되었거나, 누명을 쓰고 벗지 못했거나, 삶의 뿌리를 흔드는 배신을 당해서 분노에 인생을 저당 잡힌 사람들을 주로 상담했고요.

제가 만난 사람들은 모두 분노에 가득 차 있는 상처 덩어리들이었습니다. 그들을 만날 때 작은 카드에 이 문장을 써서 줍니다.

분노는 복수하는 데 쓸 수도 있고,
나의 미래를 위해서 창조적으로 쓸 수도 있다.
분노를 어떤 에너지로 쓸 것인지는 나의 선택에 달렸다.

사연을 들어보면 정말 다양합니다. 억울하고 분해서 어떻게 살수 있을까 싶은 사람들이 많습니다. 우울증은 물론이고, 분노가육체의 질병으로 옮겨가서 심장 질환, 고혈압으로 고생하는 분들이 많고요.

반드시 복수하겠다고 결심하는 분들이 대다수입니다. 하지만복수하는 방법은 각자 다릅니다. 가장 비극적인 방법은 '너 죽고나 죽자.' 나를 제물로 쓰는 복수법입니다.

아내와 성관계를 맺은 남자를 죽이고, 살인으로 들어온 분을 교육한 적이 있습니다. 이분은 복수에 성공한 것일까요? 2개월이 지난 후, 제게 편지를 보내왔습니다.

'복수를 완성했다고 생각했는데, 저는 복수마저 실패했다는 걸이제야 깨달았습니다. 아내도, 딸들도 저를 떠났습니다. 제게 남은 건 가정 파탄, 그리고 살인자라는 이름. 제 분노에 못 이겨서,쓰레기 같은 한 인간에게 제 인생 전부를 갖다 받쳤습니다. 가장어리석은 복수가 내 인생을 담보로 하는 복수라는 걸 왜 몰랐을까요? 잘 사는 게 진짜 복수라는 걸 왜 몰랐을까요?'

건강한 복수를 결심한 분들도 있습니다.

'내 인생에 일어난 최악의 교통사고였다. 나는 그를 용서하는 게 아니라, 오늘 내 행복을 저당 잡히고 싶지 않아서 과거를 잊어버리고 오늘을 잘 살기로 선택한 것이다.'

억지로 용서를 하려고 애쓰는 건 마음에 더 큰 분노를 일으킵니다. 그 사람 자체가 아닌, 한 인간이 가진 '비도덕적이고 불완전한 행위'를 용서하겠다고 마음먹으면 비로소 마음이 편해집니다.

종교에서도 무조건 용서하라고 하지 않습니다.

> 너희가 직접 원수를 갚지 말라. 원수 갚는 것은 하나님의 진노하심에 맡기라. 원수 갚는 것은 내게 있으니 내가 갚으리라.
>
> 로마서 12:19
>
> 원수 갚는 것은 나의 일이다. 내가 갚아주겠다. 환난 날이 가깝고 멸망의 때가 속히 오리라.
>
> 신명기 32:35
>
> 그러므로 악에게 지지 말고 선으로 악을 이기라.
>
> 로마서 12:21

복수는 나의 것이 아닌 신의 것이라고 받아들일 때 더 큰 힘을 얻은 것 같은 안도감이 들지 않나요? 그가 정말 악한 사람이고, 내가 선한 피해자라면, 반드시 신이 복수해주는 날이 옵니다. 기독교뿐만 아니라 불경에도 코란에도 비슷한 구절은 많습니다. 신께 맡기고 오늘을 사십시오. 분노와 복수의 실체는 과거에 살고, 행복의 실체는 오늘 이 순간에 있습니다.

잊으려 해도 잊혀지지 않고, 용서라는 단어만 떠올려도 화가 날 때는 나의 잘못을 용서해준 사람들의 이름을 써보십시오. 그들의 용서로 인해서 내가 얻은 평안과 행복에 대해서, 그 감사함에 대해서도 기록해보십시오. 나 또한 수많은 사람들의 용서 덕분에 오늘까지 왔는지도 모릅니다.

복수하는데 나의 인생과 행복을 저당 잡혀서는 안 됩니다. 내 인생에 일어나는 모든 사건들, 상상조차 한 적 없는 괴로운 일들도, 내 삶에서 반드시 필요하기 때문에 일어났다는 사실을 받아들일 때 다시 희망이 생깁니다. 삶의 궁극적인 의미는 고통에 저항하면서 찾을 수 있는 게 아니라, 나의 행복을 탐색하는 과정에서 찾을 수 있습니다. 내가 살아서, 이루어내야 할 사명이 있다는 걸 기억하세요. 내게 덮친 불행에 맞서서 복수하느라 나를 제물로 받치는 불행을 선택해선 안 됩니다.

억지로 용서하려고 애쓸 필요도 없습니다. 분노를 가라앉히고 오늘 내 삶의 의미를 찾으며 살다 보면, 어느 날 용서를 발견하게 됩니다. 서서히 잊는 것이 용서입니다. 과거를 잊고 오늘 하루를 충실하게 살다 보면, 까맣게 잊고 살고 있는 나를 발견하게 됩니다. 그것이 용서의 발견입니다.

나를 죽이지 못한 고통은, 나를 더 강하게 만들어줄 것입니다.

가장 가성비 높은 복수는 용서입니다.

어떻게 하면 왕따 트라우마에서 벗어날 수 있을까요?

해결되지 않은 트라우마는 인간관계를 끊임없이 힘들게 합니다. 제게 오는 메일 상담 중에, 20~30대의 고민에도 어린 시절에 당한 왕따 트라우마 때문에 성인이 된 후에도 힘들어하는 분들이 참 많으세요.

"저는 20살 대학생입니다 저는 인간관계를 맺는 게 너무 어려워요. 사이가 멀어지는 일이 생기면 먼저 다가가서 물어볼 자신도 없고 공포심이 밀려옵니다. 어렸을 때 이유 없이 왕따를 많이 당했어요. 제가 잘못한 것도 없는데 그냥 재수 없다, 싫다는 이유로 괴롭힘 당하던 기억이 떠오르면 숨도 쉬기 어렵고 식은땀까지 납니다. 선생님, 부모님 모두 네가 더 노력하고 다가가라는 말만 했어요. 네가 뭘 잘못했는지 잘 생각해보라고……. 다른 아이들은 다 잘 지내는데 너만 왜 친구를 못 사귀느냐고 충고만 하셨어요. 왕따 트라우마는 지금도 제 인생을 지배하고 있습니다. 저는 혼자 지내야 할까요? 누군가에게 다가가기도 어렵고 친해지더라도 언젠가 멀어지고 버림받을까 봐 늘 불안합니다. 제가 어떤 점을 고쳐야 사람들이 저를 싫어하지 않을까요?"

인간관계는 누구나 어렵죠. 제가 상담을 해보면 나이와 상관없이 모든 사람들의 고통 1위는 인간관계인 것 같아요. 이제 마음의 아픔을 넘어서 육체적 증상까지 겪고 있네요. 그냥 재수 없다, 싫다는 말은 이유 있는 폭력보다 더 큰 상처를 남깁니다. 잘못이 있다면 사과하고 고치면 되지만, 이 경우는 내가 할 수 없기 때문에 고통이 큽니다.

피해자 여러분, 내가 잘못한 걸 찾으려고 애쓰지 마십시오. 저는 그럴 필요 없다고 생각합니다. '인천 중학생 추락사 사고' 뉴스에서 많이 보았지요?

2018년 11월, 중학생 4명이 아파트 옥상으로 14세 A군을 불러냅니다. 1시간여 동안 집단폭행을 가했고, A군은 아파트 옥상에서 떨어져 사망했습니다. 피의자들은 반성은커녕, 'A가 스스로 목숨을 끊은 것으로 진술하자'며 말을 맞추기까지 합니다. 가해 정도가 어느 정도로 심했냐면, 동물을 풀어준 뒤에 쫓아가서 잡는 이른바 '사냥 놀이'를 했다는 겁니다. 여학생들이 보는 앞에서 바지를 벗겨서 성기를 노출시키고, 무차별 폭행을 가했습니다. 경찰에 신고하면 죽여버린다고 협박하는 건 왕따 가해자들의 공통점이고요. A군은 이렇게 맞을 바에는 차라리 죽는 게 낫겠다고 호소하면서 옥상에서 뛰어내린 것이었어요.

A군의 잘못이 무엇인가요? A군은 시키는 대로 하고 때리는 대로 맞은 잘못밖에 없었습니다.

판사님들이 쓴 판결문에 명시된 내용을 보세요.

이 같은 범죄는 우발적 일시적인 것도 아니었고, 이들에게 폭력은 놀이와도 같았다. 양심의 가책은 조금도 찾아볼 수 없었다. 14살에 불과한 피해자의 인생을 송두리째 빼앗고 말았다. 피해자는 아무 잘못이 없음에도 불구하고, 78분 동안 성인도 감당하기 어려울 정도로 폭행과 가혹행위를 당했다. 이에 상응하는 형벌을 받아야 한다.

피의자들은 만 19세 미만이기 때문에 소년법 적용을 받습니다. 형이 가볍지요. 그런데 이들에게는 상해치사죄가 적용되어 비교적 강한 처벌을 내렸습니다. 장기징역 10년, 단기징역 5년이라는 법정 최고형을 내린 것입니다.

저는 왕따 사건 판결문에 나오는 문구들을 100건 이상 찾아보았습니다. 가장 많이 나오는 공통 문구가 무엇인지 아십니까? 왕따 가해자가 되어본 경험이 있는 분들 잘 알아두세요. 내 아이가 학교에서 누군가를 왕따 시켰던 사례가 있는 부모님들도 잘 알아두세요.

'피해자는 아무 잘못이 없음에도 불구하고'라는 문장입니다.

아무런 잘못이 없음에도 불구하고 부당한 피해를 당했던 겁니다. 피해자 여러분의 잘못은 없습니다. 이제 그 고통에서 빠져나올 권리가 있고요. 내 잘못이 아니라 그들 잘못이라고 당당하게 말할 수 있어야 하고, 피해 경험 때문에 울고 있는 나 자신을 위로하고 아직도 울고 있는 내 속의 아이를 달래줄 수 있어야 합니다.

여러분, 왕따 피해자의 후유증은 성인이 되고 나서도 육체와 정신 건강에 악영향을 미칩니다. 사연 주신 분도 왕따 피해의 경험이 떠오르면 식은땀이 나고 온몸이 떨린다고 하셨어요. 육체적으로도 증상이 오는 겁니다. 최소 40년 동안 우리를 괴롭힌다고 해요. 지금 빨리 벗어나야 합니다.

트라우마를 그냥 내버려두면 스트레스, 우울증, 불안장애, 자살충동 등 인간관계에 대한 두려움이 커집니다. 작은 오해가 생겼을 때, "내가 뭐 잘못한 거 있니? 우리 뭐 좀 오해가 있는 게 아닐까? 나랑 5분간 얘기할 수 있어? 요즘 날 대하는 게 예전 같지 않아서 내가 좀 걱정이 돼." 이렇게 다가가서 얘기할 수 있어야 하는데, 두려움이 다가가지 못하게 막는 거예요. 과거의 기억이 현재의 관계에 개입해서 관계 맺는 것을 방해하지요.

과거의 일이 내 잘못이 아니라는 걸 알아차릴 때, 그 고통에서 빠져 나올 수 있어. 왕따 가해자들이 어떤 마음에서 왕따 가해자가 되는 줄 아십니까? 동물적인 본능대로 행동하는 거예요. 세상에 대한 욕구불만, 증오심을 남에게 발산시켜서 스트레스를 해소하고자 하는 겁니다. 아주 비겁하죠. 내가 강자로부터 받은 스트레스를 나보다 약한 자, 연약하고 착한 자에게 찾아가서 해소하는 거예요. 동물적 쾌락을 느끼는 겁니다. 희생양을 찾아서 나의 스트레스 해소용 쓰레기통으로 쓰는 악한 동물적 본능을 발산하는 거예요.

가해자들의 속성을 알게 된 이상, 더 이상 가해자가 되기를 선택하지 마십시오. 어린아이를 키우는 부모님들 잘 알아두세요. 내 아이가 왕따 피해를 겪었다면 "너는 아무 잘못이 없어. 그 아이들의 잘못이야!" 충분히 위로해줄 수 있어야 합니다.

내 아이가 누군가를 왕따 시킨다면 어떤 경우라도 내 아이 편들지 마십시오! 이 아이가 어릴 때 가해자가 되어보았다면 어른이 되어서도 그런 가해를 저지를 확률이 큽니다. 내 아이가 가해자가 되었을 때, 학교폭력위원회가 열리면 가서서 내 아이의 선처를 빌지 마십시오. 소년 법정에 가서 판사님께 선처를 부탁하지 마십시오! 내 아이를 단호하게 혼낼 수 있어야 합니다. 그게 내 아이를 살리는 길입니다. "철없는 애들이 놀다 보면 그럴 수도 있지!"라고 말하는 부모님들의 공통점은 본인들도 어린 시절에 왕따 가해자였던 적이 있는 사람들입니다.

내 아이를 앉혀놓고 단호하게 말해줄 수 있어야 합니다.

"타인에게 동물적인 폭력을 행사한 것은 사람으로서의 삶을 포기하는 거야. 이젠 반성하고 새로운 삶을 의미 있게 살아야 해. 실수를 반복하면서 살아서는 안 돼. 신은 너에게 귀중한 삶의 의미를 부여해주셨어. 그 의미를 찾으면서 세상에 꼭 필요한 사람으로 살아야 해. 친구에게 진심으로 용서를 빌고, 용서해줄 때까지 기다려. 그리고 귀중한 네 삶의 의미를 훼손시켰으니, 너 자신에게도 용서를 빌어. 귀중한 인생을 항상 의미있게 살도록 노력하자. 우리가 너를 잘 가르치지 못해서 미안해. 우리도 반성할게."

그리고 내 아이가 피해를 입었을 경우 반드시 가해자를 찾아가서 단호하게 말해야 됩니다.

"내 아이에게 왜 그랬니?"

그 애는 분명히 이렇게 변명할 거예요.

"친하게 지내려고, 같이 놀려고 장난 친 거예요. 괴롭힌 건 아닌데 이 아이가 오해한 거예요. 애도 저 괴롭힌 적 있어요. 제가 말을 안 해서 그렇지."

변명과 함께 거짓말까지 할 수도 있습니다.

"앞으로는 친하게 지낼게요. 죄송해요."라고 말하더라도 "내 아이에게 직접 사과해줘. 하지만 내 아이와 앞으로 친하게 지내지 않아도 괜찮으니까 진심으로 사과하길 바란다."라고 단호하게 얘기하시고, 내 아이를 보호해주셔야 합니다.

사연을 주신 분, 20살이 되는 과정까지 얼마나 힘들었어요. 이제는 이 상처와 이별해도 됩니다. 얼마 전에 왕따 피해를 겪은 사람들이 어른이 되어서 모인 자리가 있었어요. 여전히 왕따 트라우마의 고통을 호소하는 수백 명이 모였어요. 부모님과 함께 온 청소년들도 있었습니다. 공통점이 뭐였냐면, 그 부모님들도 학교 다닐 때 왕따를 당한 경험이 있었다고 고백하셨어요.

내가 겪은 고통을 내 아이가 겪지 않았으면 하는 두려움이 너무 커서, 왕따 피해를 당하는 내 자녀에게 늘 훈계를 했다는 거예요. "네가 먼저 다가가봐, 네가 먼저 아이들한테 좀 숙이고 친하게 지내려고 노력해봐."

"네가 잘못이 있어서 왕따가 된 거 아니겠니?"라고 말하는 사례가 더 많았다는 겁니다. 우리는 이제 피해자를 보호해줘야 돼요.

피해를 입은 분들은 '내 잘못'이 아니라는 걸 인지하고, 그 상처에서 벗어나도록 더 적극적으로 노력해야 합니다.

인간관계는 누구나 어려워요. 친구를 많이 사귈 수 있는 성격인 사람이 있고, 원래 친구를 많이 사귀는 게 힘든 성격인 사람이 있습니다. 나의 마음을 정말 이해해주는 성향이 비슷한 친구 한 명만 잘 사귀어도 외롭지 않게 살 수 있어요.

주변을 둘러보고 나처럼 인간관계에 어려움을 겪고 있거나 그래서 혼자 조용히 있는 친구를 찾아서 다가가보세요. 친구 사귀는 연습을 그 친구와 함께해보세요. 공감대를 형성하고 서로를 위로해주면서 깊은 관계를 맺을 수 있을 겁니다. 그렇게 한 명 두 명 내 친구가 늘어날 때, 인간관계에 대한 두려움이 줄어들 거예요.

세상에서 가장 좋은 친구가 누군지 아세요? 바로 나 자신입니다. 내가 나 자신을 좋아하고 나 자신과 가장 친한 친구가 될 때, 타인과도 친구가 될 수 있어요. "혼자 있는 시간이 너무 외롭고 두려워요."라고 말하는 사람들 많습니다. 혼자 있는 시간은 외로운 시간이기보다 나를 키우기에 가장 좋은 시간입니다.

왕따 트라우마 때문에 10살부터 대학 졸업할 때까지 인간관계에 어려움을 겪었던, 지금은 28세가 된 청년이 있습니다. 저를 만나서 상담한 지 1년이 되었어요. 이 친구는 올해 심리상담학과 대학원에 입학했습니다. 트라우마에서 벗어난 나 자신의 경험을 바탕으로 열심히 공부를 해서, 같은 어려움을 겪고 있는 사람들과 청소년들의 부모님을 상담하는 전문가가 되겠다고요.

내가 겪은 고통을 가치 없게 만들지 마십시오. 나를 죽이지 못한 것은 나를 더욱 강하게 만듭니다. 사람은 미래에 대한 기대가 있어야만 세상을 살아갈 수 있습니다. 모든 시련은 내 인생에 꼭 필요하기 때문에 일어난 일이라는 것을 받아들이고, 그 시련에서 의미를 찾읍시다. 고통에서 빠져나와서 다시 태어나는 거예요. 다시 태어나 내 생명의 의미를 깨닫고 나면, 나처럼 고통을 겪고 있는 사람들, 죽어가는 사람들을 살릴 수 있습니다.

모든 고통은 문제를 해결할 수 있는 방법을 내포하고 있습니다. 의문에 대한 해답도 있습니다.

내일은 어제와 오늘보다 희망적입니다. 미래에 대한 기대가 행복을 창조합니다. 좋은 일이 일어나는 날이 있는지 알아보기 위해서라도 살아야 하고, 그런 날이 밝아오는 것을 보기 위해서 살아남아야 합니다.

내 인생, 이미 늦은 건 아닌가요?

내가 가출했을 때, 우리 아빠도 우셨을까요? 그 집에서 아직도 나를 기다리고 계실까요? 다시 만나면 '늦어서 미안해'라고 말할 수 있을까요…… 이미 돌아가기엔 모든 게 너무 늦었습니다…… 선생님…… 저 옛날로 돌아갈 수 있을까요?

중1 때까진 저도 공부를 잘했어요. 2학년 때 엄마 아빠가 이혼했어요. 엄마가 장사를 하셨는데, 사기를 당해서 빚을 많이 졌어요. 그래서 서류상으로 이혼을 해야 한다고 했죠. 엄마는 돈 받으러 오는 사람들 때문에 도망을 다니셨던 것 같아요. 그러다가…… 소식이 끊어졌어요. 하루하루가 너무 고통스러웠어요. 아빠는 매일 술을 드시고 우셨어요. 그런 저를 많이 위로해 준 친구가 있었는데 '잘 노는' 아이였어요. 그 친구와 사귀면서 호기심에 시작한 일들이 어느새 빠져 나갈 수 없는 올가미에 저를 가두어버렸어요. 소심하고 친구가 없던 제게 다가온 친구는 정말 저에게 잘 해주었어요. 그리고 제 형편이 너무 어려운 걸 알고, 시급 많이 받는 아르바이트를 소개해주는 오빠들을 만나게 해주겠다고 했어요. 그 친구를 통해서 고등학생 오빠들을 알게 되고, 시키는 대로 하다 보니…… 저는 어느새 쓰레기 같은 삶을 살게 되었어요.

편의점에서 담배 훔치고, 골목에서 삥 뜯고, 가출하고, 돈 떨어지면 오빠들이 주선해서 모텔에서 아저씨들 만나고…… '질톡', '앙톡' 같은 성매매 어플이 생긴 후에는 저 같은 중딩들도 마음만 먹으면 하루 밤에 열탕도 뛸 수 있었어요. 보통 15만원을 받으면 오빠들이 50% 제가 50% 나누어 가져요. 몸은…… 만신창이가 되었어요.

제 죄명이요? 강도, 성매매, 성매매 알선…… 저는 어쩌다가 여기까지 오게 된 걸까요? 저는 10호 처분을 받고 소년원에서 2년을 보내야 합니다. 부모님은 접견도 오지 않으십니다. 원망하지 않아요. 부모님이 받았을 상처도 제가 위로해드리고 싶어요……. 지금 저는 이곳에서 1년을 지냈어요. 중등 검정고시를 준비하고 있어요. 다시 공부에 재미가 붙었고, 이곳 선생님들 께도 사랑을 받고 있습니다.

1년 후에는 세상으로 나갑니다. 고등학교에 입학하고 싶어요. 그런데…… 두렵습니다. 제가 다시 예전으로 돌아갈 수 있을까요? 평범한 고등학생으로 살아갈 수 있을까요? 저는 공부해서 사회 복지학과에 가고 싶어요. 가출 청소년, 성매매 유경험 청소년들을 보호하고 사회복귀를 돕는 선생님이 되고 싶어요.

하지만…… 세상이 저를 바라보는 시선은 차갑겠지요……. 제가 견뎌낼 수 있을까요? 힘든 현실로부터 도망치려고 하다 보니 시궁창에 빠지고, 이제는 현실로 돌아가는 게 소원이 되었어요. 지난 시간이 꿈을 꾼 것이라면 좋겠습니다. 선생님, 제가 예전의 삶으로 돌아갈 수 있을까요……. 제 인생, 이미 늦은 건 아닐까요?

16세 소명이. 소년원에서 온 편지

소명아. 나에게 고백해주어서 정말 고마워. 너의 이야기를 들려줘서 고마워. 내가 너에게 편지를 쓸 수 있는 기회를 주어서 정말 고마워. 나는 너의 편지를 읽고 큰 감동을 받았어. 내가 소년원 아이들을 오랫동안 만나왔지만, '변하겠다'는 의지가 너처럼 강한 아이는 처음 보았어.

굳센 의지를 다지며 구체적인 미래의 꿈을 꾸는 아이를 만나서 반가워. 이것만으로도 너는 현재를 잘 살아내고 있는 거야.

소명아. 네가 가출하기 전에, 도움을 청할 어른이 한 명 있었다면 네가 마음을 잡을 수도 있었을 텐데……. 그분께 너의 가정사와 너의 고통을 털어놓고 위로받고 도움을 받을 수 있었다면 네가 그 오빠들을 만나지 않았을 텐데……. 그런 어른이 되어주지 못해서 미안하고, 어른들을 대표해서 너에게 사과하고 싶구나.

부모님도 소명이를 보살펴주지 못하셨구나. 엄마도, 아빠도…… 그런 부모님을 원망하지 않는 너의 마음도 참 기특하다. 소명아! 지난 일들은 과거고, 이미 다 지나갔어. 이제 우리에겐 오늘과 내일만 있다. 수시로 과거의 일들이 떠올라서 힘들지? 이제 소명이는 새 사람이 되었고, 이제 과거와도 잘 이별해야 해. 공자가 쓴 『논어』에 이런 문장이 있다.

과즉물탄개 [過則勿憚改]

잘못했다면 즉시 고쳐라. 고치기를 꺼리지 말라는 말이야. 잘못하고도 고치지 않는 것이야말로 잘못이라는 거야.

잘못을 알지도 못한 채 계속 잘못을 되풀이하며 사는 사람이 있는가 하면, 잘못을 깨닫고 즉시 고친 후 더 훌륭한 삶을 사는 사람이 있어. 너는 후자야. 깨달았으니 이제 즉시 고치고 되풀이하지 않으면 된다. 『논어』에는 이런 구절도 있어.

"태어나면서 아는 자는 최고요, 배워서 아는 자는 다음이요, 겪고 나서야 그것을 배우는 자는 그 다음이요, 겪고 나서도 배우려 하지 않으면 사람으로서 최하가 된다."

겪고 나서도 배우려 하지 않는 사람들이 많은데, 소명이는 겪고 나서 크게 깨닫고 새로 태어난 사람이니까 나는 너를 칭찬하고 싶다.

너의 아픔이 거름이 되어서, 이다음에 사회복지사가 되어서 위기 청소년들을 돌보는 일을 하게 된다면, 너보다 훌륭한 선생님은 없을 거야. 나와 같은 실수를 저지르고, 인생의 상처와 아픔이 많은 선배가 따뜻하게 손을 잡고 이렇게 말해준다면 기분이 어떨까?

"나도 그랬어. 너처럼 방황한 시절이 있었어. 그런데 이제는 잘 극복해내고 나 같은 청소년들에게 희망이 되어주고 싶어. 내가 손을 잡아줄게. 우리 다시 시작해보지 않을래? 내가 도와줄게."

어때? 실수와 아픔이 많은 청소년들에게 희망의 불꽃이 되어줄 수 있을 것 같지?

너는 그런 사람이 될 수 있어. 부탁할게, 꼭 그런 사람이 되어줘. 20년 후에는 지금 소년원에 강사로 가서, 아이들에게 희망의 실체를 보여주길 바라. 소년원 강당, 무대 위에 서서, 아이들을 대상으로 강의하는 너의 모습을 상상해봐. 어때? 가슴이 뛰지 않니?

너의 예상대로 세상의 시선은 차가울 수도 있어. "저 아이 소년원 갔다 왔대." 색안경을 쓰고 너를 바라볼 수도 있어. 하지만 이 겨내야 한다. 그래야 너의 꿈을 이룰 수 있어. 남들이 뭐라고 하든, 너 자신이 너를 믿고 사랑해야 한다. 그래야 네가 꿈꾸는 일들을 현실로 만들 수 있고, 부모님도 다시 만날 수 있어. 소명이가 굳건하게 바로서면 소명이 아버지도 다시 일어서시고, 엄마도 다시 찾을 수 있을지도 몰라. 꼭 그렇게 되리라 믿는다.

이제 구체적으로 '삶의 의미 찾는 법'을 작성해보자.

① 창조가치 : 무엇인가를 창조하거나 이떤 일을 함으로써

하고 싶은 공부, 따고 싶은 자격증, 지금 할 수 있는 봉사활동 같은 것들이 창조 가치야. 한 번 써보렴.

⋯▸ 나는 창조가치를 실현하기 위해서 무엇을 하고 있는지, 무엇을 하고 싶은지 써보자.

_____

_____

_____

_____

② 체험가치 : 어떤 사람을 만남으로써

생각해보면 반드시 있어!

⋯⟩ 나를 진정으로 필요로 하는 사람이 누구일까?

_____

_____

_____

_____

⋯⟩ 나는 누군가를 위해 무엇을 할 수 있을까?

_____

_____

_____

_____

③ 태도가치 : 피할 수 없는 시련에 대해 어떤 태도를 취하기로 결정
함으로써

'세상이 저를 바라보는 시선은 차갑겠지요. 하지만 저는 공부해서 사
회복지학과에 가고 싶어요. 가출 청소년, 성매매 유경험 청소년들을 보
호하고 사회복귀를 돕는 선생님이 되고 싶어요' – 이 내용을 더욱 구체
적으로 쓰면 돼.

_____

_____

LOGOTHERAPY

이 시 형 의

/

의미치료

의미치료의 창시자,
빅터 프랭클의 이야기

빅터 프랭클,
거인이 남긴 발자취

프랭클의 역사, 그리고 인류사에 남긴 공헌

빅터 프랭클은 20세기를 대표하는 사상가요, 의미치료라는 묘약을 개발한 정신과 의사입니다. 1905년 오스트리아에서 태어난 정신과 의사로서 나치의 포로수용소에 수감되어 그 지옥보다 심한 곳, 극한 상황에서의 인간 모습을 과학자의 냉철한 필치로 기록한『죽음의 수용소에서』를 발표하여 전 세계적 베스트셀러가 되었습니다. 극한 상황을 타고 넘은 인간의 위대함을 그려냄으로써 인간의 존엄성을 밝혀낸 작품입니다. 수많은 사상가, 철학가의 서적이 출간되어 많은 감동을 주고 있지만, 프랭클의 가르침보다 강한 설득력을 갖고 삶의 용기와 희망 그리고 힘을 주는 건 없습니다. 그건 요즈음 누구나 쉬운 말로 하는 치유와는 차원이 다릅니다.

그의 작품은 전문가가 아니라도 누구나 읽고 감동하며 실생활에 응용될 수 있는 실천적 예지가 담겨 있습니다. 그것은 프랭클 자신 사상 최악의 극한 상황, 죽음의 수용소에서 살아남은 생생한 체험을 바탕으로 쓰였기에 더욱 설득력이 있습니다. 그것은 극한의 고뇌와 절망의 늪에서 빛나는 인간의 모습이었습니다. 어떤 상황에도 다른 사람을 배려하는 고귀한 인간성, 어떠한 절망적 상황에서도 다시 일어설 수 있는 경이로운 생명력입니다.

그는 증언합니다.

"나는 보았다. 자기 몫의 최후의 빵 한 조각을 다른 사람에게 주는 사람, 따뜻한 말로 위로하고 다니는 사람의 모습을……."

그런 인간상을 토대로 하여 세상에 내놓은 게 의미치료입니다. 의미치료는 한마디로 설명하면 그가 지금 목격한 인간의 고귀한 본질, 실존적 본성을 '각성시키는' 기법입니다.

프랭클은 계속해서 "자기를 잊고, 자기를 넘어 가치 있는 무언가에 몰두하여 일체화함으로써 얻어지는 정신적 충족감, 이게 참된 행복의 길로 우리를 인도합니다."고 했습니다. 환언하면 본래의 착하디착한 인간성을 회복하는 것, 이것이 의미치료의 목적입니다.

우리가 사는 현대사회가 설마하니 가스실 연기로 가득 찬 나치 수용소는 아니지요. 하지만 알 수 없는 공허감, 고독감, 불안감, 곧이라도 닥칠 듯한 위험감…… 이런 속에 갇힌 듯한 이 답답함, 절박함을 어떻게 할까요. 이런 상황으로부터 달아나기 위해 마약, 술에 빠지기도 하고 도박, 범죄의 소굴을 찾아들기도 합니다. 발광하다시피 이런 데 빠져본들 이게 결국 구원은커녕 더한 소굴로 빠져들게 합니다.

도대체 이 공허로움의 정체는 무엇인가요? 자신의 존재나 인생에는 아무런 가치가 없고, 모든 건 그냥 태어나 생존, 그리고 죽어갑니다. 아무런 보상도 없는 괴로움, 부조리, 절망감뿐인 내 인생, 이런 무거운 짐들이 우리를 부셔 무너트릴 것 같은 막연한 공허감 ― 도대체 이것들은 어디서 오는 것인가요? 해서 인생을 아무렇게 사는 사람이 돼야 하는 걸까요?

프랭클의 메시지는 여기서 단호합니다. 그러니까, 아니 그럴수록 더욱 진실한 인간성을 도로 찾아 진짜 행복을 잡는 기회를 얻어야 한다!

"당신의 존재, 당신의 인생에는 대단한 의미가 있다. 어떠한 절망에도 희망이 있다. 인생은 잘되게 되어 있다. 다만 그것을 의식만 하면 된다."

빈 대학에서 신경학, 정신의학 교수로 재직한 프랭클은 1995년의 강의를 마지막으로 은퇴를 합니다. 남긴 저작은 전부 31권. 세계 24개 국어로 번역되어 다른 사람의 저작에 의한 프랭클 및 의미치료에 관한 책은 130권 이상입니다.

그는 말년에 시력이 약해져 즐겨하던 독서도 못하고 심장병으로 1997년 9월 2일에 서거합니다. 92세였습니다. 유족으로 두 번째 부인 사이 여식을 낳고 손자 둘이 있습니다.

내 생애 두 번째 번역서

출판사의 프랭클 책을 번역, 그리고 감수도 맡아달라는 청에 선뜻 응낙한 것은 내게 있어 프랭클은 프로이트보다 더 중요한 사람이었고, 정신과 의사로서 상담가로서의 직을 수행하는 데 그의 저서가 길잡이가 되어주었기 때문입니다.

내가 번역한 것은 『죽음의 수용소에서』 『삶의 의미를 찾아서』 두 권이었고, 감수한 책은 『심리의 발견』 『의미를 향한 소리 없는 절규』입니다. 번역을 두 권만 한 것은 그것만 읽어도 프랭클의 기본적 생각이나 사상, 그의 상담 기법 등을 충분히 이해할 수 있기 때문입니다. 왜냐하면 그의 저서를 훑어보노라면 여느 학자처럼 이론 정연한 전개로 체계를 구축, 세부에까지 명확한 정의를 해놓지 않았다는 데 있습니다. 오히려 산문적 에세이 같은 인상을 받게 됩니다. 따라 읽노라면 초점이 흐려지고 미궁으로 빠지기도 합니다. 유일하게 『죽음의 수용소에서』는 그의 산 경험을 적은 것이며 그의 철학적, 사상적 정초를 제공해준 저작이어서 프랭클 연구의 필독서입니다. 그리고 『삶의 의미를 찾아서』는 이것만 읽어도 그의 사상체계나 상담기법 등은 대체로 파악될 수 있습니다. 물론 특별히 연구하고자 하는 경우는 가급적 많은 서적을 읽어야겠지만, 앞에서도 말했듯이 체계적이지 못해서 혼란스러울 때가 있다는 건 미리 알아두는 게 좋습니다.

그런데도 읽어가노라면 애매한 부분이 요약되면서 여러 가지 추론, 사색을 하게 됨으로써 프랭클을 이해하는 데 도움이 됩니다.

본 졸저에도 예리한 독자라면 프랭클이 한 이야기와는 다른데, 라는 구석이 더러 있을 것입니다. 실은 프랭클 생각은 대체로 이럴 것이라고 추론을 한 부분은 내 자신의 경험으로 써내려갔기 때문입니다. 따라서 예를 든 수많은 에피소드나 주인공이 수용소가 바뀌어 나오는 경우도 있습니다. 그리고 독자가 프랭클 사상을 이해하는 데 도움을 주기 위해 내 자신이 경험한 상담 사례도 함께 실었습니다.

프랭클은 실제로 네 군데 수용소를 거치는 것으로 되어 있으며, 가장 충격적인 이야기가 많이 나오는 아우슈비츠는 전 수용소 생활 약 3년 중 가장 짧아서, 불과 며칠밖에 머물지 않았다는 사실입니다. 제일 오래 수용되었던 곳은 텔레지엔슈타트인데, 여기서는 2년간 수용되어 있었습니다. 하지만 이곳에서의 생활은 그의 사상 형성에 큰 영향을 미치진 않은 것으로 생각됩니다.

프랭클의 사상 체계를 이해하기 위해선 무엇보다 독자의 개인 체험이 중요합니다. 아우슈비츠에 준할 만큼의 지옥 같은 경험이 있습니까? 물론 이런 극한 상황은 현실적으로 체험하기 쉽지 않습니다. 따라서 깊은 사유나 사색만의 지식이나 개념의 습득이 아니고 '마음'으로 읽는 감성적 추론도 중요한 수순입니다.

프랭클은 20세기를 살았지만 그의 체험적 사상은 21세기를 살아야 하는 우리 인류에게 더 많은 걸 시사해줍니다. 20세기 비극은 다시 일어나선 안 됩니다. 하지만 그 비극의 원천인 물리적 폭력, 마음을 황폐화시키는 허무적 상황, 환언하면 사랑의 부재로부터 우리 아이들, 젊은이를 지켜주지 않으면 안 됩니다. 이들이야말로 인류의 미래이기 때문입니다.

수용소에서 체득한
실존적 지혜

- 무엇이 프랭클을 위대하게 만들었나?

로고스(Logos)란?

프랭클은 의미치료를 설명할 때 이 사람의 이야기로 시작합니다.

1964년 로키산맥 베테랑 등산가 로부 슐타이스가 해발 3,900m 지점에서 눈폭풍을 맞아 추락. 바위에 부딪치고 아이젠에 찔리고 정신을 차려보니 온몸의 심한 격통으로 움직일 수조차 없다. 이대론 하룻밤이면 동사. 어떻게든 하산해야 하는데 온몸이 만신창이다. 그래도 이대로 있을 순 없다. 겨우 몸을 일으켜 몇 걸음 걸었다. 한데 이게 무슨 신비인가. 아픈 데도 없고 공포심도 사라지고 의식상태가 명료해졌다. 몸은 믿을 수 없이 기민하게 움직이고 바위를 타넘고, 자기의 평소 실력으로는 믿을 수 없는 일이 벌어지고 있는 게 아닌가. 몇 차례의 위험 고비를 넘기며 드디어 하산에 성공했다.

그는 당시의 상황을 이렇게 실토합니다.

"일어났다는 것. 움직인다는 것. 걷는다는 것……. 아무 두려움
도 없고……. 도대체 어떻게 이럴 수가 있을까. 내 속에 숨어 있었
던 신비의 힘이 발휘된 것이지요."

인간은 절체절명의 위험에 처하면 평소엔 상상도 할 수 없는 괴
력이 발휘됩니다. 인간의 저력, 숨겨진 비장의 가능성이 발휘됩
니다.

> 인간에겐 절체절명의 마지막 위기 순간에 발휘되는 최후의 힘이
> 비장되어 있다.
>
> - 빅터 프랭클

사람이 최후의 순간을 맞아 사경을 헤매일 때 임종을 하기 위해
가족들이 다 모입니다. 그는 조용히 눈을 뜨고 사방에 둘러선 가
족들을 바라보면서 "모두 왜 왔노?" 하고 묻습니다. 둘러선 가족들
이 깜짝 놀랍니다. 안 돌아가시려나 보다 하고 가족들은 돌아갑니
다. 그런데 그날 밤 돌아가십니다.

도대체 어디서 아까와 같은 괴력이 솟아났을까요. 멀쩡하게 살
아계실 듯한 그 괴력의 정체가 무엇일까요? 그건 가족과의 마지막
작별을 위해 비장된 최후의 생명력입니다. 모든 생명체에 비장된
마지막 본성의 발로입니다. 프랭클은 이를 로고스라 부릅니다.

만일 평소에도 이런 괴력이 발휘될 수 있다면 우리는 초인적 위
업을 완수할 수 있을 것입니다. 하지만 그렇게는 안 됩니다. 절체

절명의 비상사태가 아닌 한 그런 괴력은 두 번 다시 발휘되진 않습니다.

도대체 왜 그럴까요? 딱 한 가지, 위기라는 정신적 요소가 빠져 있기 때문입니다. 역경, 가혹한 상황일 때 추악한 행동을 하는 인간이 있는가 하면 마치 거룩한 성자(聖者)처럼 행동하는 사람도 있습니다. 이것이 인간 본래의 모습(실존은 한없이 고귀하고 위대한 존재, 높은 차원에 속하는 정신)입니다.

프랭클은 이런 인간의 정신(생명)의 원(源)을 로고스(Logos)라 부릅니다. 로고스란 영혼, 논리, 정신, 우주법칙, 신이라는 의미로, 슐타이스가 말한 '위대한 힘' — 그게 로고스입니다. 즉 로고스란 모든 걸 지배하는 '우주의 힘'이요, '신의 이념'입니다. 어떤 일도 로고스가 나타나야 가능하고 우리 개인은 로고스가 피우는 작은 불꽃일 뿐입니다.

프랭클은 이어서 "당신 본래의 모습은 궁극적으로 로고스다. 중요한 것은 자기 속에 잠들고 있는 그 힘을 자각하고 이를 믿고, 거기에 자기를 맡기고 살아가는 거다. 그러면 로고스가 작용, 위대한 일이 가능해진다."고 했습니다.

이런 삶을 살아야 인간은 그 본질인 로고스의 에너지로 충만하며 고차의 생명력과 의식수준을 발휘할 수 있게 됩니다. 그건 강력한 바이탈리티(Vitality, 활력)이며 진실을 파악하는 직감적 예지이며 사랑에 찬 깊은 정신성입니다.

무릇 위대한 일을 한 사람은 자기 힘으로 완수한 게 아닙니다. 인간이 아무리 우수하다고 해도 대단한 건 아닙니다. 그들은 우주의 힘을 빌려서 위대한 일을 행한 것입니다. 자신의 내면에 잠든 그 힘을 믿고 자기 자신을 그 힘에 바침으로써 위대한 일은 성취되는 것입니다! 그러한 로고스의 원리를 정신 요법에 응용한 것이 로고스의 테라피, 즉 로고테라피(의미치료)입니다. 로고스를 불러 깨움으로써 고차의 생명력과 의식수준을 회복시키려는 정신의학적 기법이고, 그것은 동시대 인간 존재의 근본을 자각시키는 실천적 철학입니다.

길가에 아무렇게나 핀 들꽃 한 송이에도 전 우주의 기운이 담겨 있습니다. 비를 맞고 뜨거운 자외선과 구름이 지나가고 바람에 흔들리며, 밤에는 차가운 이슬이 내리고……. 하찮은 꽃 한 송이도 이렇듯 전 우주가 참여한 위대한 존재입니다. 인간도 예외일 수 없습니다. 누구든지 자신이 우주적 존재임을 잊어선 안 됩니다.

의미치료는 프랭클이 청년일 때 이미 확립되어 있었습니다. 다만 이를 진짜로 자기 것으로 한 차원 더 깊이 한 것은 수용소 생활을 거쳐 나이 40세 이후입니다. 후술하겠지만 프랭클이 정신의학을 본격 수업하기 전부터 그에겐 의미치료의 바탕이 마련되어 있었습니다. 수용소에서 생명보다 중한 그 원고를 빼앗기면서 큰 실의에 빠지지만 수용소 생활을 통해 시련과 고통을 견뎌내면서 그의 이론은 깊이를 더해갔습니다. 그런 의미에서 수용소 생활은 그의 학문적, 철학적 깊이를 더하는 데 큰 역할을 했습니다.

만약 수용소 경험이 없었다면 그는 그저 평범한 정신과 의사로 끝났을지 모른다는 게 내 생각입니다. 의미치료를 깊이 이해하려면 수용소 생활에 버금가는 시련과 고뇌를 겪어봐야 합니다. 그리고 죽어도 좋다는 사랑을 해봐야 합니다. 의미치료가 쉬운 것 같으면서 어려운 건 그 때문입니다.

모든 걸 초월한 사랑의 힘 (Logos)

아내 티리와의 신혼 생활은 불과 9개월. 프랭클 가족은 모두 체코에 있는 수용소로 가게 됩니다. 여긴 그 악명 높은 아우슈비츠로 가는 경유지였습니다. 아내는 운 좋게 탄약 공장에서 일하게 되어 있었습니다. 하지만 성격상 그녀는 수용소로 남편을 따라왔습니다. 아무리 말려도 소용없었습니다. 아우슈비츠에서 마지막 헤어지면서 프랭클은 외칩니다.

"티리, 어떤 희생을 치르고라도 살아남아야 돼. 어떤 희생을 치르고라도!"

독일 친위대의 성적 대상이 되어도 살아남을 수만 있다면 아내로서의 정절 따위는 생각 말고, 어쨌든 살아남아야 한다는 부탁이었습니다. 그러나 그게 두 사람의 마지막이 되었습니다.

그에게 아내는 로고스 그 자체였습니다. 강제수용소의 고통과 티리의 사랑이 있었기에 오늘의 프랭클이 있었습니다. 고통과 사랑은 프랭클 사상을 구축하는 두 개의 기둥입니다. 어느 하나가 없어도 인생은 피상적으로 될 수밖에 없습니다. 양자는 함께 자기의 본질, 행복의 본질을 밝히는 데 큰 역할을 하고 있습니다.

깜깜한 새벽, 눈발이 휘날리는 얼음길을 따라 수인(갇힌 사람) 일행은 작업장으로 향합니다. 칼바람이 부는 속을 침묵하며 걷습니다. 문득 새벽하늘을 바라본 프랭클, 별빛도 흐려지고 검은 구름 위로 아침 햇살이 비치기 시작합니다. 그때 돌연 눈앞에 아내 티리가 나타났습니다.

"내 맨정신으로는, 이전의 생활에선 절대로 경험할 수 없는 믿기지 않을 만큼 생생한 모습이었다."

프랭클은 그 순간의 경험을 '상상의 그늘'이라고 불렀지만, 그전에 경험해보지 못한 너무도 생생한 체험이었습니다. ― 아마 이때 그는 통념을 넘은 의식수준, 소위 '변성의식(變性意識)' 상태였던 것 같습니다. 등산가 슐타이스가 추락한 후 경험한 것과 같은 상태입니다.

"나는 아내와 이야기했다. 그녀가 대답하는 걸 들었고 그녀의 미소를 보았다. 나는 그녀의 용기를 주는 눈빛을 본다……."

변성의식 상태는 가끔 이러한 초인간적(Trans-Personal) 지각, 즉 개적 존재의 한계를 넘어 실제로 티리의 정신과 시공을 초월한 교류가 가능하게 됩니다.

"점점 더 확실하게 그녀가 지금 여기 있는 걸 느낀다. 그녀를 포옹할 수 있을 정도다. 손을 내밀면 이만치 잡을 수 있겠다. 그녀는 거기 있다. 거기에……."

사실 프랭클의 그녀에 대한 사랑은 아름다운 용모가 아니라, 이를 초월한 본질의 정신에 향하고 있습니다. 티리의 눈동자는 떠오르는 태양보다 밝게 프랭클의 마음을 비추었습니다. 그때였습니다. 어두운 하늘을 뚫고 내려 비치는 한 줄기 빛처럼 그의 뇌리에 밝고 빛나는 영감이 날아 들어옵니다.

프랭클은 외칩니다.

"그런가. 이거야말로 인간 사상과 시와 그리고 신앙으로 표현되는 궁극의 의미였구나."

진실을 파악했다고 하는, 흔들림 없는 확신이 온몸으로 퍼져나갔습니다.

"그것은 사랑에 의한, 사랑 속의 피조물의 구원이었다고."

프랭클은 이렇게 티리의 눈동자 깊이 로고스를 본 것입니다.

"궁극적으로 로고스와 사랑은 같은 것이다!"

인간은 사랑에 의해, 즉 로고스에 의해 구원을 받습니다. 이것이야말로 궁극적인 의미라는 걸 직감적으로 지각했습니다. 이런 체험은 그에게 종교적 회심(回心)이라고 보여집니다. 어떤 비참한 상황에도 인간은 사랑하는 자의 정신적 상(傷)을 그려 스스로를 충족시킬 수 있습니다. 사랑하는 자와의 정신적 교류에 의해 로고스에 도달, 로고스를 불러 깨웁니다.

"사랑이야말로 인간 존재를 높은 차원으로 올리는 최후, 최고의 진리다."

프랭클의 선언입니다.

"그녀가 살아 있는지 죽었는지는 관계없다. 그걸 알 필요도 없다."

인간이란 존재는 육체의 죽음에 의해 소멸되는 것이 아닙니다. 인간의 본질은 육체가 아니고 생사를 초월한 정신입니다. 정신은 영원불멸의 존재이며 육체는 단지 정신이 물질 차원에 투영된 분신(分身)에 지나지 않습니다. — 이게 프랭클의 확신입니다.

　무릇 인간은 상대 속에 로고스를 보지 않는 한, 즉 본질을 보지 않는 한, 그를 진심으로 사랑할 수 없는 것으로 생각합니다. 왜냐 하면 서로 떨어진 두 사람을 하나로 묶어 일체감으로서의 사랑을 향유하기 위해선 본질적으로 공유하는 게 없으면 불가능하기 때 문입니다.

　티리라는 여성은 프랭클에겐 그런 존재였습니다. 프랭클은 그 사랑을 통해 이 세계는 사랑을 주축으로 하고 있다는 걸 체험하고 터득한 것입니다. 이걸 세상 사람들에게 알려야 하는 게 의미치료 의 사명입니다.

　어떤 시련 속에서도 그의 사랑은 빛을 발합니다. 아니, 시련이 있기에 더욱 빛납니다. 이것은 우리가 일상에서 사랑이란 말을 함 부로 쓰기에 주저하게 합니다. 이렇듯 차원이 다른 사랑이 있구 나, 하는 실감을 느끼게 합니다.

　이상 두 가지 '시련과 사랑'이 프랭클 의미치료의 주제입니다.

인간애를 넘어선 운명의 올가미

　그 지옥 속에서 어떻게 살아남았을까? 『죽음의 수용소에서』를 읽으면서 늘 내 머리를 떠나지 않았던 의문이었습니다. 실제로 생 사의 갈림길은 여러 번 있었습니다. 그럴 적마다 운 좋게 그는 '죽 음의 줄'이 아니고 '연명의 줄'에 섰습니다. 물론 거기엔 선택의 여지는 없었습니다. 그냥 독일군이 시키는 대로 했을 뿐인데, 운 좋게 생존의 줄이 된 것입니다.

딱 한 번 그는 지시를 어기고 다른 줄에 섰습니다. 물론 어느 줄이 죽음행인지 연명행인지 알 순 없었지만 그가 직감적으로 줄을 바꿔선 것이 행운이었습니다. 저쪽 줄에 지시대로 섰더라면……, 그 줄은 그 길로 모두 가스실로 직행했습니다. 이 사건은 예외지만 프랭클이 자원 선택한 것도 생존의 길이 되었습니다. 프랭클은 자기가 어떻게 그런 판단을 했으며, 또 지시를 어기고 줄을 바꿔선 용기가 어디서 나왔는지 궁금했습니다.

죽지 않고 살았지만 문제는 그다음이었습니다. 갖고 있던 소지품을 옷과 함께 다 내놓고 발가벗고 서야 합니다. 그는 의미치료 원고만은 간직하고 싶어 애원했지만 허사였습니다. 소각장으로 보내졌습니다. 자신의 전 인생이 무너진 듯했습니다. 아무런 의미도 없는 껍데기 인간이 되었습니다.

그러나 그는 빨랐습니다. '다시 쓰는 거야. 처음엔 내 자신을 위한 것이었지만 이번엔 전 인류를 위해 쓰자.'라고 다짐했습니다. 자기 작품을, 자기 철학을 기다리는 사람을 위해.

수용소로 잡혀가기 전 그는 미국행 비자를 받게 되어 있었습니다. 하지만 자기가 떠나면 노부모의 안위가 걱정이었습니다. 지금은 자신이 봉사하는 의사라는 신분이라 노부모가 그대로 집에 거처할 수 있었지만 자기가 떠나면 어떻게 될까 걱정이었습니다.

하지만 미국행을 포기하고 남은 것이 화근이 되어 가족 모두 끔찍한 수용소행을 하게 됩니다. 좋은 기회를 스스로 포기한 결과가 참담하게 된 것입니다.

그는 가족 중 유일하게 생존하게 되었습니다. 수용소 생활은 단기적인 안목에선 정말 불운의 길이었지만, 한편 그게 의미치료의 깊이를 더하고, 그를 세계적 거장으로 만든 계기가 되었습니다. 장기적으로 볼 때 그는 좋은 선택을 한 것입니다.

효 또한 도덕적 차원을 초월한 인간 내면의 진실에서 우러난 결정입니다. 이게 바로 로고스입니다. 우리는 여기서 프랭클의 맑고 진실한 인간을 만나게 됩니다.

얼마 전 서울의 명문대학에서 부모가 몇 살쯤 돌아가시면 좋겠냐는 설문조사를 했습니다. 놀라지 마시길. 평균 63살이라고 대답했습니다. 그때까진 부모의 퇴직금도 좀 남았고 자식들을 도와줄 형편이 되지만, 이 이상 나이를 먹으면 짐이 된다는 논리입니다.

『죽음의 수용소에서』를 읽은 독자라면 생사의 갈림길에서 참으로 아슬아슬한 선택을 강요받는 경우가 많았음을 알 것입니다. 프랭클 자신도 독자들도 다음 그를 기다리고 있는 곳은 어떤 곳일까, 가슴을 조이게 합니다. 수용소 생활 중에도 생사의 갈림길에서 선택을 강제로 당하게 되는 경우가 많았지만, 특히나 네 차례 수용소를 옮길 때마다 다음 행선지는 가스실인가 아닌가에 온 신경을 곤두세워야 합니다. 생사가 걸린 일이 아니라도 수용소 생활은 순간순간이 지옥입니다. 프랭클은 어쩌다 인심 좋은 독일병 밑에서 일하게 된 날은 그렇게 행복할 수 없었다고 술회합니다.

우리는 여기서 행복의 의미를 다시 한번 되새기게 됩니다. 어려울수록 역경에 처할수록 행복은 참으로 하찮은 일에서 비롯됩니다. 잘살게 되면 당연 심리에 빠져 웬만한 일에는 행복이 와닿지 않습니다. 이게 세상살이의 아이러니입니다.

그럼에도 불구하고 사람들은 행복을 추구합니다. 그럴수록 행복은 멀어져간다는 게 행복의 패러독스. 그런 줄 뻔히 알면서 행복 추구의 집념은 가실 줄 모릅니다. 행복이란 그렇게 될 이유가 있다면 절로, 자연 발생적으로, 행복은 그 결과로 생겨나는 것입니다. 따라서 행복을 따로 추구할 필요가 없습니다.

행복의 패러독스에서 벗어나려면 우리의 기본적인 인생철학을 수정해야 합니다. 계속 행복 타령을 하고 집요하게 추구하다 보면 결국 불행의 늪으로 빠지게 됩니다.

고도경제성장시대, 우리는 해보고 싶은 건 얼추 해봤습니다. 더 하고 싶은 것도 없습니다. 개인은 자유롭게 되었고 욕망은 실현되었습니다. 특별히 하고 싶은 것도 없는 매일의 생활, 그 속에 갇힌 듯한 폐쇄감으로 우리는 피로하고 에너지를 빼앗겨 불안, 초조에 휩싸입니다. 이런 인생 왜 살아야 하나, 생각도 들 수 있습니다. 무엇 때문에 태어났는가. 살아도 그만, 안 살아도 그만이라면 살아보는 것도 괜찮지 않을까. 의미도 없는 인생, 아무렇게나 생각합니다. 내 목숨은 내 것이니까 내 마음대로 해도 된다는 참으로 가당찮은 생각까지 합니다. 내게 살 권리가 있다면 죽을 권리도 있다는 어느 자살 미수자의 이야기에 나는 충격을 금할 수가 없었습니다.

　주위를 둘러보세요. 아침 여명에서 저녁의 황홀한 낙조까지 우주는 우연이라기엔 너무도 조화롭게 잘 돌아갑니다. 틀림없이 우연이 아닌 위대한 힘이 완벽한 주기로 돌아가고 있습니다. 우리도 그 우주의 일부입니다.

　어느 날 문득 생각해보니 우리가 살고 있었습니다. 목숨이 좋아서 손에 넣은 것도 아닙니다. 우리는 살아가고 있는 게 아닙니다. 위대한 힘에 우리는 살려지고 있습니다. 나라는 존재는 다른 존재와 떨어져 따로 흩어져 있는 게 아니고 큰 생명의 조화와 순환 원리에 따라 함께 돌아가고 있는 것입니다.

　우리 인생은 자기가 할 일, 태어날 때의 의미와 사명을 실현하기 위해 주어진 것입니다. 이를 실현했을 때 비로소 우리들 혼은 성장합니다. 그렇게 우리 인생이 되어 있습니다!

　드디어 프랭클도 장기간의 고된 생활로 앓아눕게 되었습니다. 4일간의 정양 명령을 받습니다. 추운 날 일하러 안 나가도 되고 점호시간에도 빠지고, 프랭클은 이런 시간이 '매우 행복했다'고 술회하고 있습니다. 식사는 반으로 줄었지만, 4일간의 정양 동안 옆으로 누워 있는 것만으로도 그렇게 행복할 수 없었다고 합니다. 이제 병이 나아 또 중노동 현장으로 끌려나간다면 더 이상 버텨낼 수도 없을 것 같았습니다.

　그런데 다른 수용소에서 발진 티푸스가 만연, 의사로 지원할 생각이 없느냐는 소리가 들려왔습니다. 동료들은 수상하다고 가는 걸 반대했습니다. 이전에도 그런 일로 차출하더니 곧바로 가스실로 보내진 일이 있었기 때문입니다. 하지만 프랭클은 가기로 결심합니다.

"어차피 죽을 바에야 의사로서 동료들을 치료하는 게 낫지 않느냐, 이대로 여기서 죽느니 그게 의미 있는 일이다."

역경과 시련의 생활 속에 그는 온몸으로 생사를 초월한 의미치료를 실천했습니다. 소위 치료자라는 족속 중에는 말만 번지르르하게 지껄이는 인간이 너무 많습니다. 그의 깊은 인간애에 절로 고개 숙여지는 장면입니다.

그의 결정은 옳았습니다. 그가 있었던 수용소는 기아로 죽은 환자가 속출하자 수인들을 가둔 채 불을 질러 전원이 몰살당했습니다. 프랭클이 옮겨진 수용소는 티푸스가 만연, 그도 감염되어 고열로 거의 죽게 되었습니다. 프랭클은 결심합니다. 죽기 전에 내 출판물을 완성해야겠다고. 기억을 되살려 잃어버린 원고를 다시 정리하기 시작했습니다. 그의 인간적 성숙이 다시 한번 빛나는 장면이 연출됩니다.

그리곤 다시 생각합니다. 책을 출판하는 것보다 그 책에 쓰인 삶의 방식대로 실천해서 모범적으로 사는 쪽이 훨씬 더 중요하고 의미가 있는 일이 아닐까. 그 후 그는 그렇게 살았습니다.

이전의 그는 학자로서의 명예욕, 출세욕을 위해서까진 아니더라도 어디까지나 자신의 인생을 의미 있게 하기 위해 의미치료 책을 출판하고 싶어 했습니다.

그러나 몇 차례의 절망, 시련을 뛰어넘어 갈고 닦은 인간성, 로고스와의 접촉이라고 하는 종교적 체험에 의해 이미 내적 변용을 하고, 이전과는 달라진 동기로 집필을 시작했습니다. 그건 의미치료가 인류에게 유용하기 때문이라는 동기에서 비롯됩니다. 인류에 공헌하는 뭔가를 만들어내기 위한 자의 책임이라 자각한 것입니다. 즉 자기의 죽음과 함께 의미치료가 사라져버린다면 의미치료에 의해 구원을 받을 수 있는 많은 사람의 미래까지 빼앗는 결과가 됩니다. 미래에는 자기에 의해 이 세상에 태어나기를 기다리고 있는 무엇인가가 있습니다.

'의미치료는 나를 기다리고 있는 거다. 제멋대로 이를 포기해선 안 된다. 미래는 누구도 모른다. 나는 그저 내 생명을 끝없이 믿고 전력을 다해야 하는 게 아닌가.'

믿어도 안 될 수도 있겠지만 믿지 않으면 아무것도 실현되는 게 없습니다. 실현되어야 힐 일이 실현되지 못 한 채 끝난다면 인간 존재로서의 책임을 묻지 않을 수 없습니다.

프랭클은 고열과 피로로 숨도 못 쉬게 되었습니다. 한밤중에 주치의가 있는 막사로 가야 했습니다. 자칫 경비병으로부터 기관총 난사를 받을지 모릅니다. 하지만 이대로는 살아날 수가 없습니다. 의사로서의 직감입니다. 위험을 무릅쓰고 주치의를 찾아갔습니다.

도대체 이런 위기를 넘는 생명력은 어디서 왔을까요. 역시 의미치료를 세상에 남기려는 사명감이 로고스를 불러일으켜, 그 생명력이 용솟음친 결과가 아닐까요.

최근 출간된 졸저『농부가 된 의사 이야기』원고를 정리한 비서가 "박사님, 이게 100권째 저서입니다."라고 했습니다. "그래? 무슨 할 이야기가 그리 많았을까?" 난 혼잣말처럼 중얼거렸습니다. 내 처녀작이 나온 지가 1980년대 초반이니까 40년도 안 된 세월에 100권의 저서가 출간된 것입니다.

어느 하나 쉽지 않았습니다. 한 줄 한 줄 나로선 핏줄이 얽힌 사연들입니다. 나의 살인적인 스케줄을 고려할 때 기적 같은 일입니다. 질은 고사하고라도 양만으로도 대단합니다. 전문작가도 아닌 사람으로서 이건 기적 같은 일이란 게 스스로의 자평입니다. 어느 하나 쉬운 게 없었습니다. 다음에 쓸까, 그만둘까, 써내려가다 보면 이런 생각이 들 적이 있습니다. 난 그럴 적마다 위대한 스승, 프랭클 생각을 합니다.

누군가 나의 이 메시지를 기다리고 있는 사람이 있을텐데…….생각이 여기에 미치면 던져놓은 펜을 다시 들게 됩니다.

괴롭고 번민하기 때문에 인간이다

프랭클은 수용소 생활에서 자기한테 의미치료(Logotherapy)라는 단어를 들어보지도 못한 사람들이 극한의 상황을 슬기롭게 이겨 낸 이야기를 잊지 않았습니다. 그 절망적인 극한의 상황에도 불구하고, 아니 그렇기 때문에 종교적 경지로도 내면을 깊게 하고 아름다움에 대한 감성에 눈을 뜬 사람들을 프랭클은 감명 깊게 적고 있습니다.

"나를 이런 지독한 환경에 빠지게 한 운명에 감사하고 있습니다."
이렇게 시작한 여성의 이야기에 프랭클은 적잖이 놀랐습니다.
그 젊은 여성은 말을 이어갔습니다.
"나는 불편 하나 없이 잘 살아왔습니다. 진심으로 정신적 소망
따위는 생각하지도 않았습니다. 물론 때로는 불평불만을 늘어놓
기도 했습니다. 하지만 그 악몽 같은 환경에서 어떤 일이 벌어져
도 난 행복합니다. 모든 것에 진지하게 되었습니다. 진짜 내 모습
을 확인할 수 있게 되었습니다. 저 창밖에는 작은 꽃이 핀 나무가
한 그루 서 있습니다. 저 나무는 혼자인 나에게 유일한 친구예요."
"저 나무와 자주 대화를 하나요?"
프랭클은 환각이라도 일으킨 건 아닌가 걱정이 되었습니다.
"나무가 대답을 합니까?"
그녀는 고개를 끄덕이면서 이어갑니다.
"저 나무는 이렇게 속삭입니다. 나는 여기에 있어. 나는 존재하
고 있어. 나는 영원의 생명이야……."
그리고 그녀는 조용히 이승을 떠났습니다.

이것이야말로 프랭클 철학의 진수를 시적으로 표현한 예술입니
다. 깨끗이 정화된 영혼의 향기가 전달될 듯 참으로 아름다운 에
피소드입니다. 극한의 절망과 괴로움을 넘긴 사람은 실존적 본질,
즉 진실한 자기를 일깨웁니다. 이럴 때 인간은 사회적 공감이나

인류의 공감보다, 더 근원적인 생명으로서의 공감에 눈뜨게 됩니다. 그 결과 사람은 모든 존재 중에 영원의 생명인 로고스를 보게됩니다. 그리고 로고스야말로 '궁극의 의미'임을 알게 됩니다.

인간은 괴로움을 통해 사물의 본질을 꿰뚫어볼 수 있는 힘, 세계를 투시할 수 있는 힘이 길러지고 높은 차원의 존재를 느낄 수있게 됩니다. 고뇌를 받아들이면서 맑은 행복이 흘러나옵니다.

프랭클에 의하면 우리는 고뇌를 통해 성장하는 존재라는 것. 인간이란 고뇌하는 것(Homo Patience)입니다. 고뇌하는 게 인간, 아니 고뇌하기 때문에 인간입니다.

힘든 병을 극복한 여성의 이야기를 들어봅니다. 고뇌 끝에 다시태어난 인간의 신선한 기쁨의 감동이 표현되어 있습니다.

"인생에 도취되었습니다. 저 아름다운 하늘을 봐주세요. 꽃밭에갑니다. 꽃은 모두 아름다운 색으로 피어납니다. 그 아름다움에눈이 부십니다. 인생의 진정한 기쁨이 어떤 것인가 나는 전혀 모르고 지냈었거든요. 진정으로 살게 되기 위해서 나는 죽음을 직면하지 않으면 안 되었구나……. 나는 살기 위해 죽지 않으면 안 되었습니다."

여기서 프랭클의 절대 긍정 인생철학의 한 단면을 엿볼 수 있습니다.

"어느 때건 인생엔 의미가 있다. 어떤 사람, 어떤 인생에도 이세상에 생명이 있는 한 충족시켜야 할 의미, 실현해야 할 사명이반드시 주어져 있다. 네가 모르고 있을 뿐, 네 발밑에 이미 있다.

이 세상 어딘가에 네가 필요한 무언가가 있다. 누구를 위해 너에겐 주어진 그 무엇이 있다. 누구는 너에게 발견되어 그 무엇이 실현되길 기다리고 있다. 고로 이 인생에서 일어나는 모든 것, 비록 괴로운 일이라 하더라도 의미 있는 일이다. 필요하기에 일어났다는 사실을 조용히 받아들여야 한다. 이런 기본적인 인생철학을 잘못 알고 있으면 아무리 열심히 살아도 참된 행복을 얻을 순 없다."

프랭클에게 그 무엇은 바로 의미치료의 완성이었습니다. 그러기에 어떤 상황, 어떤 시련 속에서도 살아남아야 합니다. 그 소망이 얼마나 절실했던지, 수용소에서 해방 후 가족이 모두 참살당한 암울한 시대에 그가 꿈에도 그려왔던 책을 완성합니다. 1946~1949년 2년간 그는 6권의 책을 출간하게 됩니다. 의미치료를 필요로 하는 사람들에게 해야 할 책임을 다한 것입니다.

한 생명을 건지기 위해

어느 날 수용소의 한 사람이 창고에서 감자를 하나 훔쳤습니다. 수위들은 당장 범인을 찾아내라, 아니면 모두에게 하루를 굶기는 벌을 주겠다고 했습니다. 누가 훔쳤는지 알지만 막사 모두가 고발하지 않고, 그의 교수형 대신 하루 굶는 벌을 받기로 합니다.

그날따라 전기도 없고 깜깜한데, 막사의 대표가 최근 늘어나는 자살 예방을 위해 프랭클의 의견을 듣고 싶다고 했습니다. 그는 배도 고프고 지치고 말할 기분이 전혀 아니었지만 동료들을 위해 일어났습니다.

"여러분 지금 상태는 아직 최악은 아닙니다. 우리는 집, 지위 등 많은 걸 잃었습니다. 그러나 이것들은 모두 되돌려 찾을 수 있습니다. 우리의 생존 가능성은 낮습니다. 그렇다고 낙담, 희망을 버릴 필요는 없습니다. 왜냐? 미래는 어떻게 될지 아무도 모르기 때문입니다. 미래는 두고라도 우리의 과거 있었던 그 풍요로운 체험은 누구도 빼앗아갈 순 없습니다. 과거 속에 우리가 일군 업적은 영원히 확보됩니다. 인생은 어떤 상황에도 그 자체로 의미가 있습니다. 그 의미 속에는 고뇌도 죽음도 포함되어 있습니다. 즉 고뇌도 죽음도 결코 무의미한 건 아닙니다. 인생에 의미를 주고 있습니다. 우리들 삶에서 투쟁은 절망적일 수도 있습니다. 그렇다고 해서 그 싸움의 의미나 존엄을 조금이라도 손상시켜선 안 됩니다. 곤란한 상황에 있는 우리를, 가까운 장래 어쩌면 최후의 날을 맞을지도 모를 우리를, 누군가가 보고 있습니다. 친구, 아내, 살아 있는 자, 혹은 죽은 자까지, 그리고 신도 보고 있습니다. 그들은 우리에게 기대하고 있습니다. 우리 삶을 보고 실망하지 않도록 긍지를 갖고 그날까지 당당히 살아나갈 것을 기대하고 있습니다. 그러면 그들에게 구원이 되지 않을까요. 따라서 우리가 당하는 고통에는 의미가 있습니다. 사랑하는 사람의 고통을 대신한다는 생각도 참 좋은 의미를 제공합니다. 사랑하는 사람의 고통을 대신 받겠노라고 하늘에 빌어보세요. 그 순간부터 당신의 고통에는 의미가 생기게 됩니다. 사랑하는 사람의 고통을 분담하기 위해 나를 희생하자, 어떤 상황에도 긍지를 갖고 괴로워하고 죽어갑시다."

불이 켜졌습니다. 조용히 눈물을 닦고 있는 동료들을 프랭클은 지켜보았습니다.

한 사람을 구하기 위해 그 열악한 환경에서 하루를 굶기로 한 사람들. 그날따라 칠흑같이 어두운 밤, 프랭클의 짧은 연설은 그들의 영혼을 일깨웠습니다. 우리가 지금 여기 이렇게 있는 것에도 깊고 무거운 의미가 있다는 걸 느꼈으리라.

프랭클의 논지는 시련과 사랑입니다. 그는 고통과 시련을 경험한 자만이 의미치료의 진수를 이해하게 된다고 했습니다. 인생살이에서 고통을 자기 존재의 자연스러운 일부로 인정하고 받아들이는 자세만 되어 있다면 어떤 시련도 이겨낼 수 있다고 합니다.

그러나 불행히도 현대인은 이 고통에 관한 생각이 다릅니다. 고통을 인간 존재의 본질적 부분이란 생각을 하지 않습니다. 고통은 예외적인 것. 무언가 잘못된 것. 시스템의 실패를 나타내는 것이요, 우리에게 보장된 행복의 권리를 침해하는 것으로 간주합니다.

나의 인도 체험은 아주 특이했습니다. 가난한 지역에선 고통을 잘 받아들이고 잘 견뎌낸다는 게 인상적이었습니다. 굶주림, 질병, 고통, 죽음…… 일상적으로 볼 수 있는 것으로, 여기선 늙고 병들어도 마을에서 함께 삽니다. 가족의 보살핌 속에 삽니다. 이런 환경에선 삶이 고통이며, 고통을 인간 존재의 자연스러운 일부분으로 생각합니다. 인도의 깊은 철학적 사색과 사상이 참으로 인상적이었습니다.

한 발, 한 발, 그 무겁고 힘든 발걸음을 옮겨가며 성지순례를 하는 사람들의 그 고통이 이해가 됩니다.

어느 시인의 한마디입니다.

"깊은 고뇌가 내 영혼을 인간답게 만들었습니다."

수행자에게 고통은 축복입니다. 고통이 따라야 수행이 쉬워진다는 것. 슬픔을 모르면 기쁨을 모르듯 울 줄 아는 자만이 웃을 수 있습니다. 밤의 어둠을 아는 자만이 여명의 감동에 취할 수 있습니다.

마크 트웨인은 '유머의 원천은 암수(暗愁)'라고 했습니다. 요즈음 TV는 너무나 경박하고 품격이 없습니다. 감각적이고 말초적이어서 깊은 심금의 울림이 없습니다.

일본 어느 선사의 에피소드입니다. 선사의 동생이 부탁합니다. 아들 녀석이 방탕하니 한마디 해달라는 것. 내키진 않았지만 조카와 마주 앉았습니다. 아무 말도 나오지 않았습니다. 한참 말없이 앉았다가 일어나 짚신을 신으려는데 조카 녀석이 짚신 끈을 묶어 줍니다. 그때 조카의 손등에 뜨거운 눈물방울이 떨어졌습니다. 쳐다 보니 선사가 울고 있습니다.

로고스를 불러일으키기 위해

수용소에서는 살아남기 위해 상식적으론 말도 안 되는 짓을 합니다. 여기선 어떻게든 살아남아야 한다는 게 자신을 위해, 그리고 서로를 위해 유일한 목적입니다.

그러기 위해 사람들의 관심은 오직 먹는 것, 추위를 피하는 일, 조건이 좋은 노동 그룹에 소속되는 것, 카포(감시자)와 좋은 관계를 만드는 것에 집중되어 있습니다. 무슨 그런 일에? 상식적으로 납득이 안 가는 어이없는 일들이지만 이것들이 생사를 갈라놓기 때문에 어쩔 수 없습니다. 어쨌거나 생체(생명)는 그가 갖는 모든 가능성을 발휘하여 생존을 위한 모든 수단을 강구해야 합니다.

그러나 무엇보다 효력을 발휘하는 건 로고스를 불러 깨워 그 생명 에너지를 획득하는 일입니다. 사람들은 알든 모르든 무의식적으로 로고스를 불러 깨우기 위해 모든 수단을 모색하게 됩니다. 사람들은 체험적으로 알고 있습니다. 로고스를 각성시키기 위해 정신적으로, 육체적으로 어떻게 해야 하는가를! 같은 아우슈비츠 출신의 노벨평화상 수상자 엘리 비젤은 그의 자전기에 이렇게 쓰고 있습니다.

"아버지와 함께 수용소 생활을 하고 있던 당시 15세 소년은 병든 아버지 수발을 들면서 소홀히 한 점을 늘 부끄러이 여기고 있었지만 독일 친위대의 말에 마음이 동요된 것을 고백한다. '여기선 누구나 자기만을 생각하지 않으면 안 된다. 타인을 생각해선 살아남을 수 없다. 너는 아버지한테 배급된 빵도 먹어야 한다.' 그는 수송차 안에서 빵 한 조각으로 부자가 싸우는 걸 목격했다. 그리고 얼마 후, 슬픈 수라장이 전개된 그 자리엔 싸늘한 시체 두 구만 남았다."

같은 수용소의 질서 유지반의 젊은 폴란드인은 이렇게 말합니다.

"여러분, 힘든 여정이 남아 있습니다. 그러나 용기를 잃지 말아주세요. 힘을 합쳐 희망을 버리지 말아주세요. 삶을 신뢰해주세요. 절망을 씻어버리면 여러분은 죽음을 멀리할 수 있습니다. 지옥이 영원히 계속되는 건 아닙니다. 우리는 모두가 형제요, 같은 경우를 참고 견디고 있습니다. 서로 도와야 합니다. 그것만이 살기 위한 유일한 수단입니다."

물론 이건 설교는 아닙니다. 이 험한 수용소 생활을 통해 터득한 생존의 지혜입니다. 용기, 희망, 신뢰, 사랑입니다. 이 짧은 연설 속에 의미치료의 골자가 다 들어 있습니다. 우리들은 용기에 의해, 희망에 의해, 신뢰(신앙)에 의해, 그리고 사랑에 의해 로고스를 불러일으켜 어떤 경우에도 참고 견딜 수 있는 생명력을 발휘할 수 있게 됩니다.

아우슈비츠 출신의 심리학자 루시 아델스베르거의 한마디입니다.

"자신도 굶주림으로 신음하면서 배급된 빵을 팔아 감자를 사서 죽음을 앞둔 동료에게 최후의 행복감을 주는 사람도 있다."

이렇게 자기를 잊고 사랑하는 행위에 몰두함으로써 로고스를 각성시켜서, 가혹한 상황에도 살아나는 생명과 예지의 힘을 솟아나게 한 것입니다.

프랭클은 여기서 자기 초월의 경지를 암시하고 있습니다. 진실로 '자기 생각만 해선 살아남을 수 없습니다.' 극한 상황에서 자신도 굶주림에 죽음을 예감하면서도 힘든 동료에게 사랑을 베푼다는 건 믿기지 않는 감동적인 장면입니다. 아이러니하게 인간성을 철저히 배제하기 위해 세워진 수용소에서 수인들은 훨씬 '인간적'으로 되어갔다는 사실입니다.

의식이 부족하면 예의를 모른다고 하지만 진실한 예절, 인간다움은 의식이 부족할 때 생기는 게 아닌가 하는 생각이 듭니다. 프랭클은 이런 극한의 경험을 함으로써 자기 인생이 성숙해졌다는 걸 고백하고 있습니다.

✚ 자기 초월의 경지

프랭클을 대하고 있노라면 우리가 지금까지 지녀왔던 가치관, 행복관, 성공관, 인생관은 너무나 소아기적인 차원이란 생각에 몸 둘 바를 모르게 됩니다. 결론부터 말하면 우리 인생관에 혁명적 변화의 계기가 있어야겠다는 생각을 깊이 하게 됩니다.

프랭클 자신은 물론이고, 수용소 동료들 중에도 자기 초월한 사람들의 감동적 이야기를 많이 싣고 있습니다. 자신의 빵을 감자로 바꾸어 죽어가는 동료에게 최후의 행복감을 주는 천사의 이야기는 눈물 없이 읽을 수 없는 장면입니다.

지금 우리는 수용소 생활과는 비교도 할 수 없는 지상낙원에 살고 있습니다. 하지만 정신적으로는 크게 다를 게 없다는 게 내 정신과적 소견입니다. 늙은 정신과 의사의 노파심이면 좋겠지만 자살률 하나만 생각해도 인생철학을 근본적으로 고쳐야 한다는 프랭클의 강한 어조에 다시 한번 움칠하게 됩니다.

우리가 잘 아는 매슬로의 욕구단계설을 보면 5단계 중 제일 상위 욕구는 자아실현입니다. 우리는 이것을 인간이 추구해야 할 최고의 가치요 목표인 양 알았습니다. 그러나 프랭클은 여기서 한 단계 더 올라섭니다. 자기를 초월한 경지입니다. 자기 초월의 욕구야말로 인간이 추구해야 할 최고의 가치라는 것.

지금까지 심리학은 네가 진짜하고 싶은 일, 꿈, 그리고 네 인생의 목표는 무엇인가, 어떤 희망이나 원망을 실현시키고 싶은가에 치중되어 왔습니다. 프랭클의 반론은 신랄합니다. 자기하고 싶은 일을 찾아 이를 실현했다고 하자. 바로 또 새로운 하고픈 일이 생겨 어쩌면 우리를 만성 불만의 상태로 몰아간다고.

여기서 프랭클의 주장을 다시 한번 정리 요약해봅시다.

프랭클의 심리학은 의미치유입니다. 의미 발견을 위한 3가지 물음!

1. 나는 인생에서 무엇을 할 것을 요구받고 있나?
2. 나의 일을 정말 필요로 하는 사람은 누구인가? 어디 있는가?
3. 그 누군가, 무언가를 위해 네가 할 수 있는 일이 무엇인가?

프랭클이 이런 이성적이고 지성적인 면만을 추구한 것은 아닙니다. 찢어진 판자 사이로 스며드는 달빛에 얼굴을 대고 눈을 감는 자, 독일 감시병 숙소에서 들려오는 아코디언 소리에 가슴을 쓰다듬는 자, 이런 여린 감성이 로고스를 일깨워 살아가는 강력한 힘이 되어준다는 것. 이런 내적 변용과 함께 예술이나 자연에 대해서도 강렬한 감성에 눈뜨게 되었다고 보고합니다.

지쳐 쓰러져 있는 어느 날 저녁, 동료가 들어와 "밖으로 나와봐, 참으로 아름다운 낙조가 펼쳐지고 있어."라고 말합니다. 순간 프랭클은 지쳐 쓰러진 자신을 잊고 다른 동료 몇과 함께 밖으로 뛰쳐나갔습니다. 아! 감탄이 절로 나옵니다. 얼마간의 침묵이 흐른 뒤 한 사람이 "세계는 어쩌면 저렇게 아름답지!"라고 말합니다.

프랭클의 기록에 의하면 이런 여리고 감성적인 사람이 살아남습니다.

피로에 지친 한 여성은 추위와 굶주림에 떨면서 몇 시간을 밖에서 있었습니다. 그녀는 거기서 위대한 발견을 했습니다. 길가 포장된 도로 틈 사이에 예쁜 꽃 한 송이가 피어 있습니다. 신기하게도 많은 사람들이 지나치면서 그 꽃을 밟지 않고 가더라는 것. 참으로 놀라운 일 아닌가요.

"쳇! 그게 무슨 대수야. 내일이면 나를 위한 무덤을 파야 하는 판에."

이런 사람은 진짜 자기 무덤을 파게 되더라는 것.

아름다움을 접함으로써 생존에 유용한 뭔가를 본능적으로 얻으려 하고 있는 것, 그것은 로고스의 생명 에너지입니다. 아마 로고스는 아름다움에 의해서도 깨어나겠지요. 빵 한 조각에 다투던 사람들도 석양의 아름다움을 바라봅니다. 순간 그들은 로고스를 일깨워 로고스의 생명 에너지를 '먹고' 있었습니다.

무거운 발을 이끌고 작업장을 향합니다. 어젯밤 고인 빗물에 마른 나뭇가지가 비쳤습니다.

"아, 이것 좀 봐. 렘브란트의 풍경화보다 아름답잖아."

곧 쓰러질 듯 깡마른 자의 심신에서 어쩌면 이런 말이 나올 수 있을까. 프랭클은 여기서 새삼스레 인간의 생명력에 관한 생각을 다시 하게 됩니다. 이런 환경에서 살아남는 힘은 강한 의지나 튼튼한 몸이 아니라 섬세한 감성에서 솟아난다는 것. 달을 보고 눈물을 흘리는 자, 귀뚜라미 소리에 잠을 잊은 채 밤을 지새는 사람, 이런 여린 감성이 로고스를 일깨워 살아가는 강력한 힘이 되어줍니다.

희망의 허구

추운 어느 날 같은 방 동료가 환한 웃음으로 일어났습니다. 어젯밤 꿈에서 산신령이 나타나 "3월 31일 해방이 됩니다."고 한 것입니다. 그날부터 그는 일도 열심히 하고 때로는 휘파람을 불며 하루를 보냈습니다. 3월이 되었습니다. 전쟁이 끝날 기미는 없고 이윽고 3월 29일, 그는 갑자기 온몸에 발진 티푸스가 번져 고열로 신음하더니 31일 밤 조용히 세상을 떠났습니다.

인간의 생명력이 얼마나 내면의 정신세계에 의존하고 있는가를 보여줍니다. 희망이 끝나는 날 깊은 절망의 골에 빠져 다시는 일어나지 못합니다. 이게 희망의 허구입니다.

수용소에는 크리스마스나 정초가 되면 특별한 일이 없는데도 많은 사람들이 죽어나갑니다. 그때 즈음 전쟁이 끝난다는 소문에 은근히 희망을 걸고 기다립니다. 그러나 막상 희망의 그날이 와도 아무런 낌새도 없이 하루가 흘러갑니다. 기다림이, 희망이 클수록 절망의 깊이도 큽니다. 이제 사람들은 어떤 희망도 믿을 수 없게 됩니다.

'이제 인생에는 어떤 기대도 해선 안 된다. 인생에 사는 의미는 없다.'

이렇게 정신적 지주가 무너지면서 희망 대신 절망의 늪으로 빠져듭니다. 어떤 이는 희망과 함께 자신을 버립니다. 아침이 되어도 일어나지 않고 그 무서운 카포가 와도 그냥 누워 있습니다. 이 사람에겐 더 이상 일어나야 할 이유도, 의미도 없어진 것입니다. 그냥 죽음을 기다립니다. 이게 외적(外的) 희망의 위험이요 허구입니다. 아무 희망도 갖지 말아야 합니다. 생존을 위해! 우리가 일상에서 듣는 희망의 의미와는 사뭇 다른 분위기입니다.

생명의 본성은 말할 것도 없이 '사는 것'입니다. 아무리 이성이 절망을 느껴도 가슴 깊은 곳에 잠긴 생명은 살아나가야 하는 의지를 부정하진 않습니다. 어떻게든 산다는 것이 지상 명제이기 때문입니다. 거기서 생명은 자신의 지혜를 총동원, 절망 속에서도 어떻게 해서든 '살아나갈 기둥'을 찾게 됩니다.

'그렇다. 인생에 기대하는 게 틀린 것이다. 오히려 인생이 우리

에게 기대하고 있는 것이다.'

프랭클은 이를 '코페르니쿠스적 전환'이라 부릅니다. 하늘이 자기를 위해 도는 걸 기대하지 말고 하늘을 위해, 즉 우주를 운행시키기 위해 내 자신이 돌아야 한다는 역발상입니다. 인생에 기대하지 않기 때문에 절망도 없습니다! 정신적 지주, 사는 희망의 터전은 불안정한 외적 조건에 의존하지 않는 대신 자기 내면에 확고한 기반을 구축해야 합니다. 외적 조건이 어떻게 되건 자기 내면의 정신세계는 확고부동해야 합니다. 인간의 본성, 항상성을 유지해야 합니다.

"기다리고 있는 사람, 기다리고 있는 일의 책임을 자각한 인간은 절대로 생명을 포기하지 않는다. 어떤 곤란이나 역경에도 참고 견뎌낼 수 있다. 그를 위해."

프랭클에겐 그 위대한 과제가 쓰는 일입니다. 의미치료 원고를 탈고, 세상 사람에게 전해야 하는 일입니다. 이런 사명감을 내면 깊이 갖고 있는 이상 외부 환경이 아무리 악조건이라도 생존할 수 있는 힘이 되어주는 것입니다.

인생에 기대하는 걸 단념한 인간은 어떤 결과든 받아들일 각오가 되어 있습니다. 결과는 문제되지 않습니다. 자기 책임을 다하도록 전력을 다하는 일, 결과보다 행위 그 자체에 의식을 기울이게 됩니다.

프랭클은 계속해서 "인생은 결과의 책임까지 인간에게 요구하지 않는다."고 했습니다. 인생이라는 게임은 반드시 이길 것을 바라진 않습니다. 다만 도중에 포기하지 않고 끝까지 게임을 마쳐야 하는 것을 바라고 있습니다. 이기든 지든. 그러면 어떠한 외적 절망 상황에도 내적 자유와 풍요 속에 정신을 놓을 수 있게 됩니다. '나를 필요로 하고 있다'라는 자각을 불러일으켜야 합니다. 우리 사회가, 아니 전 우주가 나를 필요로 하고 있다는 감각이 살아 있어야 합니다. 내가 무용지물이란 생각이 드는 순간 인간은 살아야 할 아무런 의미가 없어집니다.

내가 요즈음 은퇴세대를 향해 외치는 소리입니다. 나는 지하철 돈 내고 탑니다. 그리고 경로석은 물론이고 의자 있는 쪽에 가지 않고 출입문 근처에 서서 갑니다. 난 지금도 현역으로 뛰고 있습니다. 난 아직 사회에 빚을 지고 살진 않습니다. 아직 사회가 나를 필요로 하고 있는 존재임을 확인하기 위해서입니다.

평생 현역으로 뛰어야 한다는 나의 소신이 얼마나 많은 사람들의 심금을 울릴 수 있을는지 궁금합니다.

사명감이라 불러도 좋습니다. 이를 자각한 인간만큼 활력 (Vitality)이 넘치는 사람은 없습니다. 사명감이 로고스의 에너지를 심신에 흘러보내기 때문입니다. 이런 심경을 확립시키기 위해선 그 나름의 풍부한 정신성이 요구됩니다. 종교적 소질, 섬세한 감성, 내성적 경향, 정신적 사물에의 이해력 등이 내적 변용에는 필요하게 됩니다. 그런데 이런 사람들은 대체로 약하게 보입니다.

하지만 로고스의 에너지가 흘러 들어가면 어떤 근육남(男)도 능가하는 활력과 지구력을 발휘, 수용소의 극한도 견뎌낼 수 있습니다. 진짜로 강한 사람은 섬세한 내면성을 반드시 갖고 있습니다. '이렇게 해서 섬세한 성질의 인간이 가끔 건장한 사람보다 주어진 상황을 수용하고 생활을 훨씬 잘 한다'는 패러독스가 이해됩니다.

문제는 불확실성에 희망을 건 게 화근이었습니다. 전쟁이 언제 끝날지는 누구도 모릅니다. 거기다 희망을 건 자체가 잘못된 것입니다. 우리는 어떤 역경에도 희망을 버리지 말라고 배웠습니다. 희망이 사람을 밀고 가는 힘이 될 수 있습니다. 단 불확실한 외적 상황에 희망을 걸어선 안 된다는 교훈을 수용소는 가르치고 있는 것입니다. 희망은 외부에 있는 게 아니고 내 속에 있습니다. 자신의 내적 정신세계에 희망이라는 불빛이 꺼지지 않도록 잘 지켜나가야 합니다.

해방, 자유 그리고 비통과 환멸

그가 마지막 보낸 수용소에도 차츰 전선이 가까워지고 있는 감이 들었습니다. 독일군의 감시도 느슨해지고 한결 부드러워졌습니다.

해방, 자유를 며칠 앞둔 어느 날, 동료들이 이웃 마을에 진료 갈 때 도망치자는 계획을 세웠습니다. 그때 병실 환자 한 사람이 "당신도 도망가느냐?"고 걱정스러운 얼굴로 물어왔습니다. 순간 프랭클은 '내가 의사로서 나를 믿고 있는 환자를 버릴 수 있는가.' 하고, 결국 포기했습니다.

전선이 가까워지자 이 수용소는 폐쇄하게 됩니다. 다른 곳으로 옮기기 위해 차를 기다립니다. 그는 두 번째 차에 타게 되어 있었는데 착오가 생겨 다음 날 오는 차를 기다려야 했습니다. 하지만 전선은 빨리도 수용소로 닥쳐 왔습니다. 밤새 엎드려 총소리를 피했습니다. 아침이 되자 사방이 쥐죽은 듯 조용해졌습니다. 목을 내밀어 정문을 바라보니 백기가 펄럭이고 있었습니다.

"전쟁이 끝났구나. 이제 해방이다."

얼마나 기다렸던 날인가. 그러나 어느 누구의 입에서도 감격스러운 말이 나오지 않았습니다. 조심스레 정문 쪽으로 밖을 나가 의심스런 눈으로 앞뒤를 살피며 몇 걸음 걸어도 보았습니다. 그토록 기다리고 외쳐댔던 해방. 자유란 말은 물론이거니와 기쁨도 없고 도대체 모든 감정이 얼어붙어버렸습니다. 독일병들은 재빨리 민간복으로 갈아입었습니다.

해방도 되고 자유의 봄이 되었습니다. 하지만 누구도 서둘러 집에 갈 생각도 없었습니다. 마치 수용소가 보금자리인 것처럼 낮에는 밖으로 나가 어슬렁거리다가 저녁이면 모두 수용소로 돌아오곤 했습니다. 화원의 아름다운 꽃을 보고도 아무런 느낌이 없었습니다. 사람들은 모두 환상의 세계를 거닐 듯 정신이 나간 사람마냥 되었습니다. 학술적으로 이런 현상을 이인증(離人症)이라 부릅니다. 실감이 나지 않고 자기 같지도 않은 감각, 마치 꿈길을 방황하고 있는 듯한 현상입니다.

다음 날, 프랭클은 동료와 함께 들판을 걸었습니다. 보리 싹이 파랗게 자라고 있었습니다. 동료는 그 보리를 일부러 발로 뭉개듯

짓밟고 걸었습니다.

"왜 그래?"

프랭클이 물었습니다.

"뭐라카노. 내 아내도 아이들도 가스실에서 죽었다. 까짓 보리가 뭔데 밟지 말라니!"

동료는 결코 나쁜 사람이 아닙니다. 선하고 진실한 친구였습니다.

이것만이 아닙니다. 해방이 된 자들에게 참으로 이상한 일들이 벌어졌습니다. 프랭클은 말합니다.

"진정한 용기를 시험하는 일은 역경일 때가 아니고 오히려 행운일 때여야 한다. 그 축복받은 환경에서 얼마나 겸허할 수 있는가를 물어야 한다. 얼마나 기다렸던가. 고향으로 돌아가는 날을. 초인종만 누르면 사랑스러운 아내, 아이들이 반가운 얼굴로 뛰쳐나오는 그리운 장면들을 얼마나 그렸던가. 하지만 막상 기다리고 있는 건 수용소보다 더 절망적인 상황이었다. 초인종을 눌러도 대답은 없고 방들은 모두 텅 빈 채다. 온 가족이 다 몰살을 당한 것이다. 천애고아가 된 것이다. 이날을 위해 그 힘든 수용소 생활을 참고 견뎌왔는데, 이게 뭐야. 반겨줄 이웃도 없고 우리 이야기를 들어줄 사람은 아무도 없다. 차라리 희망이 있었던 수용소 생활이 나았다는 사람들도 적지 않다. 비록 확률은 적었지만 수용소에는 언젠가 가족을 만난다, 행복하게 살 수 있다는 희망이 있었다. 하지만 이게 뭔가. 무엇 때문에 그 고생을 하며 견뎌야 했던가. 너무나 허무하다. 우리가 겪어야 했던 그 고난이 아무런 의미가 없었단 말이냐."

자살자도 나옵니다. 이런 정신현상은 2차세계대전 후 전 세계를 풍비한 고향 상실증과 비슷합니다. 지독한 전쟁의 참화 속을 용케 견뎌 꿈에도 그리던 고향에 돌아왔지만 모두들 뿔뿔이 헤어지고 고향 마을엔 사람도 없고 폐허만 황량합니다. 불편하고 지친 다리를 이끌고 돌아온 병사의 심경은 그야말로 황량한 들판에 남겨진 길 잃은 양 같습니다.

"웬만한 곤란은 참고 견딜힘이 있지만 의미의 상실은 견디지 못한다. 진짜 극한적인 절망은 수용소 안이 아니고 해방이 되어 자유의 몸이 된 시민 생활 속에 있었다. 모든 걸 잃은 사람, 자기 자신마저 잃은 사람에게 지켜야 할 게 뭐가 있을까. 특별히 복수심도 없고 명예욕, 권력욕도 없고 있는 건 오직 신 이외 아무것도 두려워하지 않는 용기, 그리고 빵 한 조각, 따뜻한 침대, 점호에 안 불려나가도 되고 죽음의 위험도 없고. 이런 상황만 주어진다면 다음엔 어떤 운명이라도 감사하며 받아들일 겸허함이어야 한다."

인간은 풍요로워지면 당연 심리에 빠져 감사를 모르는 저질의 품성을 갖게 될 수도 있습니다.

의미치료의 이론과 임상

- 로고스의 싹이 성장하기까지

그에게 로고스는 운명이었다

　며칠을 수용소에서 얼쩡거리다 빈으로 돌아왔지만 가족이라고는 달랑 여동생 한 사람만 겨우 살아남았습니다. 프랭클은 친구인 부르노 피터를 찾았습니다. 그는 나중에 부수상까지 지낸 인물입니다. 피터는 찾아온 프랭클의 손을 잡고 억지 서명을 시켰습니다. 빈 신경과 폴리클리닉 지원서였습니다. 프랭클은 거기서 25년간 부장 임무를 수행하게 됩니다.

　근무가 시작되자 수용소에서 분실한 원고를 복원하는 데 전력투구합니다. 타이피스트를 셋이나 고용, 맹렬한 속도로 구술을 시작했습니다. 그러는 사이 잠시 자리에 돌아와 그때 일을 회상하며 눈물을 흘리곤 했습니다.

　그러나 그의 정신은 명료했습니다. 그래서 출판된 게 『의사에 의한 영혼의 치유』였습니다. 그리곤 불과 9일 만에 『죽음의 수용소에서』를 완성했습니다. 처음엔 자기 이름을 넣지 않기로 했지만 내용을 보증하기 위해선 실명으로 해야 한다는 친구들의 설득에 못 이겨 처음으로 빅터 프랭클이란 이름을 사용합니다. 이 책이 팔릴 것이라곤 생각도 안 했는데, 웬걸 전 세계 18개국에 번역 출판되고 단숨에 9백만 부가 팔려나갔습니다. 워싱턴 국회도서관에는 '미국에서 가장 영향을 끼친 10권의 책'으로 선정, 전시되었습니다.

1947년 42세 되던 해 같은 병원의 간호사 애리와 재혼하는데 그녀는 집필, 출판, 강연 동반 등 그의 왕성한 활동에 절대적인 지원을 합니다.

프랭클은 나치스의 잔학 행위는 독일인 전체의 책임이라는 데 반대하고 나섰습니다. 사람 나름이라는 것. 자기가 최후에 수용되어 있던 수용소 소장은 참으로 자비롭고 폭언 한마디 한 적이 없으며 자비로 약을 몰래 사다 먹이는 등 참으로 인간적이었다고. 그는 많은 수인들의 도움과 탄원으로 전후 그 수용소 관리인으로 일하게 됩니다. 프랭클은 나치 당원이라고 다 나쁜 사람이 아니라고 주장하며 똑같이 벌을 주는 데 반대하고 나섰습니다.

나치 당원이었던 한 교수가 눈물을 흘리며 당신은 어떻게 그럴 수 있느냐고 프랭클에게 물었습니다.

"당신은 못하고 나는 할 수 있기 때문이다. 내 눈으로 직접 보았기 때문에 내 말은 설득력이 있지만 당신 말은 변명으로밖에 들리지 않을 테니 해도 소용없다. 나는 할 수 있고 또 해야 하는 게 내

의무요 책임이다."

극렬파 단체에 의해 맹비난을 받으면서 그는 자기 소신을 굽히지 않았습니다.

프랭클은 어린 시절부터 철학적 사색으로 주위를 놀라게 했습니다. 그는 3살 때 의사가 되기로 결심했습니다. 4살 때 인간의 실존적 고뇌를 자각했으며, 중학교 때 정신의학을 공부하기로 결심합니다. 15세에 대학에서 철학 강좌를 강의합니다. 그는 이즈음 벌써 의미치료는 완성되었다고 술회합니다. 그는 타고난 정신과 의사입니다. 10대에 이미 의미치료의 기초가 마련되었다고 하니 그의 깊은 정신성에 감탄을 금치 못합니다. 한마디로 그는 세기의 천재입니다.

이때부터 그는 프로이트, 아들러, 세라 등과 편지로 교류하기 시작, 그의 원고는 프로이트가 주최하는 〈국제정신분석저널〉에 실리기도 했습니다. 나중에 프로이트, 아들러 학설에 준엄한 비판을 가했지만 그들에 대한 존경심은 평생을 갔습니다. 특히 의미치료는 세라의 영향을 많이 받았습니다. 그 외에도 당시 실존철학으로 유명한 하이데거, 야스퍼스, 빈스방거, 마르셀 등과 교류하였으며 그들과의 대담 후 다음과 같은 감상을 남겼습니다.

"내가 존경하는 이들 대가는 나를 비판할 충분한 위치에 있으면서도 언제나 관용적이고 내 주장을 긍정적으로 보려고 해주었다. 너무 감사하다."

정신분석에 대한 그의 비판은 날카롭습니다. 프로이트가 인간을 단지 성충동에 지배되는 존재로, 아들러는 권력지향의 충동에 지배되는 존재로 본 점에 대해 아주 비판적입니다. 물론 그걸 전적으로 부인하는 건 아닙니다. 인간에겐 그러한 충동도 있지만 일면만 보고 그게 마치 인간 존재의 전부인 양 단언한다는 데는 문제가 있다고 반박합니다. 부분을 아는 것으로 전체의 본질을 알 수 있다는 독선성, 심리학주의, 비인격, 비인간적이라고 비판합니다. 프랭클에겐 인간의 본질은 물질 차원을 넘은 정신입니다.

고민하는 사람이 건강하다

프랭클을 찾아오는 환자들은 대체로 시대를 앓고 있는 사람들과 사는 기력을 잃은 사람들입니다. 자살, 약물, 울병, 신경증……, 이런 문제들은 사회적 요인이 크게 작용합니다. 시대가 만들어낸 병입니다. 이들의 고뇌는 현대인 누구나 안고 있는 전형적인 고뇌입니다. 이런 세상에 누가 마음을 앓고 있다고 해서, 그것은 전혀 이상한 일이 아닙니다.

하지만 이젠 절대 빈곤이 물러났습니다. 성의 억압도 프로이트가 걱정할 만한 정도도 아닙니다. 권력지향적인 사람이 없지 않으나 지금은 대개 가정적이고 누구보다 자신이 중요한 시대라 아들러가 걱정하는 시대는 아닙니다. 이렇게 보면 정신적인 문제가 일어날 만한 일이 없을 성도 싶은데 앞서 말한 시대를 앓는 병은 더 많아지고 있는 느낌입니다. 도대체 우리들을 고뇌하게 하는 원인은 무엇일까요?

프랭클은 한마디로 '인생의 의미나 목적의 상실'이라고 잘라 말합니다. 도대체 무엇 때문에 살고 있는 건가. 바쁜 하루 생활 중에 문득 이런 생각이 들 수가 있습니다. 계속 이런 생각에 잡혀 있노라면 맥이 빠집니다. 살 기분도 안 나고 공허감, 허탈감에 빠집니다. 프랭클은 이를 '실존적 공허'라 부릅니다. 이 빈구석을 메우기 위해 먹고 마시고 마약, 섹스, 도박, 충동구매…… 등 도피적 오락에 빠집니다. 이게 잘 안 되면 자살이나 심한 울증, 신경증에 빠집니다.

프랭클은 1970년대 쓴 그의 저서에 미국을 예로 들면서 자살미수자의 80%가 사는 의미가 없어한다고 보고했습니다. 이들은 경제적으로 사회적으로 가정적으로도 90% 이상의, 소위 상류사회 출신입니다. 그는 이런 경향은 점점 증가하고 있는 실정이며, 풍요로운 1990년대에도 소위 허무주의, 무기력·무감동·무목적은 줄어들고 있지 않는 것 같다고 말합니다.

요즘 지상에 가끔 등장하는 니트(Neet)족도 그 연장선상에 있습니다. 직업도 없고 구하려고 하지도 않고 직업 훈련도 받지 않고 부모 밑에 마치 기생충처럼 빌붙어 살고 있는 청, 중년들입니다. 취업이 어렵다는 이유만으로는 설명이 안 됩니다.

내가 선마을에서 본 산꾼이 있습니다. 그는 버젓한 직업도 있고 가정도 원만합니다. 누가 봐도 부러운 집안인데 본인은 텅 빈 껍데기 같다고 합니다. 준비도 없이 산에 오릅니다. 발가락의 심한 궤양 때문에 피고름이 흐릅니다. 걸음걸이도 제대로 안 됩니다. 그는 이때가 가장 마음이 편하다고 합니다.

프랭클도 비슷한 환자 이야기를 합니다. 41세 남자로, 전쟁 중일 때는 고민으로부터 해방되어 마음이 편합니다. 그러나 평화 시엔 하는 일도 없고 무언가 텅 빈 느낌으로 괴롭다는 것입니다.

'나는 무엇 때문에 살고 있는 건가.' 이런 고민에 빠진 사람은 병적이라고 할 수 없습니다. 오히려 인간적입니다. 문제는 고민하는 능력을 잃어버린 사람입니다. 그야말로 구제 불능입니다. 외면적으로는 앓고 있는 것처럼 보이지만 인간의 본질은 완전하고 건강합니다. 이걸 자각해야 하는 게 치료상의 열쇠요, 이것이 의미치료의 '기본 원리'입니다.

인간은 '단지 ○○○에 불과하다'고 일면적으로 정해버리는 심리학, 사회학, 생물학 등에 있어서의 소위 '주의(主義)'는 결국 인간을 기계나 물(物)로 만들고 사회에 니힐리즘(비관주의)을 만연시키게 됩니다. 니힐리즘은 이 세계나 인생, 인간의 존재에는 아무런 의미도 목적도 없는 것으로 생각합니다. 겨우 솟아나는 모험심, 용감성 등의 싹을 싹 잘라버리는 행위이며 "어차피 난 안 돼."라는 말만 합니다.

니힐리즘은 기본적으로 물질적이기 때문에 인간이나 인생의 가치 등을 단순히 얼마의 돈과 어떤 지위를 얻었느냐에 따라 결정합니다. 얼마나 행복해지느냐를 돈이나 권력으로 나타냅니다. 이것이 없는 남성은 여자의 부모로부터 거절당하기도 합니다. 사랑보다 돈이나 지위가 우선합니다. 이게 현실인데 그래도 고민이 없다면 이 사람이 정녕 문제가 아닐까요.

얼마 전 "엄마, 죽기 싫어." 하며 살려달라는 아이를 안고 그대로 아파트에 뛰어내려 투신자살한 엄마 기사를 읽었습니다. 순간 나는 세상이 캄캄해짐을 느꼈습니다. 같은 하늘 아래 호흡하며 사는 우리에게 어쩌면 이런 일이 일어나게 된 걸까. 나는 며칠 밤잠을 이룰 수가 없었습니다. 깊은 고민에 빠질 수밖에 없었습니다. 하지만 이건 우리 모두가 함께 앓아야 할 '건강한 고민'입니다. 프랭클은 이렇게 말하고 싶었을 것입니다.

로고스의 생명 에너지를 불러 깨우는 기법

2년 전에 아내와 사별한 후 우울증에 빠진 노의사가 프랭클을 찾아왔습니다. 사랑하는 사람을 잃은 고독과 상실감으로 삶의 의욕을 잃어버린 늙은 의사에게 프랭클이 묻습니다.
"만일 당신이 먼저 죽었다면 어떻게 되었을까요?"
"안 됩니다. 아내는 이 고통을 감당할 수 없습니다."
"그렇죠. 부인은 이 괴로움을 면하게 된 겁니다. 그 괴로움으로부터 부인을 구한 것은 바로 당신이에요."
노의사는 프랭클의 손을 조용히 잡았다가 물러갔습니다. 사랑하는 사람들 간에는 먼저 죽은 쪽이 남은 고통을 지지 않으면 안 됩니다. 살아남은 자는 먼저 간 자의 괴로움을 구해준 것입니다. 이렇게 '살아가는 의미'를 자각시키는 것으로 치료에 이르는 게 의미치료입니다.

아들을 잃고 슬픔에 젖은 엄마가 노승을 찾아왔습니다.
"아이가 극락에 갈 수 있을까요?"
노승은 주저 없이
"안됐지만 아이는 지옥에 갔습니다."
엄마는 놀라서
"왜 그럴까요? 아이는 나쁜 짓도 안 했는데."
노승은 대답했습니다.
"부모보다 먼저 죽은 것은 대단한 불효입니다. 부모를 슬프게 하는 건 나쁜 아이죠. 지옥에 갈 수밖에……."
알아들은 엄마가 조용히 눈물을 거둡니다.
얼른 듣기에 설교처럼 들리고 지극히 정론(正論)을 이야기하고 있습니다. 그러나 인간은 이런 정론만으론 살 수 없는 게 현실입니다. 살아갈 활력이 없기 때문입니다. 즉 생명력이 없으면 인간은 살아갈 수 없습니다. 그리고 생명력은 되풀이 말하지만 로고스로부터 옵니다. 의미치료의 목적은 어디까지나 로고스의 생명 에너지를 불러 깨우는 데 있습니다. 단지 설교나 정신론 혹은 긍정사고 등으로는 안 됩니다.
그렇다면 무엇이 로고스를 불러 깨우는가. 지금까지 논해온 것을 요약해보면 용기, 희망, 신앙, 사랑, 미(美)의 체험, 사명감 등이었습니다. 수용소에서 살아남은 자는 이를 통해 로고스를 불러 깨워 살아갈 활력을 환기시킨 것입니다. 그것이 프랭클이 이야기하는 '의미'입니다. 의미가 로고스를 불러 깨우는 것입니다. 의미치료라는 의미를 통해 로고스를 각성시켜 생명 에너지를 충전시키는 기술입니다. 그런데 이런 의미에는 책임이 따릅니다. 이게 중요한 점입니다.

아내를 잃고 절망한 나머지 자살 기도로 입원한 초로의 남성과의 대화입니다.

"내가 자살을 되풀이하지 않는 것은 아내 비석을 세워야 할 책임이 있기 때문입니다."

"그 외 다른 책임은 없습니까?"

"나에게 있어 모든 건 무의미하고 공허합니다."

"그러나 이미 존재하지도 않는 죽은 자를 위해 비석을 세운다는, 현실적인 실용성이나 목적성이 없는 것에는 책임을 느끼면서 죽은 자를 위해 살아야 하는 책임은 느끼지 못합니까?"

남자는 순간 앗, 하는 자각이 생겨 어떻게든 살아야 한다고 결의를 합니다. 그의 내면에 무슨 일이 일어났을까요? 이 남자는 비석을 세우는 건 사랑하는 아내를 위해서라고 믿어왔습니다. 그것은 사랑의 표현이요, 그녀가 좋아해줄 행위라고.

그러나 냉정히 생각하면 그녀는 더 이상 존재하지 않기 때문에 비석이 무슨 의미가 있을까. 프랭클이 이런 지적을 암시했을 때, 이 남성은 어떤 내적 지각을 경험한 것입니다. 그것은 육체가 존재하지 않아도 그 '실존적 본성'을 느낄 수 있다는 일종의 확신이며 직감입니다. 프랭클의 수용소 시절, 아내의 환영을 보면서 그 존재의 기운을 생생하게 느낀 체험을 생각해보십시오.

그녀는 지금 어디선가 그 실존적 본성으로 살아 있고, 자기 일을 지켜보고 있습니다. 비석을 세우면, 즉 그녀에 대한 사랑을 표현하면 그녀가 좋아해줄 것입니다. 육체는 존재하지 않아도 그녀에 대한 사랑의 표현은 결코 무의미한 건 아닙니다. 그건 곧 감각입니다.

그렇다면 비석을 세우는 것 이상으로 그녀를 즐겁게 하는 일은 무엇일까요?

"그건 사는 것입니다. 그녀는 당신이 살아나갈 것을 바라고 있습니다. 그것만이 그녀에 대한 최고의 애정 표현입니다. 그것은 사랑하는 사람에 대한 책임임과 동시에 사랑하는 자를 기쁘게 하는 행위, 실존적 '의미' 그 자체입니다."

이렇게 해서 그 남자는 살아야 할 의미와 책임을 자각한 것입니다.

우리가 스스로의 책임을 다할 것을 기대하는 존재 — 그건 배우자, 친구 등 살아 있는 사람만이 아니고 죽은 사람도 포함됩니다. 그들은 보이지 않는 영역으로부터 늘 우리를 지켜보면서 우리들이 책임 있는 삶, 의미 있는 인생을 보내기를 기대하고 있는 것입니다.

프랭클은 이를 객석의 관객에 비유합니다. 우리는 무대에서 연극을 하고 있습니다. 스포트라이트 전등이 너무 밝아 무대에서 객석을 볼 순 없지만, 관객은 우리가 얼마나 멋지고 감동적인 연기를 할까 기대하면서 조용히 바라보고 있습니다. 이렇게 우리를 지켜보고 있는 궁극의 존재가 로고스입니다. 나를 지켜본다는 감각은 어디까지나 개인의 내면으로부터 솟아오르는 것이지, 절대로 외부에서 밀어붙인다고 되는 건 아닙니다. '내적 자각'입니다 — 의미치료의 중요한 포인트입니다.

신은 인간이 괴로워하는 것은 원치 않는다

프랭클에게 '고뇌는 인간을 성숙시켜서 진실의 자기(로고스)를 불러일으켜, 사는 의미를 성취시키는 찬스입니다!' 고뇌를 피하는 것만으로는 대체로 의미 없는 인생밖에 기대되는 게 없습니다. 별 볼일 없는 가벼운 인간으로밖에 될 게 없습니다. 따라서 때로는 일부러 고뇌를 받아들일 필요가 있습니다.

우리는 그 예를 프랭클이 양친을 위해 미국행 이주를 단념하고, 수용소행 운명을 선택한 데서 볼 수 있습니다. 피하려고 했다면 피할 수도 있었던 고뇌였지만, 그것은 인간으로서 받아들여야 할 고뇌이기도 했습니다. 만일 그때 도피의 길을 택했다면 그 후의 그도, 그리고 의미치료도 탄생할 리가 없습니다. 영광에 넘치는 그의 후반 인생은 있을 수 없습니다. 만일 내적인 양심의 소리, 즉 로고스가 그 고뇌를 받아들일 것을 바라고, 그리고 그런 확신을 얻을 수만 있다면 우리는 용기를 내어 그 힘든 길을 택합니다. 그것은 장기적으로 반드시 행복의 땅으로 이끌 게 틀림없기 때문입니다.

그렇다 해도 괜히 괴로울 필요는 없습니다. 의미 없는 고통은 가급적 피해야 합니다. 가령 수술을 하면 나을 병인데 이를 거부해서 괴롭거나 모르핀을 거부해서 너무 아픈 경우 등은 의미가 없는 일입니다.

고뇌는 어디까지나 성장의 기회이며 수단이지 목적은 아닙니다. 고통을 목적으로 한다면 가학성(Masochism)이 됩니다. 이것은 아무 의미도 없습니다. 인간이 의미도 없는 고통을 앓아야 할 이유는 없습니다. 다만 피할 수 없는 고통이 찾아온 경우에 한해서만 고뇌는 비약에의 도약대가 되어, 주어진 과제는 비로소 의미를 가질 수 있게 됩니다.

그런데도 우리는 고뇌에 자기 처벌이라는 잘못된 의미를 줄 때도 있습니다. 즉 이런 괴로움이 찾아온다는 것은 자기가 나쁜 인간이기 때문이다, 죄가 깊기 때문이다, 과거에 나쁜 짓을 했기 때문이다, 등 부정적 의미를 붙일 때가 있습니다. 이렇듯 사람들은 괴로움에 대해 불합리한 설명을 하는 경향이 있습니다. 지금의 고뇌를 이렇듯 불합리적으로 설명하면 아무 의미도 없는 고통이 되고 맙니다. 상황을 조용히 관찰하고 왜 이런 일이 생겼는지 합리적인 생각을 하는 게 순서입니다. 정신의학에선 이를 '합리적 감정 교정법(RET)'이라 부릅니다.

비슷한 예는 많습니다. 내 신앙심이 깊지 못해서, 어릴 적 가게 연필을 훔쳤기 때문…… 등의 엉뚱한 해석을 할 때가 있습니다. 그러나 이런 자기 처벌적 의미 부여는 결국 자기 죄를 깨끗이 씻으려는 괴로움 자체가 목적이 돼서 마조히즘과 다를 바 없이 됩니다.

인도에 가면 고행을 하면 득도를 한다는 오랜 전통에 따라 지금
도 피골이 상접한 거지꼴로 다니는 사람들을 더러 보게 됩니다.
신앙이라는 차원에서 본다면 그럴 수도 있겠지만 일반인의 상식
으로는 납득이 안 갈 뿐 아니라 신체적으로 큰 병을 앓게 될 수도
있고, 사망하는 사람인들 왜 없겠습니까.

일부러 고통을 자초하는 경우와는 달리 어떤 불행이 닥치면 그
게 마치 당연한 것처럼 받아들입니다. 왜냐하면 자기가 나쁜 짓을
했으므로 처벌을 받는 거라고 생각합니다. 이런 경향은 때로는 다
른 사람이 고통에 빠져도 같은 생각을 합니다. 나쁜 짓을 했기 때
문이라고 생각합니다. '자업자득이다', '나쁜 짓을 했으니까 업보
다. 나와는 다르다.' 이렇게 자기를 안심시키는 것입니다. 이럴 경
우 우리는 정말 배려가 필요한 사람에게 냉담하게 거절, 심지어
비난하는 일까지 생깁니다.

하지만 사랑의 신이 인간이 괴로워하는 걸 바랄 리가 없습니다.
신이 인간에게 기대하는 건 괴로움이 결코 아닙니다. 주어진 현상
을 미래를 향해 어떻게 살릴 것인가입니다.

프랭클은 여기서 카네기 일화를 끄집어냅니다.

"운명이 레몬을 주거든 레모네이드를 만들 노력을 해라."

우리는 레몬을 바꿀 순 없습니다. 그러나 그 신 걸 레모네이드
로 만들면 맛있게 마실 수 있는 선택지가 있습니다.

의미 이전에 인생철학을!

의미치료의 기본적 기술은 로고스의 생명 에너지를 깨우는 데 있습니다. 여기엔 절대로 지켜야 할 금기사항이 있습니다. 앞장에서도 지적했지만 행복은 추구할수록 달아난다는 사실을 명심할 일입니다.

인간의 본성은 즐거움을 추구하는 데 있습니다. 그러나 여기엔 절제가 있어야 합니다. '더 더' 하는 욕심이 발동하면 행복도 멀리 달아납니다. 이게 행복의 역설입니다. 행복해지고 싶다, 자기실현해서 나를 빛내보고 싶다…… 인간의 욕망이란 끝이 없습니다. 그런 욕망이 바탕에 깔려 있는 한 설령 그게 이루어졌다 하더라도 계속 뭔가 '모자라는' 느낌은 가시지 않습니다.

우리는 어떤 상태에 있는데 그 결과가 절로 자연발생적으로 찾아오는 게 행복입니다. 그럼에도 불구하고 우리는 어릴 적부터 행복의 조건을 쌓아가면 행복해질 것이라는 사슬에 묶여 있습니다. 도대체 왜 현대인은 여기서 풀려나지 못할까? 하나는 과한 욕심이고, 또 하나는 '기본적 인생철학'에 원인이 있습니다. 뭔가 첫단추를 잘못 끼운 탓이라는 게 프랭클의 지론입니다. 설령 그게 이루어져 손에 들어와 행복해진다고 해도 진정한 행복이 아니란 건 바로 알게 됩니다. 이 방법으로 로고스를 깨우진 못합니다. 무엇보다 먼저 자기부정의 인생철학으로부터 자기긍정의 철학이 생겨야 합니다.

— 이 젊은이는 어릴 적부터 심한 왕따를 당했습니다. 때로는 폭력도 당하고, 처음엔 반 아이들을 미워하기도 했지만 너무 오래 왕따를 당했으므로 자기는 '살 가치가 없는 존재'로 느껴지기 시작했습니다. 대학에 들어가서도 이 생각은 지워지지 않아 자살 미수를 되풀이하게 됩니다. 대학엔 왕따는 없는데도 불구하고 그의 생각 깊이 새겨진 부정적 사고는 지워지지 않았습니다. 이젠 아이들이 아니라 자기가 자기를 괴롭히고 있는 것입니다.

— 이 여성은 유부남과 연애중입니다. 그러나 걸핏하면 남성이 폭력을 행사했습니다. 그런데도 이 남자를 떠나지 못합니다. 남성의 지배성, 폭력성으로 괴로워하면서도 그렇게 속박된 자기에게 만족을 느끼고 있었습니다. 이 남자를 이대로 사랑해봐야 절대로 행복해질 수 없다는 건 잘 알고 있으면서 못 헤어지는 건 어딘가 그런 관계에 만족하고 있기 때문입니다. 어떻게 그런 생각을? '자기는 행복해질 수 없는 여자'라는 확고한 인생철학이 있기 때문입니다. 이런 기본적 철학이 고쳐지지 않는 한 이 여성의 불행은 계속될 수밖에 없습니다. 나는 행복할 가치가 없다에서 행복할 가치가 있는 인간으로 인생철학을 갖게 하는 게 치료의 전부입니다.

가치를 실현하려면

우리 모두는 의미 있는 삶을 기원합니다. 그러나 어떤 게 의미 있는 삶인가는 사람마다 다릅니다. 돈벌이가 인생의 의미라는 사람도 있고, 세계 기록을 세우는 데 전 인생의 의미를 거는 운동선수도 있습니다. 그러나 의미치료에서 말하는 의미란 어디까지나 로고스를 각성시켜 그것에 의해 생명력을 불러일으키는 것입니다.

그렇다면 도대체 어떤 의미가 로고스를 각성시킨다는 뜻인가. 지금까지 단편적으로 고찰한 것으로는 희망이나 소망, 사명감이나 책임감, 사랑이나 아름다움의 체험 등이었습니다. 프랭클은 그런 의미에서 '가치'라는 말을 사용, 세 개의 영역으로 나누어 설명합니다. ①창조가치 ②체험가치 ③태도가치입니다.

① 창조가치

창조적인 일을 통해 얻어지는 의미. 유형이든 무형이든 가치 있는 뭔가를 창조하는 행위. 즉 일, 육아, 교육, 예술 활동이나 학문, 사업이나 봉사활동에 몰두함으로써 사람은 로고스를 각성시켜 생명 에너지를 충족시킵니다.

같은 일을 해도 '할 수 없이 한다는 것'과 '이건 내가 해야 되는 일, 의미 있는 일이다.'라는 생각으로 하는 일은 아주 다릅니다. 후자의 경우 일을 한다는 건 창조가치의 실현입니다. 일을 단지 생활의 수단으로 생각지 말고, 이를 넘어 귀중한 창조가치 실현의 기회로 생각한다면 얼마나 보람차고 의미 있는 일인가요. 인생의 많은 시간 일을 해야 되는데, 이를 단지 생활수단으로 생각한다면 너무 아깝지 않습니까.

프랭클은 목숨보다 소중한 원고를 빼앗겼을 때만큼 실의에 빠진 적이 없었습니다. 하지만 역시 그는 강했습니다.

'이대로 수용소에서 죽을 순 없다. 학자로서 내 학설을 세상에 남기려면 살지 않으면 안 돼!'

이게 그를 죽음의 수렁에서 구해낸 창조가치의 실현입니다. 그는 동료들이 몰래 준 연필, 종이 몇 장으로 다시 창작에 몰입했습니다. 이것이 그가 살아야 하는 의미였고, 살아남을 수 있는 힘이 되어주었습니다.

평범한 청년이 묻습니다.

"프랭클 선생님, 당신은 대학자로서 유명한 책을 쓰는 위대한 일을 하시니 창조가치를 말할 수 있지만 내가 하는 일은 아무나 할 수 있는 일인 걸요. 거기에 무슨 의미며 창조가치를 실현할 수 있겠어요?"

프랭클의 논지는 이 점에서 분명합니다.

"창조가치에 중요한 건 일의 내용이나 크기와는 관계가 없습니다. 그 사람이 자기에게 주어진 일에 얼마나 정성을 기울여 하는가, 자기 사명이 미치는 범위를 얼마나 충족시키고 있나에 달려 있습니다. 어떤 일이든 그에게 주어진 일, 그리고 그가 하기를 '기다리고 있는 일'입니다. 각 사람에게 주어진 일은 그 사람만이 해야 할 일이며 그만이 할 수 있는 일입니다. 당신은 손님에게 맞는 최고의 천을 골라 최고로 잘 맞는 양복을 지어 그를 즐겁게 해주고 있습니다. 그보다 더 귀한 창조적인 일이 어디 있겠어요. 화장품을 파는 점원도 마찬가지예요. 손님에게 어울리는 화장품을 골라 그를 매력적인 여성으로 가꾸는 일, 대단히 창조적인 일입니다. 누구나 할 수 있는 별것 아닌 일에도 그 일이 원래 갖고 있는 가치를 찾아냄으로써 같은 일에도 보람을 느낄 수 있게 됩니다. 같은 직장에서 저쪽 방 과장은 차를 끓여 오는 것을 누구나 할 수 있는 일로 생각하고, 여직원에게 칭찬을 하거나 감사하단 인사도 안 했습니다. 옆방 과장은 그건 아무나 할 수 있는 일이 아니다, 차를 골라 정성껏 끓인다는 건 대단한 가치가 있는 일로 칭찬, 감사를 했습니다. 얼마 후 저쪽 방 직원은 사표를 내고 퇴사해버렸습니다."

창조가치는 일의 내용이나 크기에 관계없습니다. 자신에게 주어진 일에 진심을 담아 자기 사명감이 미치는 범위를 어디까지 충족시키느냐가 열쇠입니다. 어떤 일이든 그 일은 그에게 주어진 일, 그가 해내기를 기다리고 있는 일이기 때문입니다. 양복 맞춤일도 창조적 가치요, 화장품 파는 일도 마찬가지입니다.

창조가치 실현을 구체화하기 위해 각 항목마다 몇 가지 질문이 있습니다.

당신이 하고 있는 일에는 어떤 가치가 있나요? 일의 보람이 있나요?

그 일은 누구에게 도움이 되었나요?

_____

_____

_____

_____

그 일은 당신 생애 걸쳐 일관된 테마가 있나요?

_____

_____

_____

_____

창조가치를 실현하기 위해 앞으로 하고 싶은 일은 무엇인가요?

_____

_____

_____

_____

② 체험가치

체험을 통해 얻어지는 의미. 창조가치가 '능동적 체험'이라면 체험가치는 '수동적 체험'입니다. 체험이나 만남을 통해 얻어지는 즐거움이나 감동. 구체적으로 자연, 예술, 사랑 세 개를 들 수 있습니다. 즉 자연이나 예술의 아름다움에 취한다든가, 사랑하는 사람과의 교류에 의해 로고스를 불러 깨움으로써 생명 에너지를 채울 수 있습니다.

인간관계에서 실현되는 체험가치를 위해 프랭클은 묻습니다.

"당신을 진정으로 필요로 하는 사람이 누구일까? 그리고 그 누군가를 위해 당신은 무엇을 할 수 있는가?"

이 물음에 확실히 대답할 수 있어야 합니다. 그 누군가가 있어야 하고, 그를 위해 당신이 할 수 있는 일이 있다면 삶의 의욕이 절로 끓어오를 것입니다.

그 일을 함으로써 그의 기쁨이 곧 나의 기쁨이 된다면 참으로 아름다운 체험가치를 경험하게 되는 것입니다. 쉽게는 섹스를 생각할 수 있습니다. 그의 즐거움이 곧 나의 즐거움으로 되는 관계입니다. 물론 이런 체험가치는 인간관계에서만 이뤄지는 것은 아닙니다. 자연체험, 예술체험 등 다양합니다. 단, '그냥 좋다'는 것만으로는 진정한 태도가치를 체험했다고 할 순 없습니다.

바쁘고 피곤한 하루 일과를 마치고 문득 바라본 저녁노을, 그 황홀함에 나도 몰래 끌려 그대로 호수 속으로 빠져 들어갑니다. 꽃 피는 6월의 시베리아 벌판, 우리 기차는 끝없이 펼쳐진 지평선으로 사라집니다. 달밤 〈보스턴 심포니〉를 정원에 누워 듣는 순간, 정말이지 이 모두는 소름이 끼치는 감동입니다. 마치 이 순간을 위해 내 인생이 있어야 했던 것 같습니다. 이런 지고(至高)의 체험은 어디서나 쉽게 할 수 있는 일도 아닙니다. 이 순간을 위해서라면 죽어도 좋겠다는 절대 체험입니다. 그야말로 무아지경에 빠집니다. 음악과 내가, 자연과 내가 하나가 되는 순간입니다. 그럼으로써 자신이 우주적 존재임을 자각하게 됩니다.

✚ 당신의 체험가치를 발견하기 위한 NOTE

당신이 평소 별 생각없이 만나는 사람과의 관계 속에 실은 대단한 가치가 있을 수 있습니다. 당신의 경우는 어떤가 생각해보세요.

당신이 만나고 있는 사람들, 가족, 동료, 연인, 친구…… 이들과의 관계에는 어떤 가치가 있을까요? 그것은 누구에게 어떤 모양으로 도움이 되고 있나요? 당신이 그를 위해 할 수 있는 일은 무엇인가요?

＿＿＿＿＿＿＿＿＿＿＿＿＿＿＿＿＿＿＿＿＿＿＿＿＿＿

＿＿＿＿＿＿＿＿＿＿＿＿＿＿＿＿＿＿＿＿＿＿＿＿＿＿

＿＿＿＿＿＿＿＿＿＿＿＿＿＿＿＿＿＿＿＿＿＿＿＿＿＿

　행여 어느 한쪽이 상대에게 종속되어 있는 듯한 관계에 있다고 하면 그 관계를 개선하고 서로 자신을 중요하게 생각하는 관계로 되기 위해 당신은 무엇을 할 수 있나요? 상대 때문이라고 책하지 말고, 자신이 할 수 있는 일은 무엇이 있을까요?

＿＿＿＿＿＿＿＿＿＿＿＿＿＿＿＿＿＿＿＿＿＿＿＿＿＿

＿＿＿＿＿＿＿＿＿＿＿＿＿＿＿＿＿＿＿＿＿＿＿＿＿＿

＿＿＿＿＿＿＿＿＿＿＿＿＿＿＿＿＿＿＿＿＿＿＿＿＿＿

＿＿＿＿＿＿＿＿＿＿＿＿＿＿＿＿＿＿＿＿＿＿＿＿＿＿

　상상이라도 좋습니다. 당신을 진심으로 필요로 하고 있는 사람, 진심으로 무언가를 해줄 수 있는 사람이 있다면 그는 누구인가요? 그의 이미지를 떠올려보세요.

　그는 어디에 있으며, 어떤 일을 하고 있는 사람인가요? 그는 당신에게 무엇을 바라고 있나요? 당신은 그를 위해 무엇을 할 수 있나요?

＿＿＿＿＿＿＿＿＿＿＿＿＿＿＿＿＿＿＿＿＿＿＿＿＿＿

③ 태도가치

운명(고뇌)에 대해 모범적 태도를 취함으로써 얻어지는 의미. 창
조가치나 체험가치로 얻어질 수 없는 절망적 상황에도 모범이 되
는 생각이 솟아나는 고결한 태도를 취함으로써 달성되는 의미입
니다. 그러나 태도가치를 이해하기란 쉽지 않습니다. 여기엔 프랭
클 철학의 진수가 포함되어 있어 그 자신도 여러 각도에서 논하고
있습니다.

그가 자주 말하는 이 사람을 예로 들어보겠습니다.

광고 디자이너인 젊은 남성은 악성 척수종양으로 수족이 마비,
디자이너로서의 활동을 못 하게 됩니다. 이 시점에서 창조가치 추
구는 끝납니다. 그러나 그는 독서나 라디오에서 훌륭한 음악을 감
상하거나 다른 환자와의 교류를 통해 '체험가치'를 실현할 수 있습
니다. 그러나 병이 진행되면서 책을 들 수도 없고 음악을 들을 수
도 없게 됩니다. 체험가치마저 완전히 박탈된 상태입니다. 결국
최후를 만나게 된 날 그는 주치의 프랭클에게 부탁합니다.

"고통을 줄일 모르핀을 지금 주세요. 그러면 밤중에 선생님을
안 깨워도 될 테니까요."

프랭클은 주위 사람에게 폐를 끼치지 않으려는 그의 태도를 높이 평가합니다. 이게 태도가치입니다. 프랭클은 이렇게 매듭짓고 있습니다.

"그가 아프지 않았더라면 세계가 놀랄 창조를 했을 것이다. 죽음을 눈앞에 둔 그가 보여준 배려적 태도는 칭찬받아 마땅하다."

하지만 이런 의미의 실천으로 정말 로고스가 눈뜰 수 있을까? 태도가치에는 이런 의문이 생길 수 있습니다. 창조가치나 체험가치는 그 자체가 즐겁고 충실한 것이라면 어떤 의문도 생겨날 리 없습니다. 의미 등을 물을 필요도 없을 정도로 즐거움에 몰두될 수 있습니다. 그러나 태도가치에선 자기가 괴로워도 모범적이고 고결한 행위를 실천한다는 것은 그리 쉬운 일이 아닙니다. 위선일 수도 있고 과시일 수도 있습니다. 마음 바닥에도 무리라는 생각이 들 수 있습니다. 이런 상황이라면 로고스가 각성될 리 없습니다. 역시 자신이 즐거움에 넘치지 않는 한 진정으로 마음 바닥부터 태도가치를 실행하기는 어려울 것입니다. 모범적으로 괴로움을 참고 견디며 모범적으로 죽는다는 건 불가능에 가까운 일입니다.

여기서 의미란 도대체 무엇인가를 다시 한번 생각해보지 않을 수 없습니다. 반복하지만 프랭클이 말하는 의미란 로고스를 각성시키는 그 무엇인가입니다. 창조행위라든가 자연 사랑, 미의 체험이 바로 의미라는 것. 그러면 왜 이런 의미에 의해 로고스가 눈떠질까요?

앞에서도 언급했지만 진실로 의미 있는 행위에 몰두하고 있을 때 우리는 거기에 의미가 있는가는 묻지 않습니다. 사람은 그럴 때 자기를 잊고 대상과 하나가 됩니다. 가치 있는 일에 열중하고 있을 때, 사랑하는 사람과 교류하고 있을 때, 아름다운 자연이나 훌륭한 예술에 접하고 있을 때 사람은 자기 자신을 잊어버립니다. 즉 '무아의 경지'에 빠져 있습니다. 창조가치나 체험가치가 왜 '의미'로 되느냐 하면 결국 그런 행위가 자기라는 의식도 잊게 하는 것, 자기를 잊는 것, 즉 무아의 경지를 프랭클은 '자기 초월'이라 부릅니다. 그리고 자기 초월이야말로 인간의 진짜 모습이라고 말합니다. 프랭클은 앞장에서도 강조했지만 '인간의 실존적 본질은 자기 초월에 있다.'고 했습니다.

한편 우리의 궁극의 본질은 로고스였습니다. 이걸 함께 생각해 보면 자기를 잊을 때 사람은 로고스에 가까워지고 있습니다. 이것이 로고스의 각성입니다. 로고스는 자기를 잊어버릴 때, 자기는 대상과 일체가 될 때, 거기에 녹아들어갑니다. 자기가 없기 때문에 대상을 이용한다는 의식이 없습니다. 그림을 그리며 자기를 잊어버린 사람은 유명해지기 위해, 상을 받기 위해 등의 동기는 없습니다. 그림을 그리는 걸 수단으로 하지 않습니다. 그리는 그 자체에 의미 부여가 됩니다. 무조건의 행위, 무사(無私)의 행위가 거기에 있습니다.

다시 죽음의 포로수용소로 돌아갑시다. 거기엔 프랭클 자신이 실천한 태도가치의 생생한 장면들이 우리를 감동의 도가니로 몰아넣습니다. 뿐만 아니라 동료들의 놀라운 태도가치의 실천이 있습니다. 우리 일상에선 상상도 할 수 없는 그들의 고결한 삶의 태도에 절로 존경심이 묻어납니다.

그런데 '내'가 있는 한 이런 행위는 되지 않습니다. 될 수도 없고. 왜냐하면 내가 있는 거기엔 자아(自我, ego)가 있기 때문입니다. 이게 있으면 타산적으로 조건이 붙는 행위, 이기적 행위밖에 되지 않고 상대를 자기 이익의 수단으로밖에 보지 않게 됩니다. 자아는 일종의 장벽이어서 상대와 일체화 될 순 없습니다.

여기서 수용소에 살아남는 자 생각을 다시 한번 해봅니다. 그들이 궁극의 절망 끝에 '본래의 자기로 태어났다'는 걸 우리는 보았습니다. 그것이야말로 태도가치의 상황, 그 자체가 아닌가요. 즉 태도가치란 고뇌와 절망을 통해 자아가 소멸되고 자기 초월하여 본래의 자기, 즉 로고스에 접근된 자기가 태어난 것입니다.

그리고 그런 사람은 본래의 자기(로고스)를 표현하는 즐거움에 넘칩니다. 로고스는 사랑이므로 사랑을 표현하는 즐거움에 넘치게 됩니다. 사랑은 부소선이라는 전제가 있기에 그 즐거움은 어떤 외적 상황에도 좌우되지 않고 확립됩니다. 아무리 절망적이라고 해도 내면에서 솟아오르는 즐거움이 넘치면서 사랑하는 행위를 실현할 수 있는 것입니다. 이게 태도가치의 실현입니다.

공허감을 메우려면

유명인들의 자살이 신문지상에 날 적마다 그런 사람이 왜 죽을까, 하는 생각을 하게 됩니다. 여기서 말하는 그런 사람이란 사회적으로 성공한 사람입니다. 재벌이 되었다거나 사회적 지위가 높은 사람, 요즈음 연예계, 스포츠계에 이름을 날리는 아이돌……누구나 부러워하는 소위 인기인들입니다.

그런 사람들이 왜 그런 극단적인 선택을 하는 걸까. 우리네 상식으로는 이해가 안 됩니다. 그렇게 못 돼서 앙탈난 사람, 그렇게 못 되었기에 절망의 늪에서 허우적대는 사람, 신문엔 안 나지만 이런 사람들도 자살을 합니다. 그런데 주위 사람들은 이들의 죽음엔 납득이 가는 반응들입니다. 그렇게 힘든 형편이라면 죽을 수도 있겠다는 생각입니다.

우리는 여기서 사회적 성공, 행복에 대해 다시 한번 생각해보게 됩니다. 이 점에서 프랭클의 논조는 아주 분명합니다. 인생의 행복과 성공을 좌표로 그려 설명하고 있습니다.

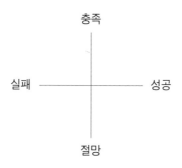

충족이란 정신적 충실감이요, 절망은 실존적 공허감 상태입니다. 이걸 보면 외적 성공이나 실패에 관계없이 충족하는 사람도 있고 절망하는 사람도 있습니다. 사회적으론 성공한 소위 '승리

팀'이지만 실존적으로는 절망 상태에 있는 사람은 좌표 우하(右下)에 속합니다. 사회적으로 실패한 소위 '패배자'여도 실존적으로 충족한 사람은 좌표의 좌상(左上)에 속합니다. 지위나 부가 있는 사람이 공허감으로 고민에 빠지거나 노이로제에 걸려 자살하는 비극이 일어나는 건 수직좌표가 절망에 위치하기 때문입니다. 이것은 행복과는 거리가 멉니다. 이렇게 보면 행복을 결정하는 기준이 되는 건 수직축이 아닐까, 라는 생각이 듭니다. 우리는 성공만 하면 충족된다고 잘못 생각하고 있습니다.

인간의 본성이 '의미'를 추구하는 존재란 걸 생각한다면 외적 성공의 수평축이 아니고 정신적 충실도의 수직축에 무게를 두는 쪽이 참으로 가치 있는 인생을 보내는 게 아닌가 하는 생각이 듭니다.

"인생은 연극이다. 명배우가 왕이 되기도 하고 거지가 되기도 한다."

셰익스피어가 남긴 말입니다. 배우로서 문제가 되는 건 어떤 역을 맡느냐가 아니고 얼마나 훌륭한 명연기로 관객을 감동시키느냐에 있습니다. 무대 변두리 단역을 맡아도 명배우는 빛이 나는 법. 작은 역으로도 관객을 압도하는 명연기를 보여줍니다.

우리도 모두 무대의 배우입니다. 무슨 역을 맡느냐가 아니고 얼마나 훌륭한 명연기로 청중을 감동시키느냐에 달려 있습니다. 여기는 강제수용소는 아닙니다. 하지만 누구나 심각한 좌절감에 빠질 수도 있고 직장에서 가정에서 그리고 내 건강에도 문제가 생겨 살 희망도 즐거움도 다 사라지고 깊은 나락에 빠질 때도 있습니다. 하지만 프랭클은 냉담한 어조로 말합니다. 그런 고뇌라면 자아(허구의 자기)의 고통에 지나지 않습니다. 그럴 때야말로 자기를 잊고 즉, 자기 초월할 수 있는 찬스입니다.

참으로 길고도 힘든 나날이었습니다. 한 발자국 더 옮길 힘도 없고 갈 길은 아직 멉니다. 세상이 캄캄합니다. 그래도 가야 합니다. 멈추지 말아야 합니다. 아, 이윽고 그 어둡고 긴 터널을 빠져 나왔을 때의 통쾌한 환희. 해냈다는 자부심은 하늘을 찌릅니다. 삶에 대한 태도, 인생에 대한 가치도 완전히 바뀝니다. 나도 할 수 있습니다. 어떤 역경이 닥쳐도 헤쳐나갈 수 있습니다. 울컥 눈물과 함께 내 속에서 우러나오는 환희의 순간, 그것은 쾌락적 감정과는 전혀 차원이 다른 즐거움입니다. 지루한 장마 끝에 검은 구름이 걷힌 하늘에 흰 구름을 보는 것 같은 그런 맑은 즐거움입니다. 당신이 아직 이런 순간을 맛볼 기회가 없었다면 아직 나이가 어려 철이 덜 들었거나 아니면 인생 헛살았다고밖에 할 수 없습니다.

현대인의 공허감을 충족시켜주는 건 이런 순간입니다. 아무리 성공하고 명성을 얻고 경제적으로 부유해도 거기서 얻는 기쁨으로는 현대인의 공허감을 채워줄 수 없습니다.

실존적 공허감(Existential Vaccum). 모든 게 충족되었는데도 마음 한 구석에 텅 빈 데가 있습니다. 자기 내면을 들여다보면 뭔지 모를 쓸쓸함이 있습니다. 무엇 때문에 이렇게 열심히 일했는데, 정말 이래야 하는 걸까. 뭔가를 해야 이 빈자리가 메워질 것 같다. 그 쓸쓸함을 메우기 위해, 숨기기 위해 일, 술, 도박, 마약…… 계속 뭔가를 추구해봅니다. 그 자극으로 자신을 마비시킵니다. 이게 모든 중독의 배후에 깔려져 있는 근원적인 문제입니다.

도대체 인생은 무엇 때문에 있는 건가. 무엇 때문에 사는 건가. 누구도 합리적인 설명을 못합니다. 대답이 없으니 허무한 생각마저 듭니다. 그런 가운데도 인간은 '그 이상의 무엇'을 인생에서 구하려고 발버둥 칩니다. 그러나 지향해야 할 그 무엇이 발견되지 않습니다. 쓸쓸함과 내적 공허감에서 벗어날 길이 없습니다. 도대체 이 살기 좋은 세상에 왜 이런 마음이 생기는 걸까. 물론 근년의 내외사정이 녹록지 않습니다. 여기서 길게 늘어놓지 않아도 사람들은 막연히 위기감을 느끼고 있습니다. 누굴 믿어야 할까. 정부 살림도, 연금도 넉넉지 않습니다. 그리고 우리 주변을 둘러싼 강대국의 세 싸움에 새우등이 터질 것도 같은 이 현실. 생각할수록 암울하고 절망에 가까운 한숨이 나올 수밖에 없습니다.

이런 현실적 여건을 감안해도 조용히 생각하노라면 그 이상의 뭔가가 우리를 얽매고 있는 것 같은 폐쇄감, 현실 그 이상의 무엇이 이 어쩔 수 없는 허무감에 시달리게 합니다. 조금이라도 의식이 있는 사람이면 누구나 느끼고 있는 이 실존적 허무감을 어떻게 해야 할까요? 프랭클의 논지는 누제닉 노이로제, 딱 한마디로 요약 설명합니다.

✚ 누제닉 신경증(Noogenic Neurosis)

욕구와 본능의 갈등 때문에 생기는 게 아니라 실존적 문제 때문에 생깁니다. 그중에서도 의미를 찾으려는 의지의 좌절이 큰 비중을 차지하고 있습니다. 따라서 신경증으로 보기보단 인간적 성취로 봐야 합니다. 환자의 실존적 위기를 통해 그가 성장하고 발전할 수 있도록 도와야 합니다. 환자 스스로 삶의 의미를 찾도록 도와줘야 하는데, 여기엔 상당한 분석 과정을 필요로 합니다. 이런 과정에서 치료적 긴장은 필연적으로 따르게 됩니다.

현대사회에 만연되어 있는 우울증과 공격성, 중독증의 원인을 알려고 하면 그 저변에 깔려 있는 실존적 공허를 먼저 이해해야 합니다. 이걸 채워야 하는 게 의미치료입니다.

진실로 의미 있는 행위에 몰두함으로써 얻어지는 즐거움만이 공허감을 채워줍니다. 진실한 행복, 인생의 충실감, 좌표를 보면서 다시 한번 깊이 생각해봐야 합니다.

실존적 공허를 분석한다

매슬로의 욕구단계설은 다섯 단계로 되어 있지만 프랭클은 두 단계를 더 만들었습니다. 승인의 욕구를 타자와 자기로 나누었고 제일 정상, 자기 실현의 욕구 위에 자기 초월의 욕구를 설정한 점이 프랭클다운 생각입니다. 모든 걸 초월한, 어느 의미에서 득도(得道)의 경지를 말합니다. 이 경지에 달하지 못하면 실존적 공허에 빠진다는 게 그의 주장입니다.

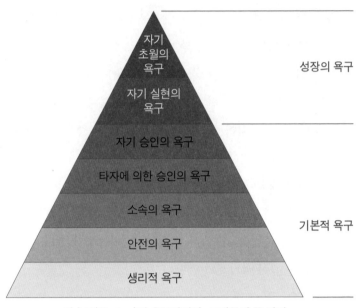

자기
초월의
욕구

자기 실현의
욕구

성장의 욕구

자기 승인의 욕구

타자에 의한 승인의 욕구

소속의 욕구

기본적 욕구

안전의 욕구

생리적 욕구

매슬로(Maslow)의 욕구단계설+프랭클의 두 단계

실존적 공허를 다시 본다

이렇게 풍요로운 세상에 보다 더 행복해야 할 텐데 어쩐지 마음 한구석이 채워지지 않는 현대인. 누구나 느껴보는 고독감, 쓸쓸함과는 달리 무언가 모자랍니다. 그게 무엇인지는 알 수 없지만 어느 날 문득 생각하니 참으로 형언할 수 없는 쓸쓸함이 있습니다. 맛있는 식사를 배불리 먹고 난 후에도 뭔가 입에 넣고 싶은 아쉬움, ─ 이런 감각입니다.

그 빈 구멍을 메우기 위해 우리는 대개 일에 미칩니다. 쇼핑 중독증, 아이 교육에 열정적인 어린이 의존증, 연애 의존증, 알코올, 일 중독증……. 잠시 자기 내면을 들여다봅시다. 거기엔 뭔가 일 말의 쓸쓸함이 있습니다. 도대체 난 무엇 때문에 이렇게 열심히 일해야 할까. 중독이 될 만큼 그 쓸쓸함을 메우기 위한 수단, 그 바닥을 보고 대면하기 무서워…… 끊임없이 무언가를 위해, 그런 자극으로 자기를 마비시킵니다.

왜 사람들은 자신의 쓸쓸함과 대면하길 두려워할까요? 저 깊은 마음의 심연에 잠겨 있는 자신의 인생의 공허함을 만나기 때문입니다. 프랭클이 말한 실존적 공허감입니다. 모든 게 공허합니다. 인생의 일체가 공허합니다.

무엇 때문에 내가 태어났을까. 내가 태어난 것에 무슨 의미가 있는 걸까. 한번 공허함과 만나면 끝도 없이 깊어지고 넓어집니다. 그러기에 그것과의 대면을 피하고 무언가의 자극으로 공허함을 느끼지 못하게 마비시키는 것입니다. 그렇게 되지 않기 위해 상식이나 중용을 잘 지켜 상식적인 일상생활의 세계에 자기를 확실히 묶어둘 필요가 생깁니다.

실존적 공허는 어디에서 왔을까?

이렇게 풍요롭고 자유로운 세상에 뭔가 모자라고 쓸쓸하고 허무한 느낌. 도대체 이런 실존적 공허가 어디에서 왔을까? 역설적이게도 풍요롭고 자유가 있기에 온 것이라는 게 내 생각입니다.

1960년대까지 우리에게는 가난뿐이었습니다. 산업사회 건설이 시작된 1960년대 우리에게는 밤이 없었습니다. 개인적인 욕구와 희망은 억압하고 나라와 사회를 위해, 오직 잘살기 위해 자기 희생을 했던 시대였습니다. 차츰 살기가 좋아지면서 마이 카, 마이 홈, 그리고 해외여행이 꿈이었습니다. 열심히 공부해서 일류대, 일류 회사, 이게 꿈이요 희망이었습니다.

그러나 이런 절실한 꿈이 차츰 별 노력 없이 이루어지게 되면서 이런 자기 자신의 개인적 욕구가 우선이 되었습니다. 88올림픽을 전후해 고도경제성장이 마무리되면서 1990년대 처음으로 감원 바람이 불기 시작했습니다. 서민도 풍요를 실감하게 되면서 이젠 회사나 나라를 위해서가 아니고 자기 개인을 위한 주장이 강해졌습니다. 차와 해외 여행이 꿈이었던 빛나던 시대는 마감되었습니다. 물적 풍요는 작은 노력으로 쉽게 얻을 수 있게 되었습니다. 이젠 자기다운, 자기를 중시하는 미이즘(Meism, 자기 중심주의)이 고개를 들기 시작합니다. 몇 차례 경제 위기를 겪긴 했지만 그래도 개인을 위해서라면 노력하는 에너지는 남아 있었습니다.

20세기가 시작되면서 풍요는 당연한 것이 되었고 무언가를 위해서 악착같이 노력하고 투쟁하는 시대도 마감되고 무난함을 지향하는 세대가 탄생됩니다. 공무원 지망자가 갑자기 늘어난 게 이런 시대상을 잘 반영해줍니다. 그렇게 열심히 노력해서 일류대를 나왔지만 취업문이 좁습니다. 노력의 대가나 보상이 따로 없으니 희망도, 가능성도 없는 언제나 같은 일상의 되풀이입니다. 너무 많은 자유를 어떻게 해야 할지 모릅니다. 오히려 같은 일상의 반복에 폐쇄되어 질식할 것 같습니다. 이게 때로는 폭발, 젊은이의 끔찍한 폭력으로 이어집니다. 될 대로 되라지. 맥이 빠지고 힘이 빠집니다. 이게 실존적 공허의 시대가 된 배경입니다.

운명은 바꿀 수 있다

"운명이 정해진 대로 흘러간다."

이런 수동적 태도로 사는 사람도 많습니다. 물론 운명은 운명으로, 그대로 받아들이되 그 운명을 긍정적 의미로 받아들일 수 있는 전향적, 긍정적, 적극적인 태도가 중요합니다. 창조가치, 체험가치 양쪽을 다 할 수 없어도 자신의 운명에 직면하면서 고뇌함으로 해서 인생을 의미 있는 것으로 만들 수 있습니다. 프랭클은 여기에서 앞장에서 이야기한 광고 디자이너의 훌륭한 태도가치 실현으로 마지막 죽어가는 순간에 자기 인생을 의미 있는 것으로 만든 남자도 어떻게 할 수 없는 일(운명)에서도 의미를 발견합니다. 부정을 긍정으로 역전의 발상, 그리고 그 역전을 가능케 해주는 절대적인 인생 긍정의 철학이 프랭클 심리학의 진수입니다.

당신에게는 바꿀 수 없는 운명이 있나요? 용모, 스타일, 재능, 운동신경, 가계, 양친, 병, 장애……. 가능하면 바꾸고 싶지만 안 되는 것, 그런 게 있다면 무엇인가요? 써보세요.

＿＿＿＿＿＿＿＿＿＿＿＿＿＿＿＿＿＿＿＿＿＿＿

＿＿＿＿＿＿＿＿＿＿＿＿＿＿＿＿＿＿＿＿＿＿＿

＿＿＿＿＿＿＿＿＿＿＿＿＿＿＿＿＿＿＿＿＿＿＿

＿＿＿＿＿＿＿＿＿＿＿＿＿＿＿＿＿＿＿＿＿＿＿

당신은 그 바꿀 수 없는 무엇인가에 대해 지금까지 어떤 태도를 취했나요? 긍정적으로 받아들였나요? 누구를 원망하거나 탓하는 등 부정적이지 않았나요? 가급적 생각을 안 하려고 하지 않았나요?

＿＿＿＿＿＿＿＿＿＿＿＿＿＿＿＿＿＿＿＿＿＿＿

＿＿＿＿＿＿＿＿＿＿＿＿＿＿＿＿＿＿＿＿＿＿＿

＿＿＿＿＿＿＿＿＿＿＿＿＿＿＿＿＿＿＿＿＿＿＿

＿＿＿＿＿＿＿＿＿＿＿＿＿＿＿＿＿＿＿＿＿＿＿

당신은 바꿀 수 없는 무엇에 대해 지금부터 어떤 태도를 취할 것인가요? 어떻게 받아들여야 인생을 보다 의미 있는 걸로, 가치 있는 걸로 바꿀 수 있을까요? 그 바꿀 수 없는 무엇이 당신에게 무엇을 가르치고 있나요? 어떤 메시지를 당신에게 말하고 있으며 당신이 어떻게 살 것을 바라고 있나요?

＿＿＿＿＿＿＿＿＿＿＿＿＿＿＿＿＿＿＿＿＿＿＿

＿＿＿＿＿＿＿＿＿＿＿＿＿＿＿＿＿＿＿＿＿＿＿

마무리

"인생엔 의미가 있습니다. 누구의 인생이든 의미는 반드시 주어져 있습니다. 해야 될 일, 충족시켜야 할 의미가 반드시 있기에 그 사람에게 발견되어 실현되기를 기다리고 있습니다."

그렇다고 인간이 그렇게 간단히 바뀌진 않습니다. 바뀌지 않는다고 절대로 인생을 체념하지 말 것! "인생에는 잘 모르는 애매한 일이 너무 많습니다." ① 기회가 올 때까지 인내심을 갖고 기다려라! 이걸 하느냐 못하느냐가 갈림길입니다. 그리고 ② 또 한 가지, 전기가 왔을 때 잘 잡아라. 멍청하게 있지 말고. 그 전기를 어떻게 받아들이고 어떻게 해석해야 할 것인지 이 책자에 모든 게 담겨 있습니다.

다음은 기다려도 기다려도 안 오더라. 인생에 의미가 있다고? 이렇게 안 믿는 사람에게 주는 충고입니다.

"하긴 당신은 지금 그대로도 좋다. 아무것도 안 해도 돼. 왜냐하면 아무것도 안 해도 당신 인생엔 이미 의미가 주어져 있기 때문! 당신이 사는 의미를 발견 못했대도 계속 당신에게 그 의미를 보내고 있다. 그리고 그건 달아나지도, 소멸되지도 않고 언제나 거기 그렇게 있다. 언젠가 발견되기를 기다리고 있다."

안 보여도 Ok, 당신 방 안에 이미 있습니다. 죽기 전 어느 날 "그랬구나. 내가 이것 때문에 살아왔구나." 하는 순간이 찾아올 것입니다.

프랭클의
신경증 클리닉

세상에 영원한 것

상담 시간에 많이 듣게 되는 이야기가 자신을 누구도 알아주지 않는다는 것이었습니다. 내가 이렇게 노력하고 있는데 누구도 몰라준다는 것, 이것만큼 섭섭한 일도 없습니다.

설날 아침 공항에 내려 버스로 귀가하게 되었습니다. 집이 가까워지자 앞자리로 옮겨 앉았습니다. 그런데 운전기사가 아주 젊은 청년이었습니다. 쯧쯧, 설날 아침에…… 내가 한마디 던졌습니다.
"설날 아침 떡국이나 먹었나요? 덕분에 우리는 편히 잘 가지만 젊은이는 집에도 못가고……."
순간 기사가 나를 힐끗 보더니 "어느 놈이 알아나 줍니까." 하더니 운전대에 머리를 박고 울기 시작했습니다. 신호가 바뀌어도 출발할 생각도 않고 아주 서럽게 울어대는 것입니다.

그렇습니다. 자기가 얼마나 큰 희생을 하고 있는지 누구도 못 알아준다는 건 대단히 서운한 일입니다. 인간은 인정받고픈 욕구가 강합니다.

프랭클은 이런 차원을 뛰어넘었습니다. 로고스나 정신적 존재가 지켜보고 있다면 이 세상 누구에게도 인정받지 못해도 노력한 건 결코 무의미하게 될 순 없습니다. 그리고 우리 업적이 초세계(超世界)에 영원히 보존된다고 하면, 그건 시간과 함께 사라져버리는 일시적인 것이 아닙니다. 인생의 의미는 지상적인 공간과 시간의 제약으로부터 지켜집니다.

하지만 이게 사실일까. 우리는 일상을 살아가면서 인생에 무슨 의미가 있는지조차 실은 모르고 있습니다. 우주는 그냥 무기적인 운동을 되풀이하고 있을 뿐 신도 인간이 민들어낸 환상의 산물에 지나지 않습니다. 고래로 이를 번복할 확고한 근거를 제시하긴 어렵습니다.

그런 견해에 대해 프랭클은 소설의 한 문구를 인용 이렇게 반론합니다.

"목이 마르다는 건 물이 존재한다는 확실한 증거가 아닌가."

우리는 힘든 일을 해야 할 때 '이런 일에 무슨 의미가 있는 걸까' 하고 자문합니다. 즉 어떤 행위에 의미를 찾으려고 합니다. 이런 '의미의 의지'가 타고나면서 갖추어진 것은 원래 의미가 존재하고 있었다는 증거가 아닐까요.

물론 이런 생각은 엄밀한 과학적 증명에 의한 것이라기보다 간접적 논증이며 다분히 '신앙'에 의지한 면이 많다는 건 부인할 수 없습니다.

프랭클도 이 점을 인정하면서 결국 신이나 우리의 존재를 지탱하는 건 신앙이라고 말합니다. 그렇다고 이걸 무리해서 밀어붙여선 안 됩니다. 신앙이란 속에서 솟아나오는 직감적인 확신이기 때문입니다.

다음은 허무적인 생각에 빠진 여성 환자의 치료 장면입니다.

"언젠가 인생은 끝납니다. 그리고 그 뒤엔 아무것도 남는 게 없습니다."

프랭클은 이렇게 말합니다.

"지금까지 당신이 대단히 존경할 만한 일을 했거나 달성한 사람을 만난 적이 있나요?"

"정말 헌신적인 의사가 한 분 계셨습니다."

이젠 돌아가셨지만 그때 그 의사의 인품이야말로 진실된 의미가 있었다고 했습니다. 프랭클의 역설적 질문이 이어집니다.

"그러나 그 의미는 그의 인생이 끝난 순간 사라진 건 아닌가요?"

"아닙니다. 절대로 그렇진 않습니다. 그의 인생이 의미가 있었다고 하는 사실은 절대로 변하지 않습니다."

"가령 환자 중 어느 한 사람도 감사하지 않고, 그 의사의 희생 정신을 누구도 기억하지 못한다면?"

"그래도 그의 인생의 의미는 남아 있습니다."

"환자들 기억이 없어진다면?"

"남아 있습니다."

"최후의 환자가 죽는다면?"

"남아 있습니다."

그녀는 프랭클의 조금은 이상한 질문에 답하는 동안 내적인 확신(신앙심)을 자각합니다. 그러기에 단언할 수 있었습니다. 누군가의 기억에 남아 있지 않다고 하더라도 그 의사의 행위의 의미는 결코 사라지지 않는다는 사실을.

로고스의 에너지가 의식에 들어올 때 사람은 신앙에 눈뜨는 건 아닐까요. 프랭클은 다른 치료자의 말을 이렇게 인용하고 있습니다.

"진실한 신앙을 갖고 있는 사람은 바로 안다. 그들에겐 우아함이 있다. 그건 몸속에 생명력이 자유를 부르며 흐르고 있기 때문이다. 그들의 삶이 우아하고 아름다운 건 자아나 지성, 지위나 권력 등에 얽혀 있지 않기 때문에 그들은 몸과 하나가 되어 우주와 하나로 이어진다. 그들의 혼은 내적인 생명의 불꽃으로 이뤄지고 밝은 불빛으로 빛나고 있다."

프랭클은 결론을 내리길, 로고스는 사랑을 표현한 연극을 보고 감동합니다. 거기에 자기를 보기 때문입니다. 그리하여 영원인 로고스(사랑)를 표현한 행위는 모두 로고스와 함께 영원히 남게 됩니다. 즉 사랑이며 영원의 존재가 됩니다.

자기 자신을 표현한 것뿐인데. 그러나 그렇기에 그의 인생의 의미는 영원한 것입니다. 이렇게 생각하면 이 세상에 불멸의 행위란 도대체 무엇일까요?

거의 모두가 죽음과 함께 무로 돌아갑니다. 무로 돌아가버리는 게 무의미하다고 한다면 이 세상에 의미가 있는 것이라곤 오직 하나밖에 존재하지 않는 것으로 됩니다. 즉 사랑을 동기로 한 행위, 그것뿐입니다.

초월의 의미

프랭클이 대단히 중요시하는 것이 '초월'입니다. 얼른 납득이 가지 않습니다. 그 이해를 위해 초월 심리학의 3단계 개념의 구별이 도움을 줍니다.

① Pre Personal

'자기'가 확립되기 전 단계로서 타인과의 관계나 집단에 매몰된 상태입니다. 이 단계에 있는 사람은 아직 '자기'가 없습니다. 그러기에 자기 없는 상태로 상대를 위해 희생하거나 집단에 공헌하려고 하기 때문에 누구도 못 말립니다. 사이비 종교에 빠진 사람들을 생각하면 쉽습니다.

② Personal

Pre Personal 단계를 벗어나 자기가 확립된 상태입니다. 이 단계로 발전되는 것도 쉬운 과제가 아닙니다.

③ Trans Personal

자기를 확립한 사람이 이젠 그 단계를 넘어 무언가 다른 누군가를 위한 일을 하고자 한다거나 사회나 집단에 공헌하는 일입니다. 프랭클의 체험가치 — 다른 누군가를 위해 무엇을 함으로써 실현되는 가치는 당연히 이 단계를 말합니다.

안타깝게도 많은 한국인은 자기 확립이 안된 Pre Personal 상태에 놓여 있습니다. 근년에 들어 바뀌어가곤 있지만 지금도 한국 가족은 '희생'이 바탕이 되고 있습니다. 부모는 자녀를 위해 부인은 남편을 위해…… 이런 관계는 편치 않습니다. 인간으로서 서로를 중히 여기는 관계가 건강한 가족입니다. 나에게도 남에게도 득이 되는.

프랭클의 의미치료의 깊은 구석까지 이해하려면 심각한 시련을 겪거나 철학적, 종교적 소양이 필요합니다.

지금까지 이야기한 그의 지론을 살펴보노라면 다음과 같은 종교적 또는 트랜스 퍼스널(Trans Personal)적인 두 가지 견해가 받침하고 있다는 걸 알게 됩니다.

1. 시공을 초월한 존재가 우리들의 삶을 보고 있다.
2. 과거에 일어난 일은 영원히 현존한다.

"우리들 일상 행동은 살아 있는 사람뿐 아니라 죽은 자도 정신적 존재가 되어, 무엇보다 로고스에 의해 언제나 보고 있다. 그렇다고 감시하기 위해서는 아니고 우리들의 사는 모습을 기대하면서 지켜보고 있는 것이다. 그리고 지상에서 일어난 일은 기록으로 남지 않더라도 절대로 소거되진 않는다. 그건 현존하는 모습으로 영원히 보관되어진다. 그렇다면 우리들 업적은 도대체 어디에 보존되는 것인가. 그리고 로고스나 정신적 존재로 된 사람들은 어디에서 우리를 본단 말인가."

이 어디에서라는 질문에 대해 그는 초세계(超世界)라고 말합니다. 초세계란 물질적 차원을 초월한 영원의 영역입니다. 영원이란 시간이 무한으로 이어지는 게 아니라 시간 자체가 존재하지 않는, 시간을 초월한 것입니다. 그러기 위해, 참으로 훌륭한 가치 있는 자기 자신을 짓기 위해서라면 무엇보다 이 지상에서의 인생을 가치 있는, 훌륭한 것으로 만들지 않으면 안 됩니다.

지금의 인생을 연극으로 칩시다. 이 연극에서 당신은 의미가 있는 훌륭한 전개를 해야 합니다. 매력적인 배우가 되어 감동적이고 아름다운 스토리를 연기하는 겁니다. 그런 우리를 초세계라는 객석에 있는 관객이 보고 있습니다. 그것이 로고스요, 정신적 존재가 된 사람들입니다. 우리들의 사명은 관객을 즐겁게, 그리고 감동을 주는 것이어야 합니다.

그러기 위해선 어떤 연극이어야 할까, 우선 스토리의 전개가 중요합니다. 아무런 불편함이 없이 무엇 하나 부족한 게 없이 살다가 죽는 평범한 스토리에 무슨 재미며 감동이랴. 대체로 스토리엔 여러 가지 시련과 곤란이 이어질수록 재미가 있어지고, 거기에 향하는 주인공의 자세에 의해 감동적인가, 아닌가를 결정하게 됩니다. 곤란이 닥치면 우선 피한다거나 좌절한 채 끝나버리는 전개라면 누구도 매력을 느끼진 못합니다. 일시적으로 좌절과 절망에 떨어진다 해도 최후엔 용기를 갖고 어떤 장해도 도전하는 자세에 우리는 감동을 합니다.

더구나 그런 행위가 이기적인 동기가 아닌 이타적인, 즉 사랑의 동기가 된다면 최고의 감동이 솟아날 것입니다. 그러나 아무리 보기 좋게 장해를 뛰어넘는다고 해도 그것만으로 감동을 주진 못합니다.

그리고 실제로 장해를 뛰어넘느냐 못하느냐는 큰 문제가 되지 않습니다. 관객이 기대하는 건 장해에 대항해 분연히 일어나 대적하는 내적인 담담함이며 용기입니다. 외면적 결말은 그리 중요하지 않습니다. 그런 의미에선 괴로움이나 시련은 연극에 있어 가장 볼거리를 제공하는 장면입니다. 작품을 감동적으로 만드는 최고의 기회입니다. 감동이란 결국 인간이 그 약함을 극복하고 성장해가는 과정 속에 있다고 말하지 않을 수 없습니다.

그런 연극을 보고 있는 관객은 고뇌에 잠긴 주인공에게 무언의 성원을 보냅니다.

"지지 마. 힘내. 용기를 내. 인간으로서 올바른 행동을 하는 거야."

인간에겐 자기 드라마를 감동적인 것으로 만들고 싶은 욕구가 마음속 깊이 잠겨 있습니다. 고로 육체는 쾌락을 요구하지만 혼은 감동을 요구하고 있는 것입니다. 양자는 가끔 충돌, 대립을 할 때도 있지만 인간의 본질이 혼으로 생각한다면 스스로의 인생이 얼마나 행복해지냐 하는 건 얼마나 쾌락을 얻느냐가 아니고 얼마나 감동을 얻느냐에 달려 있습니다.

당신이 절망하면 그 여파가

우리가 언젠가 죽음 앞에서 자기 인생에 의미가 있었다고 생각되는 일이 있다면 그게 무엇일까요? 프랭클은 두 가지를 들고 있습니다.

"하나는 사랑에의 생각이다. 사랑의 경험이 과거에 있었다면 그 인생은 무의미하다곤 할 수 없다. 그리고 또 한 가지는 고통을 용감하게 참고 견딘 것이다. 그건 무엇보다 큰 긍지로 생각할 일이다."

프랭클이 말기암 간호사를 방문합니다. 열심히 일했던 그녀는 완전히 절망의 늪에 빠져 있었습니다.

"내가 가장 괴로운 건 무엇보다 사랑했던 직업을 더 이상 못하게 된 점입니다."

프랭클은 그 탄식을 듣고 말합니다.

"당신이 하루 몇 시간 일한다는 건 대단한 일은 아닙니다. 누구나 할 수 있습니다. 그러나 일하고 싶어도 일할 수 없음에도 불구하고 절망하지 않는 건 누구나 간단히 흉내 낼 순 없는 일입니다. 인생이라는 이름의 연극에서는 누구든 독자적 역을 맡지 않으면 안 됩니다. 자기밖에 할 수 없는 역이 주어집니다. 그게 독자성(獨

自性)으로서의 사는 의미요, 그 의미를 통해 인간은 스스로를 초월해 나갑니다. 병들고 쇠약한 몸으로 더 일할 수 없는 인생을 당신은 무의미한 것이라 생각하지만 그건 잘못된 생각입니다. 당신이 여기서 절망해버리면 인생의 의미가 마치 하루 몇 시간 일했는가에 달려 있는 듯하게 됩니다. 그렇다면 당신은 모든 환자의 살아가는 권리도 생존의 자격도 무엇 하나 인정할 수 없는 것이 되어버립니다. 그러나 실제로는 지금이야말로 그들 환자의 사는 의미나 가치를 실증할 수 있는 유일한 기회입니다. 지금까지는 단지 직업상 간호하는 일만으로 숨이 찼지만 지금부터는 그 이상의 기회를 잡을 수 있기 때문이죠. 즉, 모범적 삶을 통해 그들의 삶을 지원하는 기회입니다."

신경증 클리닉

프랭클 클리닉을 찾는 사람들, 특히 그의 전공인 의미치료의 대상 환자는 실존적 공허, 즉 사는 의미의 상실이 원인이 되는 '정신인성(精神因性)병'이 전부입니다. 그것은 정신질환의 20% 정도로 추정되고 나머지는 내분비계나 정신 계통의 장해로 발현하는 '신체인성(身體因性)의 병', 마음의 트라우마가 원인인 심인성(心因性)의 병입니다. 따라서 그는 의미치료를 아무에게나 적용하지 않고 어디까지나 원인별 치료 수단으로 취합니다.

의미치료가 특히 효과적인 치료는 신경증입니다. 프랭클이 설명하는 다음 3개의 신경증에 대한 치료 사례가 많이 보고되고 있습니다.

① 불안신경증

근거 없는 불안에 쫓기는 사람으로, 그 전형은 사람을 만나면 얼굴이 붉어지지 않을까, 말을 더듬지는 않을까, 잠이 안 오면 어쩌나, 혹은 조용한 연회장에서 큰소리를 내는 건 아닌가, 자살, 살인, 돌지나 않을까 걱정합니다. (한 번도 실행에 옮긴 사람은 없는데도.)

② 강박신경증

불합리한 이유로 같은 행동을 되풀이하지 않고는 못 견디는 증상입니다. 몇 번 손을 씻지 않으면 안 돼, 문을 잠가놓고도 몇 번을 확인해야 하는 사람, 보이는 건 모두 수를 헤아려봐야 하는 사람, 무언가를 하기 전에 의식적 행동을 하지 않고는 못 베기는 사람입니다.

③ 성적신경증

정신적 원인에 의한 발기 불능, 불감증입니다.

이들 신경증은 자기도 불합리하고 바보스럽다고 생각하면서도 자기 뜻에 반(反)하는 행동을 하고 맙니다. 혹은 계속 신경이 쓰이는 증상이라 자기는 왜 이런 이상한 짓을 하고 마는 건가 과민하게 생각하게 됩니다. 단, 이상하다고 생각하지만 정신병이 건강인과는 전혀 다른 증상을 나타내는 대신, 이들 신경증 환자는 건강인과의 경계가 애매한 경우가 많습니다. 즉, 정상인도 신경증 환자의 이상한 행동이나 반응을 하는 경우가 있기 때문입니다. 가령 누구든지 문을 채웠나 하고 확인하는 행동이나 반응을 하는 경우가 있습니다. 정도의 차이이지 어떤 사람도 신경증을 나타낼 가능성은 배제할 수 없습니다. 하지만 신경증은 인생을 대하는 자세에서 현대인의 근본적 잘못된 원인이 있습니다.

신경증 원인부터 찾아봅시다. 불안신경증의 경우, 얼굴이 붉어지는 적면공포를 예로 든다면 그걸 유발시킨 최초의 계기가 있습니다. 이성이나 상사를 만나 얼굴이 붉어진 경험 등입니다. 이런 일은 누구에게나 일어날 수 있는 일입니다. 얼굴이 붉어졌다고 해서 달리 무슨 일이 일어나지도 않았습니다. 좀 부끄러운 생각이 들 수야 있겠지만 보통은 곧 잊어버립니다. 그러나 신경증으로 되는 사람은 이 일에 대단히 신경을 씁니다. 보통 감각으로선 작은 일이 아주 중대한 일처럼 생각됩니다. 너무나 부끄럽고 너무나 기묘한 것으로 생각합니다.

그 때문에 얼굴이 붉어지는 데 대해 공포를 갖게 됩니다. '또 붉어지는 건 아닌가?'라고 불안하게 됩니다. 불안하기 때문에 달아나려고 합니다. 즉, 붉어지면 안 된다고 긴장을 합니다. 그러나 그 때문에 오히려 붉어지고 마는 아이러니가 발생합니다. 그리하여 점점 불안하게 되는 악순환이 되풀이되어 결국 신경증으로 되고 맙니다. 불안신경증은 불안으로부터 도피하기 때문에 악화되고 맙니다.

한편 강박신경증의 경우도 기본적으로 같습니다. 가령 하루에 몇 번이나 손을 씻지 않으면 못 베기는 경우에도 처음엔 무슨 계기가 있었을 것입니다. 그때 불결하다는 건 무서운 일이라는 공포심이 심어집니다. 그 결과 아주 작은 불결에도 견디지 못합니다. 실제로 우리들의 손을 현미경으로 보면 세균이 우글거립니다. 불결이라고 하면 틀리지 않지만 그 때문에 병이 되지도 않을 뿐더러 그걸 깊이 신경 쓰진 않습니다. 그러나 신경증 환자는 엄청 신경을 씁니다. 작은 불결에도 뭔가 비상한 나쁜 일이 일어나는 건 아닌가 두렵습니다.

적면공포와는 달리 불결함은 씻으면 일단 해결될 수 있는 수단이 있습니다. 그러나 적면은 자기로선 어떻게 할 수 없는 불수의 적입니다. 피하는 수밖에 방법이 없습니다. 강박신경증은 철저하게 불결과 싸워 손을 씻는 것입니다.

물론 이 역시 불결로부터 도피하기 위해서입니다. 모두 공포를 토대로 하고 있는 점에서 다르지 않지만 어쨌거나 결국은 '지는 싸움'이 되고 맙니다. 아무리 손을 잘 씻어도 잡균은 바로 부착합니다. 그 때문에 손이 헐 때까지 계속 씻는 중증으로 발전되는 경우도 있습니다. 그래서 본인은 싸움에 완전히 지쳐 쓰러집니다.

프랭클은 신경증으로 고생하는 사람의 성격적 특징을 이렇게 설명하고 있습니다. 우선 모든 면에서 완벽하려고 합니다. 애매한 것, 잠정적인 건 용납 못 합니다. 무엇이든 명확히 흑백으로 분명해야 합니다. 작은 결점도 참지 못합니다. 작은 도덕적 결점이 있어도 크게 양심의 가책을 느끼고 죄의식으로 번민합니다. 자기

는 조금이라도 더러워선 안 되는 존재, 순수, 순백의 존재여야 합
니다. 모든 건 완벽한 합리성과 확실성에 의해 운영되고 이 세계
어떤 것도 모두 파악해야 하며 자기 통제하에 두지 않으면 안 됩
니다.

특징을 분명히 하려다 보니 다소 극단적인 표현도 있지만 대체
로 이런 경향이 강합니다. '자기는 신처럼 완전하고 만능이지 않
으면 안 된다.' 이런 의식을 마음 바닥에 갖고 있습니다. 이건 '완
전주의'라기보다 '완전망상'입니다. 따라서 이들이 싸우고 있는 상
대는 진짜 손에 붙은 잡균이 아닙니다. 신경증 환자는 '완전'하게
되었다는 실감을 얻기 위한 싸움입니다. 즉 '자기는 순수하다', '자
기는 완전히 세계를 파악, 통제하고 있다.'는 감각을 얻기 위해 싸
우고 있는 것입니다.

손을 씻는 행위는 단지 상징에 지나지 않습니다. 손이 순수해지
면 자기도 순수하게 된다는 생각에 빠져 있습니다. 불행히 아무리
손을 씻어도 '완전'이라는 실감은 얻지 못합니다. 언제든 부전감
(不全感)이 남습니다. 아무리 문이 잠겼는지 확인해도 이젠 확실
하다는 감각은 없습니다. 왜냐하면 그가 바라고 있는 건 문이 완
전히 잠겼느냐가 아니고 자신의 완전함이기 때문입니다.

얼굴이 붉어지는 적면공포의 불안신경증도 마찬가지. 얼굴이
붉어지는 건 자신을 완전히 컨트롤 못한 증거이며 잘못한 증거
로 여깁니다. 그래서 그게 용납 안 돼, 자기는 완전하지 않으면 안
돼, 작은 결점도 있어선 안 되는 것입니다. 마찬가지로 성신경증
도 '자기는 완전한 성행위가 되는 완전한 인간이어야 한다'는 의식

에 에너지를 쏟는 나머지, 정작 성행위는 기능부전에 빠집니다.

프랭클은 여기서 예방적 조치로써 100%의 의지로 극복할 수 있게 도우면서 100% 올바른 인식과 100% 정당한 결단을 단념하도록 권합니다. 그리고 신경증을 포함, 살아가는 기본자세를 충고하면서 문제는 자신의 결점이 있나 없나, 불안이나 공포를 갖느냐 어떠냐가 아니고, 거기에 어떻게 대할 것인가 그 태도가 중요하다고 알려줍니다.

의미치료의 사례

의미치료 하니까 사람들은 대단히 어려운 이론 체계처럼 생각합니다. 하지만 일상에서 누구나 하고 있는 일입니다. 다만 그게 의미치료적 성격을 띠고 있는 거란 의식을 하지 않고 있을 뿐입니다. 프랭클은 자신의 치료 예와 함께 다른 학자들의 치료 예도 기록해 독자들의 이해를 돕고 치료에 응용할 수 있도록 했습니다. 그리고 내가 체험한 치료 예도 아래에 실었습니다.

▌사례1 직장 상사의 지시

직장에서 흔히 있는 일입니다. 상사가 느닷없이 "의자와 책상을 뒤로 옮겨."라고 합니다. 그렇지 않아도 할 일이 산더미처럼 쌓인 연말인데. 부하 직원들의 입이 나옵니다. 하지만 상사의 지시니 싫어도 억지로 할 수밖에. 왜 해야 하는지 뜻도 모르고 하려니 일이 부드럽게 될 리 없습니다. 차근차근 하지 않고 물건을 집어던지는 등 망가뜨리기도 하면서, 자칫 직원이 상처를 입을 수 있습니다.

반대의 경우를 생각해봅시다.

"연말에 고생이 많은데 의자를 뒤로 옮겨놓고, 여기서 오늘 오후 피자, 맥주 파티로 한판 놀아보자!"

와! 분위기가 완전 달라집니다. 의자와 책상을 왜 뒤로 옮겨야 하는지 상사의 뜻을 이해하고 나면 같은 일이지만 직원의 태도가 달라집니다.

▌ 사례2 엄마를 위하다가 교통사고를 당한 고등학생

고등학생이 교통사고를 당해 응급실에 실려왔습니다. 온몸이 핏덩어리. 아프단 소리 외에 말도 잘 하지 못합니다. 응급처치가 끝나고 병실로 옮긴 후에도 소란은 그치지 않습니다. 늦게나마 통지를 받고 엄마가 달려왔습니다.

"아이고, 내 약 사러 가다가……."

의료진도 그제야 아이에 대한 태도가 달라집니다.

"그랬구나. 정말 착한 아이구나. 엄마 약 사러 갔다가 다쳤으니. 오는 차도 미처 볼 여유 없이 마음이 급했던 거겠지."

환자는 그제야 조용해졌습니다.

▌ 사례3 데이트 하다가 감기에 걸려도 괜찮다

데이트를 하고 돌아온 날엔 꼭 감기를 앓습니다. 추운 줄도 모르고 밤새 돌아다녔으니 그럴 수밖에. 감기 증상이 심한데도 그는 별로 아픈 줄 모릅니다. 이런 감기라면 한 번 더 걸려도 괜찮을 듯 싶습니다. 데이트하는 동안의 그 설레고 짜릿한 순간들이 감기의 고통을 잊게 하고도 남습니다.

▌사례4 애인과 함께 당한 교통사고

애인과 함께 주말여행을 하고 돌아오다 교통사고를 당했습니다. 둘 다 중상입니다. 하지만 그들에겐 아픔이 오히려 행복인 듯 가벼운 미소마저 띠고 있습니다.

▌사례5 화상을 입은 광부

광산의 폭발사고로 전신에 화상을 입은 환자가 입원했습니다. 온몸에 붕대를 감은 채 환자는 밤만 되면 병원을 탈출하려다가 수위 아저씨들 만류로 돌아옵니다. 내가 상담차 병실에 갔을 적엔 한쪽 구석에 커튼을 친 채 누워 있었습니다. 침대 아래는 그 흔한 오렌지 주스 한 병 없었습니다.

"아저씨, 집이 궁금하시죠?"

그는 소스라치게 놀란 표정으로 나를 쳐다보더니 금세 눈물이 글썽해졌습니다.

"집엔 딸 아이밖에 없어요."

"몇 살인가요?"

"내가 젊은 날 복싱을 하고 돌아다니느라 늦게 결혼해 아이가 이제 아홉 살이에요."

"아저씨가 복싱을 했어요?"

갑자기 그의 눈빛이 달라졌습니다. 그의 화려했던 전적이야기가 흘러나왔습니다. 둘러선 의료진이 깜짝 놀랐습니다.

이튿날 다시 찾았을 때 그는 이미 병실의 주인공이 되어 있었습니다. 침대가 한복판으로 옮겨졌고 그의 무용담을 듣느라 온 병실이 화기애애한 분위기가 되었습니다. 내 상담은 그로써 끝이었습니다.

▌사례6 요통 덕분에 건강을 챙기다

나 역시 요통으로 거의 평생을 고생하고 있습니다. 너무 심해 즐기던 테니스도 포기하고 수술을 받아야 했습니다. 병원에 입원해 수술 전 처치까지 다 받고 누웠는데 한심한 생각이 들기 시작했습니다.

"이놈아, 의사라는 녀석이 네 몸 하나 간수 못해서 수술을 받다니! 안 돼. 넌 고생 좀 더 해봐야 돼."

난 그 길로 엉금엉금 기어 집으로 와버렸습니다. 차츰 회복이 되어 일상생활에 지장이 없을 만큼 되었습니다.

내 허리는 지금도 아픕니다. 하지만 이게 나를 지켜주는 수호신입니다. 무리 못하게 합니다. 나는 성격상 무슨 일을 시작하면 아주 끝장을 봐야 합니다. 나중엔 허리를 못 필 정도가 될 때까지 밀고 나갑니다. 이때 비명을 지르는 게 내 허리입니다. 그만해! 하는 소리가 들립니다.

"그래, 고맙다."

나는 그때마다 내 아픈 허리에 고맙다고 인사를 합니다. 내가 이

나이까지 이만큼이나마 건강하게 일 잘하고 사는 것도 오랜 친구, 요통 덕분입니다.

아프다는 건 우리 몸이 발하는 신호입니다. 이상이 생겼으니 조심해라. 조치를 취하라는 신호입니다. 통증은 참으로 견뎌내기 힘듭니다. 하지만 이게 없으면 인간이 무너질 수 있습니다. 맹장염이 걸려도 안 아프면 어떻게 되나요? 복막염으로 진행되어 전신 폐혈증으로 즉사할 수 있습니다. 골절상을 입고 안 아프면 그대로 돌아다니다 골절 부위가 붙지도 않고 아주 불구가 됩니다. 통증은 우리에게 위험을 알려주는 고마운 신호입니다. 참으로 중요한 의미가 있습니다.

✚ 강박증의 의미

우리는 앞에서 강박증 치료에 역설지향기법을 논한 바 있습니다. 물론 일상생활에 지장이 있을 정도로 심한 증상이면 치료 대상이 됩니다. 그러나 모든 강박성 공포증에는 그 나름의 의미가 있습니다. 고소공포증도 그중 한 가지입니다. 높은 곳에 못 올라가는 신경증입니다. 고층 빌딩은 물론이고 비행기도 못 탑니다. 이 정도면 병적이지만 왜 그래야 하나를 생각하면 거기엔 인간의 본성인 안전 욕구라는 의미가 있습니다. 겁도 없이 높은 곳을 뛰어다닌다면 어떻게 될까요? 위험한 상황에서는 무서워 할 줄도 알아야 합니다. 무대 연주에 겁도 없이 아무렇게나 연주하면 어떻게 될까요? 프레젠테이션도 마찬가지. 공포가 있기에 열심히 연습해서 실수 없이 잘 해야 되는 것이지요. 그래서 공포증이 생기는 것입니다. 공포증을 함부로 비웃지 말고 왜 생겨야 하나, 라는 그 의미를 살펴봐야 합니다.

▮ 사례7 ▮ 시험 낙방도 의미 있는 체험

입시 낙방한 아이가 며칠째 밥을 안 먹고 제 방에 누워 꼼짝을 않습니다. 엄마가 힘내라고 아무리 타일러도 막무가내. 대답도 않고 돌아눕습니다. 아이 아빠한테 도움을 요청합니다.

"여보, 당신이 들어가봐요. 내 말보다 아빠 말을 잘 듣잖아요."

"그냥 두세요. 저런다고 죽진 않아요. 죽을 만큼 앓아봐야 다음에 정신 차려 잘 할 것 아니겠소. 인생에 몇 차례 저런 시련을 겪어봐야 성숙하는 거요. 참으로 의미 있는 체험을 하고 있는 거요. 제 발로 일어설 때까지 조용히 지켜봅시다."

▮ 사례8 ▮ 선마을은 불편해

"힐링과 건강을 주제로 했다는 선마을이 왜 이렇게 불편한 게 많아요? 휴대폰도 안 되고 인터넷, 라디오, TV도 없지요. 식당과 숙소는 왜 이렇게 멀어요? 주차장에서 숙소까지도 길은 온통 비뚤비뚤. 언덕 때문에 숨이 찹니다."

그렇습니다. 그래서 힐리언스 선마을입니다. 일부러 불편하게 만들었습니다. 의도적인 불편함. 이게 우리 선마을의 설립이념이요, 철학입니다. 현대 도시인의 건강 상태는 너무 편리한 데에서 문제가 발생합니다. 과학 문명은 편의, 쾌적, 효율을 추구합니다. 참 편리해서 좋지만 이것은 양날의 칼입니다. 자동차가 보급되면서 얼마나 많은 건강상의 문제가 생겼나요? 교통사고, 소음, 매연가스, 스트레스, 거기다 걷질 않으니 다리가 약해졌습니다. 100세 시대를 살아야 하는 사람들에게 이것은 아주 치명적인 약점입니다. 이 모두가 편리해서 생긴 문제들입니다. 의도적인 불편의 의미가 이해되었으면 좋겠습니다.

사례9 **직장 스트레스**

직장 하면 스트레스가 연상됩니다. 생각할수록 골치가 아픕니다. 그래서 마치 직장을 원수처럼 생각하는 사람도 더러 만나게 됩니다. 하지만 생각해봅시다. 직장엔 스트레스가 있는 것이, 아니 많은 것이 정상입니다. 당신이 하고 있는 일, 아무나 할 수 있는 일이 아닙니다. 남다른 노력으로 오늘을 이뤘습니다. 앞으로도 계속 당신의 도전 정신과 창의성을 기대하고 있습니다. 당신이 편하면 직장이 문을 닫게 됩니다. 스트레스가 있는 것이 당연합니다. 만약 직장이 극장처럼 재미있고 신나는 곳이면 사장이 입장료를 받고 들여놓지 왜 비싼 월급을 주겠습니까. 직장이 있어 내 꿈을 펼치고 좋은 동료도 생기고 월급으로 나의 차, 내 집까지, 생각할수록 고맙습니다. 직장의 차가운 벽돌에 손을 얹어보세요. 따뜻한 애정이 솟아납니다. 이것이 직장의 의미입니다.

✚ 왜 핸드 메이드(Hand Made)인가?

요즈음 소비자들은 대량 규격화된 상품을 외면하고 손으로 만든 수제를 선호하는 경향이 뚜렷해지고 있습니다. 햄버거도 정크

푸드(Junk Food)로 간주합니다. 특히 건강 마니아들이 기피하고 있습니다. 그러나 최근 시내에는 수제 햄버거가 등장, 인기를 끌고 있습니다. 이뿐만 아니라 쇼핑을 가도 고객들은 수제를 고릅니다. 거기엔 장인의 숨결, 개성, 땀과 각별한 노력이 스며 있기 때문입니다. 애정을 갖고 다듬은 흔적이 역력합니다.

이렇게 보면 고객은 상품이 아닌 작품을 사는 것입니다. 가격은 비쌀 수밖에 없지만 개성적인 수제를 삽니다. 효율 문화, 인간 소외에 식상한 현대인들이 반기를 든 것입니다. 사람의 손길, 사람의 훈기가 그리운 시대에 우리는 살고 있습니다. 수제를 선호하는 현대인의 구매 심리에는 이러한 깊은 시대적 의미가 녹아 있습니다.

사례10 손 떨리는 환자

48세의 부인은 손 떨림 증상으로 커피잔을 들 수 없었습니다. 면담 중에도 손 떨림이 시작되었습니다.

치료자의 제언 :

"이러면 어떨까요? 우리 둘이 누가 더 떨리느냐 경쟁을 해보시면."

"뭐라구요?"

떨려죽겠는데 시합을 하자니? 놀라기도 했지만 치료자 제언이라 따를 수밖에.

두 사람이 누가 더 떨리나 경쟁이 시작됐습니다.

"어머, 선생님은 나보다 더 떨리네요."

"부인도 더 떨리도록 힘내세요!"

그러나 얼마 안 가 부인은 더 이상 할 수 없을 만큼 지쳤습니다.

'무슨 치료가 이래. 우습기도 한 이 이상한 경쟁은 포기할 수밖에.'

"무리예요. 더 이상 못하겠어요."

그러면서 부엌에 가서 커피를 끓여 가져와 마십니다. 한데 이게 웬일인가, 커피든 손이 전혀 떨리지 않았습니다.

▌ 사례11 ▌ 사람 앞에서 이야기할 때면 눈이 깜빡거려 고민인 청년

"이번에 사람 앞에 이야기할 때 가급적 눈을 많이 깜빡거리도록 노력해보세요."

청년은 이 의사가 뭐 좀 이상하게 된 건 아닌가, 말을 듣지 않았지만 증상이 더 심해져 할 수 없이 의사가 시키는 대로 해보았습니다. 한데 이게 웬일인가. 일부러 더 심하게 하려니까 아무리 애를 써도 되질 않습니다. 도대체 어떻게 이렇게 극적으로 좋아질 수 있었을까요.

환자가 무서워하는 증상을 자발적으로 일으키려 하면 할수록 더 안 됩니다. 이건 역설지향(逆說志向, Paradoxical Intention)이라고 불리는 의미치료의 한 기법입니다. 공포의 대상으로부터 달아나는 게 아니라 공포의 대상에 지향하는, 즉 적극적으로 더하게 합니다. 공포를 극복하는 데는 공포를 향하는 수밖에 없습니다. 무서워하는 걸 견뎌보는 수밖에 없습니다.

프랭클은 이렇게 생각했습니다.

'역설지향의 기술을 사용해서 달아나는 걸 정지시킨다. 공포와 대면시킨다. 이것이 신경증 루프를 넘는 제 일보다.'

단, 여기엔 요령이 있습니다. 역설지향은 심각한 얼굴로 비장감을 띠며 하는 게 아닙니다. 마치 희극이라도 하듯 웃으면서 유머러스하게 하는 게 열쇠입니다.

"불안이나 강박관념에 곧바로 직면해서 낫는 걸 배우지 않으면 안 됩니다."

그의 독자로부터 온 편지:

"나는 당신의 책을 읽고 의미치료를 시험해봤습니다. 세미나에서 의견을 말할 때 갑자기 땀을 흘리기 때문입니다. 행여 주위 사람이 눈치 챌까 봐 불안합니다. 그렇게 생각하니 점점 땀이 납니다. 그래서 선생님 책에 쓰인 대로 역설지향기법을 써봤습니다. 얼마나 땀을 흘릴 수 있을까 모두에게 보여주자. 더욱 많이 흘리도록 해보자. 그런데 불과 2, 3초 만에 땀이 싹 가십니다. 나는 내심 웃음이 나왔습니다."

역설지향의 실험엔 유머나 웃음이 필수입니다. 그래서 효과가 있습니다. 그러기에 의사들도 그 희극에 일역을 맡아야 합니다.

사례12 강박관념에 시달리는 변호사

56세 변호사는 자기 소득세를 3백 달러나 적게 신고했습니다. 국가를 속인 건 아닌가 하는 강박관념에 시달려 죄의식이 머리를 떠나지 않았습니다. 물론 실제론 그런 일은 없었지만 본인은 자기가 잡혀 검사에 추적당하고 감금되어 신문에 실리고 직업을 잃게 되지 않을까 하는 불안에 싸이게 됩니다. 증상은 악화 일로. 이윽고 정신병원에 입원하게 됩니다. 거기서 의미치료가 시작됩니다.

"제발 내 몸을 감금시켜 주세요. 빠를수록 좋아요. 나를 체포하는 게 좋겠습니다."

이 변호사는 체포될 것을 바라는 나머지 많은 잘못에 신고를 안 하고 일을 혼란시켜 여비서에게 자기는 세계 최대의 실책을 저지른 사람임을 증명하려고 했습니다. 자기 잘못으로 체포되어 보상을 해야 할 경우를 생각해서 손해보험에도 가입했습니다. 의사도 그의 계획에 협력했습니다. 진찰실에서 그를 만날 적마다 이렇게 말하곤 했습니다.

"아니, 당신 아직 여기 있네요. 지금 철창에 갇혀 있는 줄 알았는데요."

환자는 크게 웃으며 농담도 하게 되었습니다.

"나는 무슨 일이 있어도 걱정 안 합니다. 손해보험까지 들어놓았잖아요."

그는 4개월 후 거뜬히 퇴원했습니다.

역설지향, 유머로 웃어넘기고 공포와 직면함으로써 어떻게 신경증이 나을까요? 자기는 완벽합니다. 신입니다. 고로 작은 결점도 용서할 수 없습니다. 유태인도 언젠가 그 우수성으로 독일을 위협할지 모릅니다. 그러기 위해선 다 없애야 합니다. 멸종을 시켜야 합니다. 이게 히틀러의 신경증적 경향이 만든 비극입니다. 어떻게 신경증 환자는 이렇게 무서운 생각까지 하게 되었을까요?

그것은 과잉한 '자기 보존 욕구'에서 비롯됩니다. 너무도 완벽하게 자기를 지키려다 보니 작은 위험도 용납되지 않습니다. 여기서 벗어나려면 그러한 자기와 거리를 두지 않으면 안 됩니다. 객관적으로 봐야 합니다. 이게 '자기 거리화'입니다. 역설지향이란 자기 거리화를 촉진시키는 기법입니다. 인간은 무릇 증상으로 고민하는 게 아니고, 고민하고 있는 자기에게 괴로워하고 있습니다. 그런 자신으로부터 거리를 둬야 합니다.

무의식의 흐름에 맡겨라

공포증 환자에게 그 공포를 직면함으로써 공포가 치료됐다는 역설지향기법을 실시하는 데 큰 장해물이 하나 있습니다. 환자들의 턱없는 공포심입니다. 무서운 건 피하고 싶은 게 인간의 본성입니다. 공포증 환자들은 곧 죽기라도 할 만큼 공포의 대상이 무섭기 때문에 이를 실행하는 데는 상당한 용기가 필요합니다. 때로는 의사가 동행할 경우도 생깁니다. 환자가 안심하고 시도해볼 용기가 생겨 해보고 나니 "아, 괜찮구나", "죽지 않구나." 한번 안전하다는 걸 경험하고 나면 한결 공포가 줄어들어 환자가 안심을 하게 됩니다.

중요한 건 이렇게 무서워하는 공포심도 실은 생명의 위험과는 별 관계가 없는 것들입니다. 대개의 경우 자존심이나 허영심에서 비롯된, 자아가 부정되는 데서 오는 공포심입니다. 사람 앞에 적면하는 것, 손이 떨리는 것, 땀이 흐르는 것, 이런 것들은 생명과는 무관한 일입니다. 다만 자아가 견디질 못합니다. 우리가 갖고 있는 무서움은 실제로는 허구의 자아의 보존 욕구에서 비롯됩니다. 필사적으로 지키려하는 것은 진짜 자기가 아니고 가짜 자기라는 사실입니다. 프랭클의 의미치료를 공부하면서 이 부분에서 우리는 큰 위로나 자각을 하게 됩니다. 신경증 환자뿐 아니라 우리 누구나 갖는 일상생활 중의 공포심은 허구요 가짜라는 것입니다. 진정한 자기(True Self)가 아니고 허구의 자아에서 비롯된 허영심입니다.

그리고 신경증 환자는 세계를 잠시 한눈을 팔거나 방심하면 당장 큰 재앙이라도 만날 듯 위험한 곳으로 알고 있습니다. 따라서 자기를 지켜줄 사람은 자기뿐이라고 하는 자기 방어적 의식이 강해집니다. 하지만 우리가 사는 세상이 꼭 그렇지만은 않습니다. 세계는 '조정원리'가 작동, 모든 건 잘 되어가고 안전하게 우리는 지켜지고 있습니다. 이런 세계관이 있으면 과잉으로 자기방어를 하려고 하진 않을 것입니다.

프랭클은 신뢰감을 강조하면서 "인간은 설령 자기를 무의식 속에 버린다 해도 결국 은총의 수중에 떨어진다. 왜냐하면 정신적 무의식은 은총의 장(場)에 있기 때문이다."고 했습니다. 여기서 말하는 정신적 무의식이란 프랭클이 로고스의 별명으로 쓰고 있는 말입니다. 즉 불면증을 고치려면 로고스에의 신뢰가 필요하다는 것입니다. 로고스는 은총의 장입니다. 절대로 나쁘게는 하지 않습니다. 안심하고 로고스 가슴속에 뛰어들면 됩니다. 이런 자세는 비단 불면증에 한한 이야기만은 아닙니다.

우리는 니힐리스적 현대사회에서 정도의 차는 있지만 누구나 신경증적 세계관을 갖고 있습니다. 이 세계를 신뢰할 수 없는 위험한 장소라고 느끼고 있습니다. 이런 인식은 전혀 엉터리는 아니지만 그렇다고 내적 로고스의 영지(英智)와 생명 에너지를 부정하면 인간으로서의 실존 그 자체를 부정하는 게 됩니다. 왜냐하면 인간의 그 본래 능력을 발휘할 때는 우주적인 조정원리인 로고스에 대한 신뢰가 넘쳐나기 때문입니다.

프랭클의 바이올리니스트를 소개합니다. 이 사람은 의식적으로 멋지게 연주하려고 노력해왔습니다. 바이올린을 반듯하게 잡은 데서부터 연주 기술의 세부에 이르기까지 의식적으로 '만들려고' 했습니다. 그러나 결국 그의 노력은 완전한 예술적 좌절로 끝나버립니다.

그에게 필요한 건 극단적인 반성과 자의식 과잉을 버리고 무의식에의 신뢰를 다시 찾는 것이었습니다. 그리하여 높은 예술성의 영감을 주는 정신적 무의식(로고스)을 신뢰, 스스로의 작위적 조작보다 무의식의 자연스런 흐름에 몸을 맡겨야 보다 높은 예술성이 발휘된다는 걸 그에게 이해시켜야 했습니다. 그래서 그의 창조력이 해방되어 풍부한 음악 활동이 실현되는 것입니다.

로고스는 성적 문제 치료에 있어서는 탈반성(脫反省)이라는 기법을 씁니다.

젊은 부부가 남편의 성적 불능 때문에 프랭클을 찾아왔습니다. 아내는 남편을 형편없다며 불만을 털어놓았습니다.

프랭클은 "앞으론 1주일 간 매일 밤 1시간은 발가벗은 채 함께 침대에 지내되 절대로 섹스를 하면 안 됩니다."라고 했습니다.

1주 후 부부가 찾아왔지만 지시대로 하진 못했다고 했습니다. 그런데 세 번이나 했다고 고백합니다. 의사는 성을 내는 척하면서 이번엔 적어도 지시를 지키라고 말했습니다. 그러나 3일도 안 돼 전화가 걸려왔습니다. 이번엔 하루에 세 번을 했다는 것입니다.

다음은 불감증 여성 환자의 사례입니다. 의사는 시간이 없어서 불감증 치료는 두 달 후나 되어야겠다고 하면서, 대신 다음과 같은 숙제를 주었습니다.

"그때까지는 오르가슴 능력이 있건 없건 신경 쓰지 말고, 대신 섹스 동안엔 오직 주의를 남편에게만 기울일 것."

다음에 환자가 온 것은 두 달 후가 아니고 이틀 후였습니다. 치료 때문이 아니고 나았다는 보고를 하러 온 것입니다.

이처럼 의식을 자기 자신의 기능에 기울이지 말고 행위 그 자체에 대해서만 생각하며 자기를 잊게 합니다. 혹은 자기를 넘어서게 하는 것, 탈반성 기법입니다. 어떻게 이게 효과가 있을까요?

우리는 쓸데없는 정보로 '섹스를 잘하지 않으면 안 돼.' 하는 강박적인 관념을 갖고 있습니다. 기술이 시원찮아 여성을 만족시키지 못하는 남자는 최저다, 성적 절정감을 못 느낀다면 여성으로선 어딘가 결함이 있는 것처럼 열등감을 갖게 만듭니다. 이렇게 되면 성적 문제가 자아의 자존심에 관한 문제가 됩니다. 그리고 섹스는 허영을 충족시키는 전장(戰場)으로 됩니다. 싸우는 이상 자기가 잘 통제하며 완벽하게 '수행'하지 않으면 안 됩니다. 그게 안 되면 남성으로서의 자부심, 여성으로서의 매력이 부정되고 맙니다. 그리고 머릿속엔 '잘 될까?'라는 불안이 동반된 과잉한 자기의식이 남습니다.

그러나 발기 기능은 불수의적인 중추신경에 의해 지배되기 때문에 자의식의 통제로서는 어떻게 될 수가 없습니다. 그것도 성적으로 흥분했을 때만이 자연적으로 기능하게 됩니다. 그래서 성적 흥분은 여성의 매력에 주의가 끌릴 때만 일어납니다.

그런데 신경증은 언제나 자기 자신에만 의식이 쏠려 있기 때문에 상대나 성행위에서 성적으로 흥분할 여유가 없습니다. 그런데 의사로부터 성교가 금지되니까 여성의 욕구나 기대라는 중압으로부터 해방되어 '잘하지 않으면 안 된다.'라는 불안이 없어진 것입니다. 환언하면 허영심이 상처받는 위험에서 회피됩니다. 고로 자기에게 주의를 기울일 필요가 없어졌습니다. 전쟁은 끝나고 그때 처음으로 상대의 성적 매력에, 또는 성행위에 마음을 열게 됩니다. 해서 흥분이 생기고 절로 성기능이 회복됩니다.

여성의 불감증도 기본적으로 같습니다. '나는 성적 쾌감을 느끼지 않으면 안 된다.'고 자기에게 주의를 기울이고 있으면 그런 자의식이 장해가 되어 오르가슴을 못 느낍니다. 자기 반성이 과잉으로 되면 쾌감에 자기를 맡길 수 없게 됩니다. 성적 절정에서 사람은 일시적으로 망아 상태(자기를 잊어버리는)로 되는데, 불면증과 마찬가지로 너무 자기방어 자세가 강하면 망아, 즉 자기를 잊어버리는 게 불안해서 되질 않습니다. 그 때문에 아무리해도 쾌감에 빠질 수 없게 됩니다.

　잠과 조금도 다르지 않는 게 사랑의 행복입니다. 이것을 부자연스럽게, 억지로 얻으려면 작은 새처럼 잡히기 전에 달아나버립니다. 성의 쾌감을 체념하면 그것은 자연스럽게 옵니다. 향락한다는 걸 생각하면 안 되고, 당신 자신의 일만 생각해도 안 됩니다. 성적 쾌락을 생각하지 않을수록 그것은 자연스럽게 나오는 것입니다. 이건 추구할수록 달아나는 행복의 기적과도 같습니다.

　존재를 사랑하는 사람만이 진실로 사랑할 줄 아는 사람입니다.

마치는 글

상담실 문을 닫을 시간이 되었습니다. 보리 한 톨의 이야기를 다시 떠올려볼까요?

보리 한 톨의 탄생에도 전 우주가 참여하듯, 지금 이 순간에도 전 우주가 저와 당신의 삶에 참여하고 있습니다. 나라는 존재는, 내 생각보다 위대합니다. 나에게 발견되어 실현되기를 기다리는 '내 삶의 의미'를 찾으셨습니까?

미래에 대한 기대를 가지고, 내 삶의 의미를 적극적으로 찾으면서 하루하루 살아갑시다. 내 속에 잠재되어 있는 삶의 의미를 매일 구체적으로 찾아갑시다. 우리가 겪은 고통은 반드시 내 미래의 거름이 됩니다. 과거에 나를 힘들게 했던 시련은 분명히 나의 성장에 가장 영양가 있는 거름이 되었을 것입니다. 과거의 고통 때문에 많이 힘들었던 당신, 삶의 의미를 찾지 못해서 방황했던 당신, 주변의 마음 아픈 사람들에게 도움이 되고 싶은 당신에게 이 책이 희망이 되기를 간절히 소망합니다.

324

나 개인을 넘어서 타인과 더불어서 의미를 창조하는 자아실현과 자기 초월을 통해서, 의미치료의 궁극적인 목표인 나와 타인 모두의 행복에 이르기를!

　당신의 미래를 기대하고 응원합니다. 나를 살리고 타인을 살리는 '의미치료사'가 되어주십시오.

이시형 · 박상미

참고도서

『빅터 프랭클의 삶의 의미를 찾아서』 빅터 프랭클 지음, 이시형 옮김, 청아출판사 2017.12

『빅터 프랭클의 심리의 발견』 빅터 프랭클 지음, 강윤영 옮김, 이시형 감수, 청아출판사
　　2008.04

『의미를 향한 소리 없는 절규』 빅터 프랭클 지음, 오승훈 옮김, 이시형 감수, 청아출판사
　　2005.11

『죽음의 수용소에서』 빅터 프랭클 지음, 이시형 옮김, 청아출판사 2005.08

『どんな時も, 人生には意味がある』(어떤 때라도 인생에는 의미가 있다), 諸富祥彦, PHP研
　　究所, 2006. 12.

『フランクルに学ぶ: 生きる意味を発見する30章』(프랭클에게 배운다: 사는 의미를 발견하
　　는 30장), 斉藤 啓一, 日本教文社, 2000. 06.

내 삶의 의미는 무엇인가

ⓒ 이시형 박상미, 2020

초판 1쇄 발행일 | 2020년 5월 1일
초판 15쇄 발행일 | 2024년 1월 5일

지은이 | 이시형 박상미
펴낸이 | 사태희
편   집 | 김미나 유관의
디자인 | 권수정
마케팅 | 장민영
제   작 | 이승욱 이대성

펴낸곳 | (주)특별한서재
출판등록 | 제2018-000085호
주 소 | 08505 서울시 금천구 가산디지털2로 101 한라원앤원타워 B동 1503호
전 화 | 02-3273-7878
팩 스 | 0505-832-0042
e-mail | specialbooks@naver.com
ISBN | 979-11-88912-74-2 (03180)